Russisch für Besserwisser

Rainer H. Berthelmann

Russisch für Besserwisser
Von Metros, McDonald´s
und einer Kuh im Propeller

Schmetterling Verlag

Bibliografische Informationen der Deutschen Bibliothek
Die Deutsche Bibliothek verzeichnet diese Publikation in der Deutschen Nationalbibliografie; detaillierte Daten sind im Internet über http://dnb.ddb.de abrufbar.

Schmetterling Verlag GmbH
Lindenspürstr. 38b
70176 Stuttgart
www.Schmetterling-Verlag.de
Der Schmetterling Verlag ist Mitglied von aLiVe.

ISBN 3-89657-359-4
2. Auflage 2009
Printed in Germany

Satz und Reproduktionen: Schmetterling Verlag
Druck: GuS-Druck GmbH, Stuttgart
Binden: IDUPA, Owen

Inhalt

Das russische Alphabet – Русский алфавит

Kyrillische Buchstaben		Transliteration in Namen	Anmerkungen zur Schreibweise im Deutschen
А	а	a	
Б	б	b	
В	в	w	
Г	г	g	
Д	д	d	
Е	е	e	am Silbenanfang „je" geschrieben
Ё	ё	jo	geschrieben „o" nach ж, ш, ч, щ
Ж	ж	sh	
З	з	s	
И	и	i	
Й	й	i	nicht geschrieben nach и, ы
К	к	k	кс wird mit dt. „x" wiedergegeben
Л	л	l	
М	м	m	
Н	н	n	
О	о	o	
П	п	p	
Р	р	r	
С	с	s	zwischen Vokalen „ss" geschrieben
Т	т	t	
У	у	u	
Ф	ф	f	
Х	х	ch	
Ц	ц	z	

Ч	ч	tsch	
Ш	ш	sch	
Щ	щ	schtsch	
Ъ	ъ		bleibt dt. unbezeichnet
Ы	ы	y	
Ь	ь		bleibt dt. unbezeichnet
Э	э	e	
Ю	ю	ju	
Я	я	ja	

Die Umschrift dient der Wiedergabe russischer Wörter in deutscher Umschrift. Die Angaben in der Tabelle lehnen sich an den Duden (Mannheim 1996) an.

Aussprache – Произношение

Sie können russische Wörter und Sätze noch nicht lesen? Das ist kein Beinbruch. Die Aussprache ist leicht zu erlernen. Die international übliche Lautumschrift hilft Ihnen dabei. Sie ist in den ersten Kapiteln dieses Buches und in manchen Wörterbüchern in eckigen Klammern angegeben. Hier zunächst eine kurze Übersicht. Im Anhang zur Einleitung und an verschiedenen anderen Stellen im Buch finden Sie weitere Bemerkungen und Tipps. So werden Sie die Aussprachehilfen bald nicht mehr benötigen!

Laut	**Aussprache Anmerkungen**	**Russ. Beispiel**	**Aussprache**	**Übersetzung**
ə [a)]	undeutlich wie „e" in „mager"	мама	['mamə]	*Mutti*
e	wie „e" in „Beet"	дети	['ḑeţı]	*Kinder*
ɛ	wie „e" in „Brett"	нет	[ɳɛt]	*nein*
i	mittellanges „i" etwa wie in „Sieg"	пик	[p,ik]	*Spitze*
ɪ	kurzes „i" wie in „Chinchilla"	часы	[ʧɪ'sɨ]	*Uhr*
ɨ	wie „Müll", mit breitem Mund gesprochen [b)]	был	[bɨł]	*war*
ɔ	wie „o" in „Tochter"; nie wie in „tot"	ток	[tɔk]	*Strom*
æ	zwischen „i" und „ä" gesprochener Laut	дядя	['ḑæḑə]	*Onkel*
v	wie „w" in „Watte"	вата	['vatə]	*Watte*
ʒ	wie „j" in „Journalist" französisch ausgesprochen	журнал	[ʒur'nał]	*Zeitschrift*
z	immer stimmhaftes „s" wie in „Susi"	зуб	[zup]	*Zahn*
s	immer stimmloses „s" wie in „Hass"	сад	[sat]	*Garten*

ł	etwa wie englisches „l“ in „mall“	мол	[mɔł]	*Mole*
ļ	noch weicher als deutsches „l“ in „Liebe“	Лиза	[ļizə]	*Lisa*
r	hartes „gerolltes“ „r“ [c)]	парк	[park]	*Park*
ŗ	weiches „r“ [c)]	река	[ŗɪ'ka]	*Fluss*
x	wie „ch“ in „ach“	крах	[krax]	*Pleite*
x,	etwa „ch“ wie in „ich“	химик	['x,iɱɪk]	*Chemi-ker*
ts	wie „z“ in „Zettel“	цвет	[tsv,ɛt]	*Farbe*
ʧ [d)]	etwa wie „tsch“ in „Tsche-chien“	чек	[ʧɛk]	*Scheck*
ʃ	wie „sch“ in „schummeln“	шум	[ʃum]	*Lärm*
ʃʧ [d)]	etwa wie „schtsch“	щи	[ʃʧi]	*Kohl-suppe*

[a)] Mehr zu diesem Lautzeichen, dem „Schwa“, siehe Kapitel 7, Seite 123.

[b)] Hierzu siehe auch Kapitel 1, Seite 18.

[c)] Tipps zu den Lauten «р» und «рь» siehe die Seiten 14 und 15 sowie die Fußnote 13.

[d)] [ʧ] und [ʃʧ] sind immer weich auszusprechen. Ihre Weichheit wird hier deshalb nicht besonders hervorgehoben. Beide Laute werden mit lächelnd breitgezogenem Mund gesprochen, damit sie hell und „weich“ klingen. Das „t“ in der Mitte des Lauts [ʃʧ] ist oft nicht zu hören, sodass lediglich ein langer, sehr weicher „sch“-Laut übrig bleibt. Geübt werden kann er beispielsweise mit den Fantasiewörtern „Fri**sch**-**Sch**inken“ oder „Fri**sch**-**Tch**ibo“.

Einleitung – **Введение**

Ein alter Mann in schäbigem Mantel, den Gehstock in der zittrigen Hand, irrt Hilfe suchend durch die Straßen Moskaus. Mit altersschwachen Augen sucht er die Metrostation, die „früher doch immer hier war". Schließlich erblickt er ein großes „M" auf der anderen Straßenseite und fragt eine zahnlose, aber rüstige Alte: „Mütterchen, ist das die Metro?" Die Frau blickt ihn erstaunt an und antwortet: „Aber nein, Alterchen, kennen Sie denn nicht McDonald´s? Die Metro ist auf der anderen Seite!"

Zugegeben, dies ist nur eine Anekdote, die man sich in Russland erzählt, aber sie ist bezeichnend für die rasanten Veränderungen, für das Land und seine Leute heute.

Eine andere scherzhafte Begebenheit wird erzählt über einen Touristen, der nach Russland kommt und nicht Russisch kann. Auf einer belebten Geschäftsstraße sieht er ein Schild, entziffert mühsam «pektopan» und fragt die Reiseleiterin: „Was ist das?"

Sie ahnen schon, dieser Zeitgenosse gehört zu jenen, denen die russische Sprache ein Buch mit sieben Siegeln ist. Und das vor allem wegen der „unverständlichen" Schrift, die von den Buchstaben, die wir im Deutschen im Allgemeinen benutzen, so weit abzuweichen scheint. Warum ist die Schrift so anders?

Die „kyrillische" Schrift – so heißen die „russischen" Schriftzeichen – hat scheinbar nur geringe Ähnlichkeit mit den Buchstaben, die wir in Briefen, Belletristik, Fachliteratur oder am PC zu schreiben und zu lesen gewohnt sind. Das russische Alphabet enthält nur wenige Zeichen, die ihrem Aussehen nach den Buchstaben im Deutschen, Englischen oder Ungarischen gleichen, z. B. die Großbuchstaben A, E, O, K, T oder B, H, P, C. Merken Sie etwas? Die Aufzählung umfasst alle Buchstaben des russischen Worts РЕСТОРАН (*Restaurant*)[1]. Dieses Wort hat der Tourist entdeckt. Nur, er spricht einige von ihnen falsch aus, nämlich jene, die wie lateinische Buchstaben aussehen, aber anders gesprochen werden.

---

1 Die Übersetzung der russischsprachigen Beispiele wird immer in Kursivschrift angeführt. Bei Substantiven im Nominativ oder im unveränderten Akkusativ gilt das auch für den jeweiligen Artikel.

Woher kommt die Kyrillica, wie die Fachleute das kyrillische Alphabet nennen? Wie kann ich mir diese Zeichen leichter aneignen? Werden im Deutschen gleiche oder ähnliche Buchstaben auch gleich oder wenigstens ähnlich wie in der deutschen Sprache ausgesprochen? Die Antwort auf die letzte Frage lautet: Nicht immer. Bereits der erste Buchstabe «P» in PECTOPAH führt uns in die Irre. Er wird nicht [p] gesprochen, sondern ist das russische [r]. Das russische «C» ist nicht der Laut [k], den wir z. B. in der „Veste Coburg" sprechen oder ein „c" wie in „Cecilie", sondern lautet [s]. Das «H» am Wortende weicht ebenfalls von der deutschen Lesart ab. Es ist kein „h" wie in „Hamburg", sondern das russische Zeichen für den Laut [n]. Lediglich „E, T, O und A" entsprechen in Schreibung und Lautung der deutschen Sprache. So lustig die deutsche Lesung des kyrillisch geschriebenen Worts also klingen mag, sie ist falsch. Ein Muttersprachler spricht das Substantiv [ŗısta'ran][2] aus. Im Deutschen betonen wir dieses der französischen Sprache entlehnte Wort ebenfalls auf der letzten Silbe. Wenn wir es uns richtig vorlesen können oder hören, dann verstehen wir PECTOPAH deshalb sehr schnell. Den Globetrottern oder Sprachtalenten unter Ihnen ist ohnehin sofort die Ähnlichkeit des Worts z. B. mit dt. Restaurant, engl. restaurant oder ital. ristorante aufgefallen.[3]

Sie haben vielleicht bei früheren Begegnungen schon gemerkt: Brit aus Berlin versteht Mischa aus Moskau ohne Schwierigkeiten, wenn er Worte sagt wie киннó [ķı'nɔ], дискотéка [ḑıska'ţɛkə], винó [v,ı'nɔ], аллó [a'ļɔ] (*Kino, Diskothek, Wein, hallo*) und viele andere. Warum ist das so? Die Schrift ist sehr verschieden von „unserer" lateinischen Schrift, doch viele Wörter kann man ohne weiteres verstehen. Wie kommt das? Ist die russische Schrift wirklich so fern vom Deutschen wie Hebräisch oder Chinesisch? Welche Geschichte hat die russische Sprache?

Halten wir fest: Zum einen kommen wir, wenn wir Russisch lernen, natürlich nicht umhin die kyrillischen Buchstaben und ihre

---

2 Die Aussprache wird in eckigen Klammern angegeben. Der gerade Apostroph ' vor einer Silbe zeigt an, dass die nachfolgende Silbe die Wortbetonung, den Akzent erhält.

3 Eine Liste der in diesem Buch verwendeten Abkürzungen finden Sie auf Seite 266.

Aussprache zu lernen. In Kapitel 1 werden Sie erfahren, warum dies trotzdem nicht so schwer ist, wie bisweilen geglaubt wird.

Zum anderen gibt es im Russischen nicht wenige internationale, auch im Deutschen gebräuchliche Wörter und Wendungen. Selbstverständlich entbindet das aber nicht vom Vokabellernen. Wie kann ich mir Wörter und Wendungen leichter einprägen? Hilft mir die Kenntnis anderer Sprachen wie Englisch oder Französisch beim Erlernen des Russischen? Ist es wirklich so schwer, wie manche sagen, russisch – halt, wir wissen schon: kyrillisch – Geschriebenes zu lesen?

Möchten Sie es besser wissen?

Dann lesen Sie weiter! Die oben gestellten und viele andere Fragen werden Ihnen in diesem Buch beantwortet. Es ist gedacht für Anfänger, die Russisch lernen wollen, aber auch für jene, die es bereits können. Alle werden ihren Wissensdurst stillen können. Vor allen Dingen ist dies jedoch ein Buch für die „Besserwisser“, die gern noch etwas mehr wissen möchten, als sie aus dem Lehrbuch erfahren.

Wenn Sie Russisch noch nicht lesen können, geht Ihnen kein Jota verloren: alle russischen Beispiele sind übersetzt, zu Anfang wird auch die Aussprache angegeben. Die Ausprachehilfen verschwinden allerdings von Kapitel zu Kapitel immer mehr, sodass Sie zum Schluss zum selbstständigen Lesen angehalten werden. Zu diesem Zweck finden Sie auf den Seiten 6 und 7 Übersichten über die kyrillischen Buchstaben, ihre Lesart und die Schreibung russischer Namen im Deutschen.

Lassen Sie sich von anfänglicher Mühsal nicht abschrecken! *Aller Anfang ist schwer*. Wie das russische Sprichwort sagt: Лихá бедá начáло [ļɪ'xa b,ɪ'da na'ʧałə].[4]

Auch russische Kinder und Erwachsene stöhnen, wenn sie „deutsche Sprache – schwere Sprache“ lernen, zum Beispiel wegen der vielen Formen des deutschen Verbs! Und die lateinische Schrift fällt ihnen beinahe ebenso schwer wie uns die kyrillische. Manch kleiner Wanja fängt da schnell mal eine „Zwei“ oder „Eins“ und ärgert seine Eltern mit solch schlechten Schulnoten.

4 Die Übersetzung ins Deutsche ist stets kursiv gesetzt.

Schlechte Noten? Auch auf diese Frage finden Sie in diesem Buch eine Antwort. Es erzählt Geschichte und Geschichten rund um die russische Sprache, das russische Volk und seine Kultur.

Holzschnitzerei aus Susdal, eine traditionell gekleidete Familie darstellend, in der Ausführung aber eher modern.

Das Buch behandelt in den einzelnen Kapiteln verschiedene Themen des russischen Lebens von der Vergangenheit bis heute. Lassen Sie sich die hübschen Geschichten und auch die Rezepte munden. Nach dem „kulinarischen“ Genuss jedes Kapitels folgt als Anhang etwas „zum Nachtisch“. Hier finden Sie hilfreiche Tipps, interessante ergänzende Ausführungen und Übungen sowie Wörter und Wendungen zu Alltagsthemen.

Das Buch ersetzt weder ein Lehrbuch der russischen Sprache noch das Geschichtsbuch oder einen Reiseführer. Vielmehr möchte es Ihnen in lockerer Form die russische Sprache und Kultur nahe bringen. Das soll Ihnen den Anfang beim Erlernen dieser Sprache erleichtern oder Ihnen, wenn Sie schon weiter fortgeschritten sind, manches verständlicher erscheinen lassen. Das Ganze wird garniert mit einer Auswahl russischer Sprichwörter, ла́дно? ['ɫadnə] (*einverstanden?*).

Übrigens, obwohl Sie viele Zusammenhänge an praktischen Beispielen erklärt bekommen, das Wort „Grammatik“ taucht in diesem ganzen Buch nur ein einziges Mal auf! Sie haben es gerade zum ersten und letzten Mal gelesen.

Zum Nachtisch – **На десерт**

Lassen Sie mich Ihnen den Nachtisch zur Einleitung servieren! Es soll noch einmal um die Aussprache gehen. In der Übersicht über die Aussprache der russischen Buchstaben auf den Seiten 8 und 9 habe ich all jene Lautzeichen weggelassen, die auch in der deutschen Sprache als Buchstaben vorhanden sind und ungefähr so wie im Deutschen ausgesprochen werden. Hier noch einige ergänzende Bemerkungen.

Wie bereits erwähnt, gibt der hochgestellte gerade Apostroph ' die Betonung der darauf folgenden Silbe an. Die betonten Silben sind in russischen Wörtern stets halblang auszusprechen. Ein betontes «у́» wie z. B. im Wort у́стно (*mündlich*) wird also nicht ganz so lang wie das „u" in „Duden", aber auch nicht so kurz wie in „dumm" ausgesprochen.

Das wie ein Komma aussehende Zeichen unter, nach oder – in einem Fall – über einem Konsonanten z. B. [ļ], [z̧] bzw. [b,], [v,] oder [ģ]) bezeichnet die weiche Aussprache desselben. Zur Aussprache der weichen Konsonanten finden Sie im Buch mehrere Hinweise, unter anderem in der Fußnote 5 auf Seite 16 und auf den Seiten 19ff. in Kapitel 1.

Die Aussprache des harten russischen «р» [r] und des weichen «рь» [r̦] bereitet erfahrungsgemäß einige Mühe. Einige Tipps sollen Ihnen über die Anfangsschwierigkeiten hinweghelfen:

Haben Sie schon einmal ein Baby die ersten „Worte" lallen gehört? Erinnern Sie sich daran und sprechen Sie die Lallgruppe „ta'datada-ta'datada-ta'datada" möglichst locker, schnell und oft hintereinander aus. Betonen Sie dabei (wie es das Betonungszeichen angibt) auf der zweiten Silbe jeder viersilbigen Gruppe und achten Sie möglichst auch darauf, das „t" jeweils stimmlos und das „d" stimmhaft auszusprechen. Wenn Sie dies tun und konzentriert auf ihre Zunge achten, werden Sie Folgendes merken: Der aktive Teil in Ihrem Mund ist die Zungenspitze. Sie schlägt dicht hinter den Zähnen auf und ab. Genau dies ist die Bewegung der Zunge beim Aussprechen des so genannten „gerollten", harten «р» [r]. Nach längerem Üben der obigen Silben versuchen Sie zunächst ein „k" an die Lautgruppe zu hängen. Dann ist es schon nicht mehr weit bis zur ersten russischen Silbe und dann zum Wort тракт (*Trakt*) sowie später zum Wort тра́ктор (*Traktor*). Das Wichtigste bleibt: Versuchen Sie bewusst die Zungenspitze in Bewegung zu setzen! Alles andere endet unweigerlich in einem deutschen oder englischen „r“.

Ein Becher, wie er zu einem russischen Nachtisch passt: aus Palech, in den traditionellen Farben Schwarz, Rot und Gold. Folkloristisches Holzgeschirr kommt an Festtagen, ergänzt durch Teller, Kanne und Besteck der gleichen Art, als Dekoration oder auch zur Benutzung auf den Tisch.

Das weiche russische «рь» [ŗ] wird im Prinzip ebenso gebildet. Etwas oberhalb der oberen Schneidezähne tippt die Zungenspitze den harten Gaumen (Palatum) an. Nach der lateinischen Bezeichnung des Gaumens heißen die weichen Konsonanten in der Fachterminologie übrigens auch „palatalisiert“. Nur ist die Zungenbewegung bei der Bildung des palatalisierten russischen «рь» sehr schnell, möglichst nur ein einziges kurzes Anschlagen, ein Antippen der Zunge an das Palatum. Wer sich im Englischen sehr gut auskennt, erkennt hier die Ähnlichkeit mit dem one-flapped „r“, das im Londoner Cockney gesprochen wird. Aber auch ohne dieses Insiderwissen sollte es Ihnen nach einiger Übung möglich sein das «рь» richtig auszusprechen.

Am besten ist es natürlich, Sie können die russischen Laute Muttersprachlern oder Lehrern nachsprechen und vorsprechen. Möglichst Personen, die professionell mit Sprache zu tun haben. Denn sie haben Erfahrung darin, auf die Aussprache zu achten.

Kapitel 1 – Глава́ пе́рвая
Je tiefer der Wald, desto mehr Holz

Sie finden, die Überschrift klingt wie ein Sprichwort? Aber Sie kennen es nicht? Ganz recht. Es ist ein russisches Sprichwort, das mit dieser Metapher im Deutschen nicht vorhanden ist. Es gibt allerdings in der deutschen Sprache nicht wenige Sprichwörter und Redewendungen von gleicher Art: „je später der Abend, desto schöner die Gäste“ oder „je leerer der Kopf, desto geschwätziger die Zunge“.

Sprichwörter und Redewendungen (посло́вицы и погово́рки [pa'słɔv,ɪtsɨ i pəga'vɔrkɪ]) bedienen sich in vielen Sprachen des Vergleichs. So auch in der russischen: Чем да́льше в лес, тем бо́льше дров [ʧɛm 'daļʃɛ v ļɛs ţɛm 'bɔļʃɛ drɔf][5], also eigentlich: *Je weiter (ich) in den Wald (hineingehe), desto mehr Holz (finde ich)*, d. h. desto mehr ist zu sehen, zu ergründen, zu bewältigen.

Geht es Ihnen auch so? Je besser Sie eine Sprache kennen lernen, desto mehr Fragen tun sich auf. Ein neues Wort begegnet Ihnen: Warum heißt es so und nicht anders? Woher kommt es? Weshalb muss ich diese oder jene Form verwenden?

Gehen wir also weiter in den Wald hinein, tiefer in die Geschichte der russischen Sprache!

In der Einleitung lautete eine Frage: Woher kommt das kyrillische Alphabet? Hier die Antwort.

---

5 Das in den eckigen Klammern verwendete, wie ein Häkchen oder Komma aussehende Zeichen unter oder nach einem Konsonanten, wie hier unter dem [ļ], bezeichnet die „weiche“ Aussprache des darüberstehenden bzw. vorangehenden Konsonanten. Eine solche Unterscheidung der Konsonanten kennt das Deutsche nicht. Das harte «л» [ł] wird im Russischen noch härter, dunkler ausgesprochen als das «l» in den englischen Wörtern „all, ball, mall“, während das weiche «ль» [ļ] weicher als das deutsche „l“ in „Liebe“ ist. Versuchen Sie deutlich unterschiedliche l-Laute in den Wörtern мел [ɱɛł] und мельник ['ɱeļņIk] zu artikulieren. Vieles ist schon gewonnen, wenn Sie in diesen beiden Wörtern die betonten e-Laute wie folgt differenzieren: ein mit weiter geöffnetem Mund gebildetes «e» [ɛ] (fast wie das „ä“ in „vermählen“) im ersten Wort und ein geschlossenes «e» [e] (etwa wie in „Mehl“) im zweiten. Weitere Erläuterungen zur Aussprache der harten und weichen Konsonanten finden Sie auf den Seiten 19ff.

Kurz gesagt, es ist „erfunden“ worden. Nicht über Jahrhunderte entstanden, sondern als Auftragsarbeit erdacht. Die Schrift der meisten Sprachen entwickelte sich über sehr lange Zeit, Jahrhunderte oder Jahrtausende nach dem „Entstehen“ der gesprochenen Sprache. Manche Sprachen erhielten ihre Schriftform aber quasi „über Nacht“. Das armenische Alphabet zum Beispiel wurde Anfang des 5. Jahrhunderts vom Mönch und Gelehrten Mesrop Maschtoz entwickelt und binnen kurzem von Kirche und Staat übernommen. Seine Großbuchstaben werden noch im 21. Jahrhundert in fast unveränderter Form verwendet. Auf Armenien werden wir später noch einmal zurückkommen.

Die *Kyrillica* (кири́ллица [ķɪ'ŗiļɪtsə]), so heißt das russische Buchstabenalphabet, entstand auf ähnliche Weise.

Pardon, bevor Sie mehr über die kyrillischen Zeichen lesen: Ist Ihnen die Etymologie des deutschen Worts „Alphabet“ bekannt? Es ist eine griechische Wortschöpfung, die aus den beiden ersten Buchstaben α (alpha) und β (beta) des griechischen „Zeichensatzes“ besteht. Sie werden gleich nachvollziehen können, warum ich – scheinbar – abgeschweift bin.

Das kyrillische Alphabet schufen im 9. und 10. Jahrhundert die aus dem griechischen Thessaloniki stammenden Brüder *Kyrill* (Кири́лл) und *Method* (Мефо́дий [ɱɪ'fɔḑɪj]) und ihre Schüler. Im Jahr 863 waren die Mönche in das Großmährische Reich entsandt worden, um dort den orthodoxen christlichen Glauben in einer slawischen Sprache zu verkünden. Die west- und ostslawischen Sprachen hatten aber noch keine Schrift. Die vorrangige Aufgabe der Missionare war es deshalb, den Sprachen eine Schriftform zu geben. Die Mönche waren mit Griechisch, Lateinisch, mit slawischen und anderen Sprachen bestens vertraut. Griechisch war ihre Muttersprache, die christliche Literatur auch in dieser Sprache geschrieben. Also benutzten die Brüder als Grundlage des kyrillischen Alphabets verständlicherweise vor allem griechische Buchstaben, insbesondere die Majuskeln, die Großbuchstaben. Mittels des neuen Alphabets übersetzten die Missionare 864 die Bibel und später anderes religiöses Schrifttum aus dem Griechischen in kyrillisch geschriebene slawische Texte und erfüllten so ihre Aufgabe.

Quelle: http://de.wikipedia.org/wiki/Glagolica, eine Website der Universität Bamberg

Hier eine Kostprobe der ersten Fassung der kyrillischen Schrift, die Glagolica genannt wurde. Kyrill hatte sie bereits um 860 aus griechischen, koptischen und semitischen Schriftzeichen entwickelt, denen er selbst entworfene Zeichen hinzufügte. Die gegen Ende des 9. Jahrhunderts im bulgarischen Zarenreich entstandene kyrillische Schrift verdrängte die Glagolica jedoch ab dem 10. Jahrhundert immer mehr.

Hübsch anzusehen, nicht? Aber sicher schwerer zu erlernen als die später entwickelte Kyrillica, die sich schließlich durchsetzte und heute – mit geringfügigen nationalen Besonderheiten – von zahlreichen Sprachen verwendet wird: Russisch, Ukrainisch, Weißrussisch, Bulgarisch, Serbisch und Mazedonisch. Auch die mongolische Sprache bedient sich ihrer (besser gesagt, hat sie unter dem Einfluss der ehemaligen Sowjetunion übernommen).

Kennen Sie aus der Schule solche griechischen Buchstaben wie α, γ, δ, κ, λ, φ oder χ bzw. ihre Großschreibungen Α, Γ, Δ, Κ, Λ, Φ oder Χ? In Physik, Chemie oder Biologie müssten Ihnen zumindest einige von ihnen begegnet sein. Auch im Duden wird das griechische Alphabet aufgeführt. Ich gehe einmal davon aus, dass Sie die oben aufgeführten Buchstaben lesen können. Die Ihnen aus der lateinischen Schrift bekannten Zeichen hinzugenommen, brauchen Sie die folgenden 13 kyrillischen Buchstaben deswegen nicht wirklich neu zu lernen:

А, Г, Д, Е, К, Л, М, О, П, Р, Т, Ф, Х.

Sie werden in der russischen Sprache so gelesen:

[a, gɛ, dɛ, jɛ, ka, ɛł, ɛm, ɔ, pɛ, ɛr, tɛ, ɛf, xa][6].

6 Zur Aussprache der phonetischen Lautumschrift vergleichen Sie die Seiten 8 und 9.

Wohlgemerkt, es geht uns bisher immer nur um das Lesen und Erkennen der gedruckten russischen (kyrillischen) Großbuchstaben. Aber Sie werden sehen, die Minuskeln (Kleinbuchstaben) lassen sich zum großen Teil ebenfalls mit Hilfe des lateinischen und griechischen Alphabets erschließen.

Sie werden sagen, da fehlen aber noch einige Zeichen! Richtig, das kyrillische Alphabet hat insgesamt 33 Buchstaben, also 7 mehr als unseres (die Umlaute nicht mitgerechnet). Falls Sie 32 Zeichen in Ihrem Russisch-Lehrbuch oder Wörterbuch gezählt haben – auch das stimmt. Dann schließt Ihr Buch (wie übrigens auch unser „Alphabetlied“ auf der Seite 27) den Buchstaben «ë, Ë» nicht mit ein. Er wird [jɔ] gesprochen und ist immer betont. Russische Originaltexte kommen in der Regel ohne dieses Zeichen aus. Ältere russische Schreibmaschinen haben es überhaupt nicht in ihrem Typensatz. Hier handelt es sich meist um denselben Buchstaben wie «e», der jedoch im Laufe der Geschichte die Aussprache [jɔ] annahm und mit diakritischen Zeichen versehen wurde, wie wir sie von den deutschen Umlauten „ä, ö, ü“ kennen. In beiden Sprachen weist das einerseits auf die historische Verwandtschaft der Laute «ë» und «e» bzw. „a“ und „ä“ usw. hin, verdeutlicht andererseits aber auch, welche Veränderungen die Vokale in der Geschichte der Sprachen erfahren haben.

Woher kommen nun die restlichen Buchstaben? Zwei von ihnen sind eine Erfindung der griechischen Mönche. Sie dienen der Kennzeichnung einer in allen slawischen Sprachen wichtigen Unterscheidung der Konsonanten. Das Weichheitszeichen Ь und das Härtezeichen Ъ. Obwohl ich beide hier als Großbuchstaben wiedergebe, werden sie meistens jedoch als Kleinbuchstaben und nie am Wortanfang benutzt: ь und ъ. Sie werden nicht gesprochen, sind aber aus folgenden Gründen bedeutungsrelevant.

Viele Konsonanten (Mitlaute) der russischen Sprache existieren in zwei lautlichen Varianten: den „harten“ und den „weichen“ Konsonanten (vgl. Fußnote 5 auf Seite 16). Je nachdem, ob Sie [maț][7] oder [mat] sagen, meinen Sie *die Mutter* (мать [maț]) oder

7 Sie erinnern sich? Das „Komma“ unter, nach oder über einem Konsonanten bezeichnet dessen weiche Aussprache.

die Matte (мат [mat]). Eine ziemlich brauchbare Eselsbrücke für die Aussprache des „weichen“ [ţ], wenn auch wissenschaftlich nicht koscher, ist: Sprechen Sie [maţ] wie deutsch „Matz“, aber mit etwas längerem [a] aus! Das ist weit besser, weil näher an der normgerechten Aussprache, als der hin und wieder gegebene Rat, diesen Laut wie „tch“ auszusprechen, was manchmal praktiziert wird, aber ganz und gar nicht russisch klingt.

Harte und weiche Konsonanten sind im Russischen wichtig zur Unterscheidung von Wörtern, ähnlich wie die stimmhaften und die stimmlosen Konsonanten im Deutschen. Es macht doch einen großen Unterschied, ob Ihnen ein ausländischer Kollege am Telefon mitteilt: „Ich kann das Institut nicht *leiden*.“ oder „Ich kann das Institut nicht *leiten*.“

Solche Missverständnisse kann es unter Umständen auch im Russischen geben, wenn ein Lernender die harten (nicht palatalisierten) und die weichen (palatalisierten) Konsonanten nicht auseinander hält. Wie gesagt, wird bei den palatalisierten Konsonanten der Zungenrücken gegen den harten Gaumen gedrückt, sodass die Luft „weich“ zwischen ihnen herausgequetscht wird. Vergleichen Sie!

Смотри, там мол! [sma'ţri tam mɔł] (*Sieh, dort ist eine Mole!*)

Смотри, там моль! [sma'ţri tam mɔḷ] (*Sieh, dort ist eine Motte!*).

In den bisherigen Beispielen wurde die Weichheit eines Konsonanten durch das Weichheitszeichen angegeben. Weich ausgesprochen werden aber die Konsonanten «б, п, в, ф, г, к, д, т, з, с, л, р, м, н, х» auch vor den Vokalen (Selbstlauten) «е, ё, и, ю, я». Nur die Konsonanten «ч, щ» sind immer weich. Und dann ist da noch das «й».

Nota bene! (auf Russisch heißt das Запóмни! [za'pɔmņɪ] – *Merke!*): Der zuletzt aufgeführte Buchstabe, der wie der russische Vokal «и» aussieht und auch „*kurzes i*“ (и крáткое [i 'kratkəjə]) genannt wird, ist in Wirklichkeit ein Halbvokal!

Die Mitlaute «ж, ш, ц» dagegen sind immer hart auszusprechen. Das hat zur Folge, dass man nach ihnen «и» wie «ы» und «е» wie «э» ausspricht. Das «ё», das – wie erwähnt – immer betont ist, hört sich nach diesen Konsonanten an wie betontes «ó». Цирк (*der Zirkus*) wird also gesprochen: ц[ы]рк [tsɨrk], жить (*leben, wohnen*) – ж[ы]ть [ʒɨţ] und дирижёр (*Dirigent*) – дириж[ó]р [ḑıŗı'ʒɔr].

Viel Theorie? Bitte, keine Angst „vor großen Tieren“! Auch wenn einige zum Verwechseln ähnliche Wortpaare existieren und die unterschiedliche Aussprache von weichen und harten Konsonanten in der russischen Sprache bedeutungsrelevant sein kann – in der Praxis der Kommunikation sind sie selten entscheidend. Aus dem Kontext wird meist schnell verständlich, was gemeint ist. Aber Sie wollen natürlich trotzdem Russisch möglichst gut und lautgetreu sprechen!

Lassen Sie mich bei dieser Gelegenheit gleich noch weitere „Mücken aus Elefanten machen“.

Zum einen: Sie kennen stimmhafte und stimmlose Konsonanten bereits aus Ihrer Muttersprache, wie man am Beispiel „leiden“ – „leiten“ sieht. Beim Sprechen und Hören unterscheiden sich diese beiden Wörter lediglich durch die Aussprache des mittleren Konsonanten. Auch in der russischen Sprache spielt diese Unterscheidung eine die Bedeutung differenzierende Rolle. Vergleichen Sie die folgenden Wörter miteinander! Die russischen Buchstaben, auf die es uns ankommt, sind fett gedruckt.

Russisch		**Deutsch**	
stimmhaft	stimmlos		
дéло	**т**éло	*Ding, Sache*	*Körper*
вáза	**ф**áза	*Vase*	*Phase*
жить	**ш**ить	*leben, wohnen*	*nähen*
бить	**п**ить	*schlagen*	*trinken*
год	**к**од	*Jahr*	*Code*

Zum anderen: Die Betonung trägt ebenfalls dazu bei Wörter zu unterscheiden. Sie kennen dies vielleicht von anderen Sprachen, zum Beispiel im englischen Verb to protest (Betonung auf der zweiten Silbe) im Unterschied zum Substantiv the protest (auf der ersten

Silbe betont). Auch das ist also nicht ganz neu für Sie, wenn Sie die russische Sprache zu lernen beginnen.

Hier drei Beispiele, die Ihnen zeigen, wie die unterschiedliche Betonung von identisch geschriebenen Wörtern zu verschiedenen Bedeutungen führt. Achten Sie auf die Betonungszeichen!

Russisch		**Deutsch**	
мукá	мýка	*Mehl*	*Qual*
óрган	оргáн	*Organ*	*Orgel*
писáть	пúсать	*schreiben*	*pinkeln*

Stellen Sie sich das befremdete Lächeln der Bibliothekarin in der folgenden Situation vor. In der Moskauer Staatsbibliothek, die schon angesichts ihrer kühlen Eleganz, aber auch ob ihres Bestands von *mehr als 43 Millionen Einheiten* (бóлее сорокá трёх миллиóнов единúц) Ehrfurcht einflößen kann, frage ich sie im Internetsaal: Мóжно пúсать на компьютере? (falsch betont, deshalb die Bedeutung: *Darf ich auf dem PC ...?* – siehe oben).

Zum dritten: Es handelt sich zwar um wesentliche Bedeutungsunterschiede, die mit Hilfe der Unterscheidung zwischen stimmhaften und stimmlosen, weichen und harten Konsonanten bzw. durch die unterschiedliche Betonung erzeugt werden, aber sie alle spielen in der täglichen Kommunikation kaum eine Rolle.

Aber, простúте [pra'sţiţı] (*verzeihen Sie!*), zurück zur Kyrillica. Sie warten noch auf die restlichen Buchstaben. Diese mussten von den sprachbeflissenen Mönchen aus Thessaloniki auf der Grundlage ihrer Sprachkenntnisse erschaffen werden, um jene Laute wiederzugeben, die in der griechischen Sprache nicht vorkamen.

Zunächst zu den so genannten Zischlauten. Dem schon in der Einleitung erwähnten Globetrotter fällt bei seinen Reisen durch Osteuropa in der russischen, polnischen oder tschechischen Sprache regelmäßig „das viele Zischen“ auf. Jacob Grimm nannte sie in seiner Akademievorlesung „Über den Ursprung der Sprache“ (1851) „die schweren Zischlautverbindungen der Slawen“. In der Tat, das Deutsche kennt nur die Zeichen „s“ (wie in Rosse bzw.

Rose) und „sch" (in **Sch**urke) bzw. „j" (im französischen Lehnwort **J**ournal).

Wer Russisch lernt, sollte die folgenden Laute deutlich unterscheiden lernen, beim Hören wie beim Sprechen:

- Das stimmlose «c» wie in сала́т [sa'łat] – *der Salat*; стака́н [sta'kan] – *Becher, Glas* und das stimmhafte «з» in зима́ [ʐɪ'ma] – *Winter*; ро́за ['rɔzə] – *Rose*.
- Das stimmlose «ш» in марш [marʃ] – *Marsch*, шу́тка ['ʃutkə] – *Scherz* und das stimmhafte «ж» in жест [ʒɛst] – *Geste*; ва́жный ['vaʒnɨj] – *wichtig*.
- Hinzu kommen die Laute «ц, ч, щ», z. B. in цирк [tsɨrk] – *Zirkus*, час [ʧas] – *Stunde*, щи [ʃʧi] – *Kohlsuppe*.

Die Zischlaute sollen die slawischen Sprachen schwer erlernbar oder schwerer verständlich machen? Mitnichten!

Da Sie Russisch lernen, werden Sie schnell merken, wie sinnvoll sie Wörter differenzieren und welch wohlklingende Eigenart gerade die verschiedenen Zischlaute der russischen Sprache verleihen. Nur frisch ans Werk! Prägen Sie sich ein:

	Harte Konsonanten	**Weiche Konsonanten**
stimmhaft	з ж	
stimmlos	с ш ц	ч щ

Es fehlen immer noch ein paar Buchstaben? Sie haben Recht: Da sind noch die bisher unerwähnt gebliebenen Vokale

«У, у» und «Ы, ы».

Der Laut «Ы, ы» ist insofern beachtenswert, als er keine wirkliche Entsprechung im Deutschen besitzt. Er wird weder wie das kurze „i" in „Kind", noch wie kurzes „a" in „kann" (was ein bekanntes Wörterbuch empfiehlt), noch gar gerundet wie das deutsche „ü" in „Müll" ausgesprochen. Versuchen Sie stattdessen einmal das zu diesem Zweck von mir erfundene Wort „üllütüll" nicht mit gerundeten Lippen, sondern mit breitem Mund auszusprechen! Wenn Ihnen das nach einiger Übung gelingt (am besten vor dem Spiegel), dann haben Sie ungefähr den Lautwert dieses Vokals getroffen.

Die drei letzten Buchstaben des russischen Alphabets sind: «э, ю, я». Nicht von ungefähr sind sie ans Ende des kyrillischen Alphabets gesetzt, sie stellen lautliche Varianten der im Alphabet vorangehenden russischen Vokale «е, у, а» dar.

Der Laut «э» wird etwa wie das „ä“ in dt. „ähnlich“ ausgesprochen, nur etwas länger und mit weiter geöffnetem Mund: это ['ɛtə] – *das ist*, э́хо ['ɛxə] – *Echo*. Die Zeichen «ю» und «я» haben mit dem russischen «е» zwei Eigenschaften gemeinsam:
1. Am Anfang eines Worts werden sie in betonter Silbe wie dt. „ju, ja bzw. je“ (in „Jugend, jagen, jetzt“) ausgesprochen, also wirklich mit einem j-Laut vor dem Vokal. In anderen Positionen (nach Konsonanten) kann dieses „j“ verschwinden, und auch der Vokal kann dann anders ausgesprochen werden. Drei Beispiele für diese Vokale am Wortanfang

(они) е́дут ['jɛdut]	*(sie) fahren*
ю́бка ['jupkə]	*der Rock*
я [ja]	*ich*

2. Ein den Vokalen «ю, я» (sowie «е, ё, и») vorangehender Konsonant wird weich ausgesprochen, genauso wie nach «ь», dem so genannten *Weichheitszeichen* (мя́гкий знак ['ɱæx,ķɪj znak]).

Sie erinnern sich an das oben zu den weichen Konsonanten Gesagte? In den nachfolgenden russischen Beispielen sind alle Konsonanten eines jeden Worts entweder hart oder weich. Vergleichen Sie!

Russisch		**Deutsch**	
alle Konsonanten sind			
hart	**weich**		
мэр [mɛr]	ме́рить [‘ɱeŗɪţ]	*Bürgermeister*	*messen*
давно́ [dav'nɔ]	дя́дя ['ḑæḑə]	*(schon) lange*	*Onkel*
Ту́ла ['tułə]	тюль [ţuļ]	*Tula*[8]	*Tüll*

8 Stadt in Mittelrussland, die durch die Produktion von Samowaren berühmt wurde.

Ein Alphabetfächer für Schulanfänger. Auf der Rückseite sind weitere Buchstaben. Sie können ihn sich leicht zum Lernen selbst herstellen.

Zum Schluss noch einmal zur Aussprache der weichen Konsonanten. Meine Kollegen von der Hochschule werden mich vielleicht *zum Teufel*, auf Russisch: к чёрту [k_'ʧɔrtu], wünschen, wenn ich sage, dass Sie eigentlich nur bei den weichen «ть, дь, рь, ль» aufpassen sollten. Wenn Sie bei den restlichen weichen Konsonanten etwas schummeln müssen, nehmen Sie es nicht so tragisch. Ihr russischer Gesprächspartner wird Ihnen nicht zeigen, dass er es bemerkt. Es liegt in der russischen Seele großzügig zu sein. Im großen weiten Russland, in dem 800 Kilometer (in Deutschland eine Reise quer durch das ganze Land) als недалекó [ŋɪdəḷɪ'kɔ] (*nicht weit weg*) angesehen werden, hat man Verständnis für kleine Schwächen, sprachliche wie andere.

Außerdem, viele Menschen in Russland sprechen Russisch als zweite Muttersprache bzw. erste Fremdsprache. Nur etwas mehr als 80% der 145 Millionen Menschen[9], die in der Russischen Föderation leben, sind Russen. Die restlichen 20% setzen sich aus vielen Nationalitäten zusammen, vor allem Tataren, Ukrainern, Baschkiren und Weißrussen. Nur 0,5% der Bevölkerung sind Russlanddeutsche. Die allermeisten Einwohner Russlands beherrschen Russisch natürlich perfekt. Lediglich manche ältere Menschen, vor allem in abgelegenen Gegenden, sprechen Russisch nicht ganz so gut. Für Nicht-Russen ist Russisch immerhin ebenso wie für uns eine Zweit- oder Fremdsprache. Fassen Sie nur Zutrauen! Niemand wird über einen sprachlichen Lapsus lachen, ihn nicht einmal korrigieren. Dabei würde sich das mancher Lernende geradezu wünschen.

Nun sind wir das Alphabet *von A bis Z* durchgegangen, oder besser auf Russisch: от áльфы до омéги [at_'aḷfɨ da_a'ɱeġɪ]. So

9 Volkszählung des Staatlichen Komitees für Statistik Russlands im Jahr 2002.

wie diese Redewendung aus dem Griechischen stammt (denn Á und Ù sind der erste und der letzte Buchstabe des griechischen Alphabets), sind auch die russischen Bezeichnungen für *das Alphabet* griechisch beeinflusst: áзбука ['azbukə] und алфавúт [ałfa'v,it]. Das zweite Wort ist offensichtlich eine Entlehnung aus dem Griechischen und bezeichnet – lautlich etwas abgewandelt – die Namen der beiden ersten Buchstaben des griechischen Alphabets. Im kyrillischen Alphabet dagegen heißen die ersten beiden Buchstaben аз [az] und бýка ['bukə]. Ganz wie in der griechischen Sprache wurde aus diesen Bezeichnungen das russische Wort für Alphabet gebildet: áзбука. Jetzt werden Sie verstehen, warum ich Sie zu Beginn dieses Kapitels nach dem Ursprung des Worts „Alphabet“ gefragt hatte.

Zum Nachtisch – На десерт (1)

Ein russisches Bilderalphabet

Jeder Mensch lernt unterschiedlich. Das Gedächtnis mancher Menschen bedient sich bildlicher Vorstellungen. Vielleicht hilft Ihnen beim Einprägen der russischen Buchstaben ein Bilderalphabet. Die russischen und deutschen Beispielwörter fangen immer mit dem gleichen, besser ähnlichen, Laut an.

<table>
<tr><td>Ananas

АНАНА́С</td><td>Banane

БАНА́Н</td><td>Wein

ВИНО́</td><td>Garage

ГАРА́Ж</td><td>Dusche

ДУШ</td></tr>
<tr><td>JErewan

ЕРЕВА́Н</td><td>JOlka

ЁЛКА</td><td>Journal

ЖУРНА́Л</td><td>Sonde

ЗОНД</td><td>Italien

ИТА́ЛИЯ</td></tr>
<tr><td>Jogurt

ЙО́ГУРТ</td><td>Landkarte

КА́РТА</td><td>Lampe

ЛА́МПА</td><td>Maske

МА́СКА</td><td>Nummer

НО́МЕР</td></tr>
<tr><td>Orden

О́РДЕН</td><td>Park

ПАРК</td><td>Rose

РО́ЗА</td><td>Safe

СЕЙФ</td><td>Telefon

ТЕЛЕФО́Н</td></tr>
<tr><td>Urne

У́РНА</td><td>Flagge

ФЛАГ</td><td>CHemie

ХИ́МИЯ</td><td>Zirkus

ЦИРК</td><td>Tschechei

ЧЕ́ХИЯ</td></tr>
<tr><td colspan="2">(Härtezeichen,
kein dt. Äquivalent)
Ъ</td><td colspan="1">(„jerý“, kein deutsches
Äquivalent)
Ы</td><td colspan="2">(Weichheitszeichen,
kein dt. Äquivalent)
Ь</td></tr>
<tr><td>Schal

ШАРФ</td><td>Schtschi

ЩИ</td><td>Examen

ЭКЗА́МЕН</td><td>Jubiläum
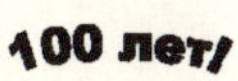
ЮБИЛЕ́Й</td><td>JAcht

Я́ХТА</td></tr>
</table>

Das Alphabetlied

Oder lernen Sie lieber und leichter bei Spiel und Gesang? Dann sollten Sie das russische Alphabet auf dieselbe Weise wie ich einst in der Schule lernen – in Form eines Liedchens. Singen Sie den unten angegebenen Text auf die Melodie von „Ein Männlein steht im Walde"! Ich habe diese Übung in einem sehr alten Lehrbuch gefunden (Russisches Lehrbuch für die fünfte Klasse. Русский язык. Volk und Wissen Volkseigener Verlag. Berlin 1954).

Es so vor sich hin summen nützt freilich nicht viel. Sehen Sie sich den Text und vor allem die einzelnen Buchstaben beim Singen genau an. Dann prägt sich Ihnen nicht nur die Reihenfolge der Buchstaben ein (was Ihnen beim Nachschlagen im Wörterbuch sehr zustatten kommen wird), sondern auch ihre Schreibweise.

*Ein Pilz (*гриб*) aus den pilzreichen Wäldern um Woronesh.*

Kapitel 2 – Главá вторáя

Soljanka und Soleier

Haben russische **Sol**janka und deutsche **Sol**eier etwas gemeinsam? Richtig, beide stehen in den Regalen unserer Supermärkte und werden in manchen Gegenden Deutschlands gern gegessen. Die Wörter haben außerdem die gleiche Anfangssilbe: **Sol**-. Stimmt. Haben die beiden Silben also die gleiche Bedeutung? Посмóтрим! [pa'smɔtr̦ɪm] (*Schauen wir mal!*) Das herauszufinden ist etwas für Besserwisser.

Das Wort солянка [sa'l̦ankə] (*Soljanka*) für die kräftig gewürzte Tomaten- oder Krautsuppe mit Fleisch oder Fisch ist im 18. Jahrhundert entstanden. Es kam im monarchischen Russland statt der ursprünglichen Bezeichnung селянка in Gebrauch. Wie im Substantiv селó [șɪ'ɫɔ] (*Dorf, Land*) bedeutet die Wurzel -сел- (*-sel-*) *ländlich, dörflich. Der Mann vom Lande* hieß früher селянúн [șɪl̦ɪ'n̦in]. Die Soljanka war die einfache Suppe des Bauern. In volksetymologischer Vereinfachung glaubten die Menschen aber, dass das der Suppe tüchtig beigegebene *Salz* (соль [șɔl̦]) der Grund für die Wortwahl gewesen wäre. So kam es zur Wortumbildung: солянка.

Die erste Silbe des Worts „Sol-ei“ bedeutet ebenfalls „Salz“. Soleier sind die in Salzlake eingelegten, lange haltbaren Eier. Sie werden in Russland viel gehandelt und gegessen. Wie in Deutschland, sind Soleier – Salz überhaupt – das Markenzeichen alter Stätten der Salzproduktion, wie z. B. der Stadt Halle an der Saale (auch der Flussname deutet auf Salz hin), der Städte Bad Reichenhall, Hallein an der Salzach, Hallstatt u. a. Das Salz, sowohl das Mineral als auch das Küchengewürz, wird in vielen Sprachen ähnlich bezeichnet. Sicher kennen Sie einige der folgenden Wörter.

Deutsch	Salz (vgl. auch Sole, Saale, Saline)
Englisch	salt
Russisch	соль (davon abgeleitet z. B. солúть – *salzen*)
Tschechisch	sůl

Polnisch	sól
Latein	sāl (vgl. „cum grāno salis")
Spanisch	sal
Französisch	sel

Der Grund für die Ähnlichkeit der oben aufgeführten Wörter besteht darin, dass die meisten der in Europa gesprochenen Sprachen, auch die russische, von einer gemeinsamen Sprache abzustammen scheinen. Niemand hat diese „Ursprache" je gehört. Schriftdokumente dieser Sprache sind nicht überliefert. Doch seit Beginn des 19. Jahrhunderts haben hervorragende Sprachwissenschaftler (unter ihnen die Deutschen Jacob und Wilhelm Grimm, Friedrich von Schlegel und Franz Bopp) in vergleichenden Untersuchungen der Sprachen der Welt herausgefunden, dass sich viele Wörter nicht nur äußerlich ähneln. Sie haben auch eine gemeinsame Geschichte, sind miteinander verwandt. Jene „Urform", aus der sich die meisten europäischen und andere Sprachen entwickelt haben, bezeichnen die Sprachwissenschaftler als „indoeuropäische Sprache" (dem gelegentlich ebenfalls benutzten Terminus „indogermanisch" haftet meines Erachtens ein nationalistischer Beigeschmack an, weshalb ich ihn hier nicht verwenden möchte).

Der Vergleich der historischen Formen der Wörter und ihrer Entwicklung hat schließlich dazu geführt, „Urformen" der Wörter zu konstruieren. Wenn man sie in der Literatur zitiert, werden sie heute immer mit einem Sternchen * markiert. Die Urform des indoeuropäischen Worts für „Salz" lautet zum Beispiel *sal, was eigentlich die schmutziggraue Farbe des ungebleichten Salzes bezeichnet. In der ebenfalls vermuteten Wurzel *sald ist die heutige Wortform in einigen Sprachen schon recht deutlich zu erkennen. Ein hübsches Beispiel für die nicht seltene Erscheinung, dass eine Wurzel diametral entgegengesetzte Bedeutungen entwickeln konnte, ist die Tatsache, dass aus *sald in den baltischen und slawischen Sprachen auch Adjektive mit der Bedeutung *„süß"* entstanden sind: baltisch saldùs, russisch сладкий.

Die Ähnlichkeiten zwischen den Sprachen betreffen nicht nur die Lexik, sondern auch die Satzbildung. Sie sind unverkennbar, selbst wenn einzelne Begriffe in den Sprachen nicht miteinander verwandt sind. Sie haben das sicher schon selbst gemerkt. Vergleichen wir einmal die Sätze „*Hans liebt Marie. Er schreibt ihr jeden Tag einen langen Brief.*" mit je einem Beispiel aus einer weiteren germanischen, einer slawischen und einer romanischen Sprache:
Ива́н лю́бит Мари́ю. Он пи́шет ей длинное письмо́ ка́ждый день.
John loves Mary. He writes her a long letter every day.
Jean aime Marie. Il lui écrit une longue lettre tous les jours.

Mit Hilfe der erschlossenen „Ursprache" lässt sich die Entstehung, Verbreitung und Entwicklung der Sprachen sehr gut erfassen und beschreiben. Die Linguisten erkannten darüber hinaus, dass mehrere Einzelsprachen zu Sprachgruppen zusammengefasst werden können, weil innerhalb dieser Gruppen die Verwandtschaft der Sprachen enger war als zu anderen Sprachen. Diese Methode der Herstellung und Systematisierung von Verwandtschaftsbeziehungen zwischen ihren Forschungsobjekten haben die Linguisten des 19. Jahrhunderts von den im selben Jahrhundert blühenden Naturwissenschaften übernommen. So verwundert es nicht, dass die Gesamtheit der indoeuropäischen Sprachen schließlich in der Form eines Baumes dargestellt wurde, der dem Stammbaum des Tier- oder Pflanzenreichs oder dem Familienstammbaum strukturell sehr ähnelt. Jacob Grimm hat in der oben erwähnten Akademievorlesung auf die methodologischen Ähnlichkeiten zwischen den Sprach- und den Naturwissenschaften hingewiesen. Ich verzichte an dieser Stelle auf die kunstvolle Zeichnung eines Sprachenbaums und fasse für Sie auf der nächsten Seite die wichtigsten Sprachen der indoeuropäischen Sprachfamilie stark vereinfacht in einer Tabelle zusammen.

Warum ich Ihnen das alles erzähle? Weil dies dem Verständnis der eigenen Muttersprache dienlich ist und vor allem, weil es Ihnen beim Erlernen der russischen Sprache hilft. Die Beispiele haben es schon gezeigt: Die russische Sprache ist kein exotischer Außenseiter. Sie ist, ganz im Gegenteil, urverwandt mit den von Schülern viel häufiger als

Unterrichtsfächer gewählten Sprachen. Und das oft mit der haltlosen Begründung, dass „Russisch doch so schwer“ sei.

An den allgemein bildenden Schulen Deutschlands lernten im Schuljahr 2001/2002 so viele Schülerinnen und Schüler mindestens eine der folgenden Fremdsprachen (Sprachen, die von weniger als 30 000 Lernern gewählt wurden, bleiben unerwähnt):

Englisch	6,5 Millionen
Französisch	1,6 Millionen
Latein	0,6 Millionen
Russisch	152 000
Spanisch	130 000
Italienisch	34 000

(Quelle: Statistisches Bundesamt der Bundesrepublik Deutschland, 2004.)

Die Kenntnis einer beliebigen dieser Sprachen – und natürlich auch des Deutschen – kann Ihnen helfen beim Erlernen russischer Vokabeln, beim Verständnis für die Formen der Verben, Substantive und Adjektive und beim Bilden von Sätzen. In jedem Kapitel dieses Buches finden Sie dazu Beispiele und Anregungen.

Die Verwandtschaft der Sprachen ist die eine Stütze der Sprachenlerner. Das Vorhandensein vieler Lehnwörter die andere. Wie die russische, so hat jede Sprache viele Wörter aus anderen Sprachen aufgenommen.

Wer außer Anglisten und Amerikanisten weiß schon, dass z. B. das Englische rund ein Drittel seines Wortschatzes aus der französischen Sprache entlehnt hat? Das hat seinen Ursprung vor allem in der normannischen Eroberung Englands durch Wilhelm den Eroberer (William the Conqueror) im Jahr 1066. Wenn Hans also Französisch als zweite Fremdsprache wählt, kann er oft auf das zurückgreifen, was Hänschen schon in der ersten Fremdsprache Englisch gelernt hat. Und umgekehrt!

Oder nehmen wir die ungarische Sprache, die nicht zur indoeuropäischen Sprachfamilie gehört. Schätzen Sie doch mal, wie viele slawische Wörter auch diese Sprache aufgenommen hat? Etwa ein

<table>
<tr><th colspan="10">Indoeuropäische Sprachfamilie</th></tr>
<tr><td>Germanische Sprachgruppe</td><td colspan="4">Balto-Slawische Sprachgruppe</td><td>Italische Sprachgruppe</td><td rowspan="5">Keltische Sprachen</td><td rowspan="5">Indo-Iranische Sprachen</td><td rowspan="5">Albanisch / Griechisch</td><td rowspan="5">Armenisch</td></tr>
<tr><td>Nordgermanisch (z. B. Dänisch, Schwedisch, Norwegisch)</td><td colspan="3">Slawische Sprachgruppe</td><td rowspan="4">Baltische Sprachen</td><td>Latein</td></tr>
<tr><td rowspan="2">Westgermanisch (z. B. Deutsch, Englisch, Jiddisch)</td><td>Ostslawisch</td><td>Westslawisch</td><td>Südslawisch</td><td rowspan="3">Italienisch, Französisch, Spanisch, Portugiesisch, Katalanisch, Rumänisch, Sardinisch, Räto-romanisch</td></tr>
<tr><td rowspan="2">Russisch
Ukrainisch
Weißrussisch</td><td rowspan="2">Slowakisch
Sorbisch
Tschechisch</td><td rowspan="2">Bulgarisch
Mazedonisch
Serbokroatisch
Slowenisch</td></tr>
<tr><td>Ostgermanisch (Gotisch)</td></tr>
</table>

Fünftel des ungarischen Wortschatzes! Nur ein Beispiel: pályaudvar – *der Bahnhof*. Der zweite Teil des Worts ist unschwer als das russische Wort двор [dvɔr] (*Hof*) zu identifizieren und wird auch sehr ähnlich ausgesprochen. Auf Russisch heißt *der Bahnhof* dagegen вокза́л [vag'zał][10]. Interessanterweise stammt dieses Wort aus dem Englischen „Vauxhall“, was ursprünglich die Bezeichnung eines vornehmen Londoner Salons war, später bedeutungsmäßig erweitert wurde auf „Saal, Halle“.

Oder hätten Sie gedacht, dass die russische Sprache viele tausende Lehnwörter von Sprachen aus allen Teilen der Welt, auch aus der deutschen, enthält? Auf diese Tatsache bin ich gestoßen, als Hans Holm Bielfeldt, ein bekannter Linguist und Wörterbuchautor des 20. Jahrhunderts, uns Studenten in seine Forschungen einbezog und mir alle russischen Wörter mit dem Anfangsbuchstaben „s“ aus seinem Wörterbuch nach Lehnwörtern aus anderen Sprachen zu erfassen auftrug.

Hier quer durch das Alphabet einige Beispiele für Lehnwörter in der russischen Sprache.

Chinesisch (кита́йский язы́к)
чай (*Tee*)

Deutsch (неме́цкий язы́к)
а́йсберг (*Eisberg*), бутербро́д (*Butterbrot*), гастро́ли (*Gastspiel*), куро́рт (*Kurort*)

Englisch (англи́йский язы́к)
и́мпорт (*Import*), футбо́л (*Fußball*), э́кспорт (*Export*)

Französisch (францу́зский язы́к)
бага́ж (*Gepäck*), ла́мпа (*Lampe*), мармела́д (*Marmelade*), пюре́ (*Püree*)

Griechisch (гре́ческий язы́к) гига́нт (*Gigant*), са́хар (*Zucker*)

10 Das Wort вокзал wird mit russischem «к» geschrieben, das aber wie [g] gesprochen wird. Der stimmlose Konsonant «к» passt sich in diesem Wort dem folgenden stimmhaften Laut «з» an. Diese Veränderung der Aussprache heißt Assimilation, Anpassung. Hören Sie einmal genau hin! In deutschen Dialekten gibt es dieselbe Lauterscheinung.

Italienisch (италья́нский язы́к)
помидо́р (*Tomate*), вермише́ль (*Fadennudeln*)

Latein (лати́нский язы́к)
мину́та (*Minute*), моне́та (*Münze*), царь (*Zar*, gebildet aus Caesar)

Ungarisch (венге́рский язы́к)
са́бля (*Säbel*)

Die Liste der Entlehnungen englischer Wörter ins Russische wächst gegenwärtig, in der Zeit der Computerisierung und der Übernahme westlicher Lebensweise, mit rasanter Geschwindigkeit.

Umgekehrt verhilft uns die Kenntnis russischer Vokabeln zu mancher Erkenntnis. Das russische Wort ро́бот (*der Roboter*) ist ein von Karel Čapek in die tschechische Sprache eingeführtes Wort, das er erstmalig in seinem 1921 geschriebenen Drama „Rossums Universal Roboter R.U.R." verwendete. Schon ein Schüler im ersten Lernjahr Russisch lernt, dass dieses Wort etwas mit „Arbeit" zu tun hat, auf Russisch: рабо́та [ra'bɔtə] – *die Arbeit*, рабо́тать [ra'bɔtəţ] – *arbeiten.*

Sie merken, die Überschrift des ersten Kapitels trifft tatsächlich zu: Чем да́льше в лес, тем бо́льше дров. Frei interpretiert: Je weiter ich in etwas (im Sprichwort: *in den Wald*) eindringe, desto mehr Fragen werden aufgeworfen. Sie zu beantworten kann sehr spannend sein und viel Freude machen. Das ist im Russischen nicht anders als in anderen Sprachen. Also nur mit Neugier hinein in das „Dickicht des russischen Walds". Viel Spaß dabei!

Zum Abschluss dieses Kapitels ein kleiner Exkurs in die Geschichte der Sprachen im Allgemeinen und der russischen Sprache im Besonderen.

Sprachen entstehen und vergehen in dem Maße, wie sie von einer größeren Menschengemeinschaft gebraucht werden. Von den mehr als 6 000 Sprachen auf der Welt stirbt ein Drittel nach Meinung der Gesellschaft für bedrohte Sprachen e.V. in den nächsten Jahrzehnten aus, weil die Zahl ihrer Sprecher immer mehr schrumpft. Wenn keine Muttersprachler mehr leben, wird die

Sprache als Kommunikationsmittel überflüssig. Eine weitere Ursache dieser Erscheinung ist die Tatsache, dass die großen Sprachen und Kulturen die kleinen zunehmend verdrängen.

Das wird in absehbarer Zeit auch das Los des Sorbischen (oder Wendischen) sein, der einzigen slawischen Sprache, die sich auf deutschem Gebiet erhalten hat. Als Muttersprache bzw. Zweitsprache wird sie heute nur noch von rund 60 000 Sorben mit deutscher Staatsbürgerschaft gesprochen. In der Ober- und der Niederlausitz[11] rund um Bautzen bis in den reizvollen Spreewald erhalten sie das Obersorbische und das Niedersorbische am Leben: durch mündliche Tradierung, in amtlichen und privaten Schriftdokumenten und in der sorbischen Kultur. Wie lange noch?

Die russische Sprache hat diese Probleme beileibe nicht. Mehr als 180 Millionen Menschen sprechen sie als ihre Muttersprache. Mehr als 250 Millionen sprechen Russisch auf der ganzen Welt. Hunderttausende in der ganzen Welt lernen gegenwärtig Russisch. In Deutschland wählen, wie oben erwähnt, immerhin mehr als 150 000 Schüler Russisch als zweite oder weitere Fremdsprache. Eine Befragung der 16 Kultusbehörden durch den Verein „Deutsch-russisches Forum e.V." in den Jahren 2003/2004 ergab, dass an mehr als 2 000 Schulen in Deutschland Russisch gelehrt und gelernt wird. In den östlichen Bundesländern geben Schüler als Grund für die Wahl von Russisch oft die Tatsache an, dass ihre Eltern auch Russisch gelernt hätten und ihnen helfen könnten. Angesichts der langen Geschichte des russischen Staatswesens und in Erwartung der künftig noch intensiveren Einbeziehung Russlands in die ökonomischen und kulturellen Geschicke Europas ließen sich noch viele weitere Begründungen finden. Vor allen Dingen auch die, dass Russland unerschöpfliche landeskulturelle Werte und landschaftliche Reize vorweisen kann, dass herausragende Werke der Weltliteratur in der russischen Sprache verfasst wurden und werden oder einfach die Feststellung, dass die russische Sprache eine ebenso reiche, schöne und ausdrucksstarke Sprache mit einer langen Tradition ist wie Deutsch, Englisch oder Italienisch.

11 Auch das Wort „Lausitz" ist slawischer Herkunft. Es bedeutet „Sumpfland".

Die Zahl der Menschen, die in Deutschland Russisch lernen, erscheint im Verhältnis zu jenen, die Englisch lernen und gebrauchen, sehr gering. Umso wichtiger erscheint es mir, auf die lange Tradition der russischen Sprache in Deutschland hinzuweisen. Das erste in kyrillischen Lettern gesetzte Buch wurde bereits 1698 im Waisenhaus des Pietisten August Hermann Francke in Halle gedruckt. Diese mitteldeutsche Stadt war es auch, von der die deutsche Russlandkunde ausging (Eduard Winter, siehe Literaturverzeichnis). Und schließlich wurde ebenfalls hier zu Anfang des 18. Jahrhunderts zum ersten Mal in Deutschland Russisch gelehrt und gelernt. Das wurde auch höchste Zeit. Denn Russland war inzwischen zur europäischen Großmacht aufgestiegen, und die russische Sprache hatte zu jener Zeit bereits eine fast eintausendjährige Geschichte.

Die Herausbildung der russischen Sprache ging einher mit der Entstehung slawischer Staaten im Osten Europas. Wie Sie im Stammbaum der indoeuropäischen Sprachfamilie gesehen haben oder auch schon wussten, gehört Russisch mit Weißrussisch und Ukrainisch zur Gruppe der ostslawischen Sprachen.

Der erste slawische Staat im Osten Europas war die Ende des 9. Jahrhunderts entstandene Kiewer Rus, so benannt nach der Hauptstadt Kiew (heute die Hauptstadt der Ukraine). Der Name des Staatenbundes, der unter dem Fürsten Oleg 882 zustande kam, deutete auf eine „russische“ Gründung hin. Die als „Russen“ bezeichneten Stämme waren unter der Führung des Fürsten Rurik vom skandinavischen Norden her eingewandert und die Wolga entlang gezogen. Ihren Stammesnamen mit der russischen Wurzel -рус- [rus] erhielten sie von der einheimischen slawischen Bevölkerung, wahrscheinlich nach ihrer Haarfarbe. Das Adjektiv ры́жий ['rɨʒɨj] (mit -рус- verwandt) bezeichnet die Farbe *rotblond*. Die aus dem Norden einwandernden Stämme waren demnach die „Rotblonden“, die «Russen“.

Die russische Schriftsprache hat ihren Anfang in der Kiewer Rus genommen. Sie erinnern sich sicher (s. Kapitel 1) an die Schöpfer der kyrillischen Schrift, die die Schriftsprache durch ihre Übersetzungen griechisch-orthodoxen religiösen Schrifttums überhaupt erst ermöglicht hatten. Seit frühester Zeit entwickelte sich das Russische in enger Wechselwirkung mit der altkirchenslawischen Sprache, der ältesten Literatursprache der russisch-orthodoxen Slawen. Diese ihrer Herkunft nach südslawische Sprache beeinflusste maßgeblich die Entwicklung der profanen und religiösen Literatur des Russischen im 10. und 11. Jahrhundert und spielt auch heute eine dominierende Rolle als Sprache im russisch-orthodoxen Gottesdienst.

In den darauf folgenden 1000 Jahren ihrer Entwicklung hat sich die russische Sprache immer deutlicher von ihren ost- und westslawischen Nachbarsprachen entfernt. In diesen Jahrhunderten war sie, je nach der politischen Lage, abhängig von den Handels- und Kulturbeziehungen des Landes und vor allem in der Ära des technologischen Fortschritts im Riesenreich zwischen Europa und China enormen Einflüssen und Veränderungen ausgesetzt.

Zur wirklichen Nationalsprache entwickelte sich die russische Sprache erst im 17. Jahrhundert. Ein Prozess, der in der ersten Hälfte des 19. Jahrhunderts mit der Herausbildung der modernen russischen Literatursprache seinen vorläufigen Abschluss fand. Vorläufig deshalb, weil sich die russische Sprache selbstverständlich auch heute noch ständig weiter entwickelt. Um die Jahrtausendwende, beginnend in den 90er Jahren des 20. Jahrhunderts, setzte ein energischer Schub der Sprachentwicklung, vor allem auf lexikalischem Gebiet, ein. Doch davon in den nächsten Kapiteln mehr: Всемý своё врéмя. [vsɪˈmu svaˈjɔ ˈvremʲə] (*Alles zu seiner Zeit.*)

Zum Nachtisch – На десерт (2)

Jetzt soll es darum gehen, wie man sich bekannt macht. Zum gegenseitigen Vorstellen benötigen Sie einige Begrüßungsformeln und andere Wendungen. Derartige *Wörter und Wendungen* (словá и словосочетáния) werden in manchen Büchern auch als Sprachetikette bezeichnet, auf Russisch: этикéта (*Etikette*).

Выражéния встрéчи (*Ausdrücke der Begegnung*)	***Was man sagt, wenn man sich begegnet***
Хай!	*Hi!* (Jugendjargon neueren Datums)
Привéт!	*Hallo!* (zwanglose Begrüßung)
Дóбрый день!	*Guten Tag!* (eher neutral)
Здрáвствуй!	*Hallo!* (wenn man sich duzt)
Здрáвствуйте, господи́н Кýнце!	*Guten Tag, Herr Kunze!* (wenn man sich siezt)
Как вáши делá?	*Wie geht es Ihnen?* (beim Siezen)
Как делá?	*Wie geht's?* (auch beim Duzen)
Спаси́бо, всё нормáльно.	*Danke, alles in Ordnung.*
Так себé.	*Es geht so.*
(Я) Пётр (Ивáнович) Михáйлов.	*(Ich bin) Pjotr (Iwanowitsch) Michailow.* (förmliche Vorstellung)
А я Óльга.	*Und ich bin Olga.* (ganz zwanglos)
Я из Росси́и, из Санкт-Петербýрга.	*Ich bin aus Russland, aus Sankt Petersburg.*
А я из Германии, из Фрáнкфурта на Мáйне / на Óдере.	*Und ich bin aus Deutschland, aus Frankfurt am Main / an der Oder.*
Я тури́стка.	*Ich bin Touristin.*
Я тури́ст.	*Ich bin Tourist.*
Я в командирóвке.	*Ich bin dienstlich unterwegs.*
А вы?	*Und Sie?*
Я здесь живý. Добрó пожáловать!	*Ich wohne hier. Herzlich willkommen!*

Magnetisches Reisespiel „Erudit" («Эрудит»), eine Art Scrabble mit russischen Buchstaben. Es ist gut geeignet, um damit das russische Alphabet zu erlernen und zu üben.

Kapitel 3 – Глава́ тре́тья

Das Fenster nach Europa

Das geflügelte Wort vom *Fenster nach Europa* (окно́ в Евро́пу [ak'nɔ v jɪv'rɔpu]) stand in Russland zu Anfang des 18. Jahrhunderts für wirtschaftlichen, technologischen und kulturellen Fortschritt auf allen Gebieten. Ob Zar *Peter I.* (Пётр I ['p,ɔtr 'p,ɛrvɨj][12] dieses Wort prägte? Vielleicht haben es ihm tüchtige Geschichtsschreiber auch nur in den Mund gelegt? Auf jeden Fall ist es erstmals in einem Werk Puschkins nachgewiesen. Gleichwie, die Gründung einer neuen Haupt- und Hafenstadt, seines Sankt Petersburgs, im Jahre 1703, fern von Moskau und näher am Herzen Europas, das war sein politisches Programm.

Peter der Große (Пётр Вели́кий ['p,ɔtr v,ɪ'ļiķɪj]) hatte die Gunst der geografischen Lage der Mündung des Newa-Flusses in das „Baltische Meer" (Балти́йское мо́ре [bał'ţijskəjə 'mɔŗɪ], wie *die Ostsee* auf Russisch heißt) erkannt. Fern von den intriganten Moskauer Bojaren, fernab also der einflussreichen und gern Einfluss nehmenden adligen Geschlechter, konnte er ungestört eine Handels- und Kriegsflotte aufbauen.

Schon bald erlangte Zar Peter die Hoheit in der Ostsee und konnte sich gegenüber den traditionellen Seemächten behaupten, vor allem im Seekrieg mit Schweden, dem seit Jahrhunderten mit Russland rivalisierenden Nachbarn. Im Jahr 1709 gelang es den von Zar Peter gedrillten russischen Heeren, die Streitmacht des Schwedenkönigs Karl XII. in der Schlacht bei Poltawa vernichtend zu schlagen. Damit war der Zugang Russlands zu Zentraleuropa auf dem Seeweg endgültig gesichert.

Peter Alexejewitsch, der „Zar und Zimmermann" aus Albert Lortzings gleichnamiger Oper, war wie kein Zar vor ihm aufgeschlossen für alles Westliche, Moderne, Neue. Russland hatte zu Beginn des 18. Jahrhunderts dringenden Nachholbedarf auf den Gebieten der Produktionstechnologien, der Wissenschaft und des

---

12 Bitte beachten Sie, dass im russischen Namen des Zaren kein Punkt nach der römischen Zahl gesetzt wird. Die Ordnungszahl ist bereits an der Endung des Zahlworts zu erkennen.

Handwerks, aber auch ein kaum zu stillendes Verlangen nach den schönen Künsten in Europa. Die anderen europäischen Staaten waren dem russischen Reich in mancher Hinsicht weit voraus. Denn nachdem 1240 die mongolisch-tatarischen Heere Russland erobert hatten, war das Land mehr als 200 Jahre vom kulturellen Fortschritt weitgehend abgeschnitten gewesen. Erst Iwan IV. hatte diesem Zustand ein Ende bereitet. Das verschaffte diesem Fürsten so viel Macht, dass er sich zum ersten Zaren Russlands ausrufen konnte.

Zar Peter I. reiste höchstpersönlich in die Niederlande, nach England, Deutschland und in andere Länder, um mit den europäischen Herrschaftshäusern Bündnisse zu schließen und den technologischen Fortschritt in sein Land zu bringen. Aber er ließ auch Wissenschaftler, Handwerker, Architekten und Schiffsbaumeister nach Russland kommen, und zwar nahezu ausschließlich in „seine" Stadt. Handwerker, Künstler und Gelehrte aus Deutschland, Frankreich, Italien und anderen Ländern ließen sich zu Hunderten und Tausenden für einige Zeit oder für immer in Sankt Petersburg nieder. Dabei war Peter nicht der erste Zar, der deutsche und andere Ausländer in sein Imperium holte. Vor ihm hatte bereits Iwan IV. kundige Waffenschmiede, Kanonengießer, Sprengmeister und andere Kriegshandwerker und Ingenieure ins Land gerufen und mit ihrer Hilfe die von den Tataren besetzten Gebiete zurückerobert. Nach Peter war es vor allem die ehemals anhaltische Katharina II., die mehrere Tausend deutsche Kolonisten ins Wolgagebiet einlud, die so genannten Wolgadeutschen. Deutsche Kolonisten fanden sich später über ganz Russland verstreut. Deutsche Geschäftsleute, Handwerker und Gelehrte, überwiegend Protestanten, lebten in nahezu jeder russischen Stadt. In Sankt Petersburg bildeten deutsche Einwanderer im 18. und 19. Jahrhundert sogar die größte *ethnische Minderheit* (этни́ческое меньшинство́). Am Ende des 20. Jahrhunderts lebten weit mehr als eine Million Deutsche in Russland, obwohl im Jahr 1910 der relative Anteil der Deutschen in Sankt Petersburg von ehemals einem Achtel wieder auf etwa 2,5% der Einwohnerzahl zurückgegangen war.

All dies trug dazu bei, dass Russland im 18. und 19. Jahrhundert einen raschen wirtschaftlichen und kulturellen Aufschwung nahm. Die Zahl der dynastischen Verbindungen Russlands mit Deutschland wuchs spürbar, sodass „seit etwa 1800 russische Herrscher und alle ihre Kinder fast ausnahmslos deutsche Fürstinnen und Fürsten heirateten, …" (G. Strecker). Ein Ausdruck der enger werdenden Beziehungen zu europäischen Monarchien war z. B. das noble Geschenk König Friedrich Wilhelms I. an Zar Peter I. im Jahr 1716: *das Bernsteinzimmer* (янтáрный кабинéт [jɪn'tarnɨj kab,ɪ'ɲɛt]). Der geniale Andreas Schlüter hatte die Architektur des Raumes einst entworfen und der Däne Gottfried Wolffram hatte Anfang des 18. Jahrhunderts das kostbare Interieur dazu geschaffen: mehr als 86 Quadratmeter kunstvoller geometrischer Ornamente und bildlicher Darstellungen. Wunderschön, wenn man so viel *Bernstein* (янтáрь [jɪn'taɽ][13]) in einem einzigen kleinen Raum mag. In den Wirren des Zweiten Weltkriegs ist das Kunstwerk verschollen. Nach der Meinung zweier britischer Wissenschaftler ist es 1945 im Königsberger Schloss während eines Feuers verbrannt, das sowjetische Soldaten aus Disziplinlosigkeit oder Rache gelegt haben sollen (ein Artikel darüber erschien 2004 in der Presse). Sei es wie es ist. Trotz langjähriger und immer noch anhaltender Suche und entgegen mannigfaltigen Theorien über das Verschwinden und den Aufbewahrungsort wurde das Bernsteinzimmer bisher nicht wieder gefunden. Schließlich rekonstruierten dutzende russische Künstler es nach alten Unterlagen und mit großzügiger deutscher Unterstützung in mehr als 20jähiger Arbeit und erschufen es neu. Anlässlich der 300. Wiederkehr der Gründung Sankt Petersburgs im Jahr 2003 wurde das neue, alte Bernsteinzimmer ein zweites Mal dem staunenden Publikum in der Eremitage präsentiert.

Zu dieser Zeit hatte noch kein Besucher geahnt, dass bald darauf eine schaurig-schöne Zeitungsmeldung *die Eremitage* in die

---

13 Ein kleiner Tipp, wie Sie am Beispiel dieses Worts das weiche «рь» einüben können: Sprechen Sie das ganze Wort zunächst wie [jɪn'taɽɪ] aus, mit einem deutlichen „i" am Ende. Dann lassen Sie diesen Vokal immer weniger klingen, bis es gänzlich verschwindet. Die Zunge schlägt dabei am Schluss des Worts nach oben an den harten Gaumen. Versuchen Sie es einmal! Lesen Sie hierzu auch die Seiten 14 und 15!

Schlagzeilen bringen sollte. (Auf Russisch heißt sie Эрмита́ж [ɛrmʲɪ'taʃ]. Das „fehlende" zweite „e" im Russischen ist jedoch kein Druckfehler. Es ist vielmehr entsprechend der französischen Aussprache des Worts verschwunden.) *Eine Ikone* (ико́на [ɪ'kɔnə]) war der Auslöser. *„Der nicht von Menschenhand geschaffene Erlöser"* («Спас нерукотво́рный»), d. h. sein Abbild auf dieser Ikone, flößte gläubigen Museumswärtern schreckliche Angst ein. Das „Kraftfeld" der Ikone bereitete ihnen angeblich Kopfschmerzen und soll sogar zum Tod einer Frau geführt haben. „Alles Quatsch", meinte die Direktion - und hängte das Bild trotzdem lieber ab. Nun lagert es im Keller.

Trotz oder wegen dieser Geschichte: Wenn Sie Sankt Petersburg einmal einen Besuch abstatten, sollten Sie die Eremitage auf gar keinen Fall auslassen. Katharina die Große hat dieses architektonische Kleinod 1764 als Winterresidenz für westeuropäische Kunstwerke errichten lassen. *Das Winterpalais* (Зи́мний дворе́ц ['ʑimnʲij dva'rʲɛts]) sollte später eine zentrale Rolle in den revolutionären Ereignissen von 1917 spielen. Heute ist die Eremitage das größte russische Museum und eines der bedeutendsten in der Welt. 1999 kostete *eine ermäßigte Eintrittskarte* (льго́тный входно́й биле́т ['lʲgɔtnɨj fxad'nɔj b,ɪ'lʲɛt]) in die Staatliche Eremitage übrigens nur *3 Rubel* (три рубля́ [trʲi ru'blʲa]), damals etwas mehr als 1 US-Dollar.

Welche Konsequenzen hatte nun die Öffnung Russlands nach Europa für die russische Sprache?

Es ist kaum übertrieben zu sagen, dass sich die russische Sprache im 18. Jahrhundert für einen großen Schub von Lehnwörtern „aus dem Westen" ebenso geöffnet hat wie Wirtschaft und Wissenschaft für neue Technologien und Theorien. Obwohl manche dieser Wörter inzwischen veraltet und aus dem Gebrauch gekommen sind, ist das Russische immer noch überaus reich an Vokabeln aus dem Französischen, Deutschen, Polnischen, Englischen, Niederländischen und vielen anderen europäischen und außereuropäischen Sprachen.

Haben Sie sich bei manchem russischen Wort, das Ihnen begegnet ist, z. B. бутербро́ды (*Butterbrote, belegte Schnitten*), vielleicht schon gefragt, ob es denn überhaupt vom russischen Muttersprachler als „sein“, als „Russisch“ angenommen werden kann, obwohl es so „unrussisch“ klingt? Da haben Sie das richtige Gespür. Gerade im 18. und 19. Jahrhundert gab es in Russland heftige Diskussionen darüber, ob dieses oder jenes „fremdländische Wortungetüm“ wirklich nötig sei und ob nicht ein gutes altes russisches Wort oder wenigstens eine „echt russische“ Übersetzung dem Sprachempfinden angemessener wäre. Kommt Ihnen diese Debatte bekannt vor? Hier vollzog sich – wie auch in Deutschland zu verschiedenen Zeiten, nicht zuletzt in der Gegenwart – ein Prozess, der stets abläuft, wenn Völker in Frieden oder Unfrieden miteinander zu tun haben, wenn Nationalitäten sich vermischen oder eine dominante Kultur andere Staaten und ihre Sprachen nachhaltig beeinflusst. Doch im Laufe der Jahrhunderte fügen sich die aus einer anderen Sprache entlehnten Wörter oft ganz harmonisch ein oder verschwinden von selbst.

Noch im Hochmittelalter war die Kirchen- und Wissenschaftssprache Europas das Latein. Wissenschaftliche Abhandlungen und kirchliche Texte waren damit nur dem Klerus und anderen gebildeten Schichten zugänglich. Latein wurde zur Lingua franca, der Verständigungssprache zwischen den Völkern Europas. Tausende Wörter wurden aus dem Lateinischen entlehnt und in unserer Sprache heimisch, ohne dass wir sie heute noch als solche wahrnehmen. Oder würden Sie das seit etwa dem 8. Jahrhundert gebrauchte Wort „Fenster“ als Lehnwort aus dem Lateinischen erkennen? Erst Martin Luther „schaute dem Volk aufs Maul“ und verschaffte der deutschen Sprache Geltung, zunächst in der Sprache der Kirche, später aber auch in der Wissenschaftssprache.

Das 18. Jahrhundert dagegen schien – zumindest was die Adelshäuser anging – ohne Französisch nicht mehr auszukommen. Unzählige französische Lehnwörter aus dieser Zeit durchsetzen unsere Muttersprache noch heute – und das ohne aufzufallen. Oder stoßen Sie sich an Wörtern wie Hotel, Kurier, Intendant, Journalist, Puder, Offizier, Premiere, Roulade, Tablette oder Trikot? Sie alle und noch viele mehr sind Wörter unterschiedlicher Herkunft, die über das Französische zu uns gekommen sind. Sehr viele von ihnen finden sich auch im russischen Wortschatz wieder.

Gegenwärtig überschwemmt eine Flut von – vor allem amerikanischen – Anglizismen auch die russische Sprache. Seit ungefähr 1990 ist die Zahl der englischsprachigen Entlehnungen in die russische Sprache so rasant angewachsen, dass es aussichtslos scheint, etwas dagegen unternehmen zu wollen. Die Franzosen zum Beispiel hatten in den 80er Jahren des 20. Jahrhunderts den Versuch unternommen, den Gebrauch von Anglizismen per Gesetz einzuschränken. Er war wenig erfolgreich. Vermutlich wird jenem gleichartigen Anliegen, dass die russische Duma seit 2003 mit einem Beschluss verfolgt, ein ähnliches Schicksal beschieden sein. Anglizismen werden wohl in noch stärkerem Maße in die russische Sprache eindringen.

Zu allen Zeiten waren Puristen am Werk, die Sprache zu reinigen, indem sie Fremdwörter übersetzten oder Wörter neu bildeten. Manchmal sind solche Eindeutschungen in unserer Muttersprache gelungen, haben sich durchgesetzt und werden kaum noch als solche wahrgenommen. Das Wort „Hubschrauber“ ist in der Umgangssprache durchaus gebräuchlich neben Helikopter, wie das Transportmittel in den meisten anderen europäischen Sprachen heißt. Das Russische ist bei diesem terminus technicus ebenfalls einen eigenen Weg gegangen. In dieser Sprache heißt *der Hubschrauber* вертолёт [v,ɪrta'ḷɔt], wörtlich *„Drehflieger“*.

Unermüdlich rennen jene, denen die deutsche Sprache am Herzen liegt, gegen das „Denglisch“ genannte Gemisch von Deutsch und Englisch vor allem in der Sprache der Wirtschaft und der Werbung an. Und tatsächlich führen die ökonomische, politische und kulturelle Dominanz der USA, aber auch allgemein nachlassendes Sprachempfinden und gedankenlose Nachlässigkeit zur Überfrachtung vieler Sprachen mit Anglizismen. Einen nicht geringen Anteil daran haben aber auch die massenhafte Verbreitung dieser Einflüsse durch die Medien und die Werbestrategien von „Sprachpanschern“ im Konkurrenzkampf um vermarktungsfähige Slogans, Markennamen und technische Bezeichnungen. Das führt sogar so weit, dass Pseudo-Entlehnungen im Deutschen gebildet werden. Das scheinbar so englische Wort „Handy“ zum Beispiel gibt es als Substantiv in dieser Bedeutung gar nicht im Englischen. Als Adjektiv heißt es *„geschickt, praktisch veranlagt“*. Aber es klingt eben so kurz, treffend und englisch! Bei diesem Wort sträubt sich das Russische noch. Für das britische „mobile phone“ bzw. das amerikanische „cellular phone“ gibt es hier den sehr russisch klingenden Ausdruck радиотелефóн.

Freilich ist es nicht nötig, jegliches englische Sprachgut aus unserem Wortschatz zu streichen. „Schief ist Englisch, und Englisch ist modern“ haben wir als Kinder leichtfertig gesagt. Ernsthaft gesehen, können Wörter aus anderen Sprachen eigentlich eine Bereicherung jeder Sprache sein, ein Bestandteil jener „interkulturellen Dimension“, von der wir täglich hören. Nicht benötigte, dem Sprachempfinden der Menschen zuwider klingende Fremdwörter stößt jede Sprache erfahrungsgemäß von allein im Verlauf ihrer Geschichte wieder ab.

Auch in das Russische dringen seit den 90er Jahren mehr und mehr Amerikanismen ein. Von manchen ungeliebt, von vielen gewollt. Zwei Beispiele: Für „*übernachten*“ hat *die lässige Umgangssprache* (просторéчие) nach H. Eckert (s. Literaturverzeichnis) das Verb перенáйтовать [p,ɪ̦ɪ'najtəvəț] geprägt, abgeleitet vom englischen Wort „night“ (*Nacht*). Das seit Jahren wichtigste Zahlungsmittel in Russland sind die ebenfalls umgangssprachlich so genannten бáксы (*die Dollars*), abgeleitet von der der amerikanischen Alltagssprache entnommenen Bezeichnung für die Ein-Dollar-Noten in den USA: bucks.

Wie die auf den vorangegangenen Seiten zitierten Lehnwörter aus dem Französischen in unserer Sprache belegen, sind uns Wörter aus anderen Sprachen ganz und gar nicht so fremd, wie es das Wort „Fremdsprache“ suggeriert, sondern vielmehr gang und gäbe. Sie setzen sich mit und ohne unser Zutun in unserer Muttersprache entweder durch (wofür es technologische, kulturelle und andere Gründe geben kann) oder verschwinden wieder (oft aus denselben Gründen). Im 18. und 19. Jahrhundert drangen besonders viele französische Wörter in die Sprachen vieler Länder Europas, auch Russlands, ein. Gebildete „parlierten“ vorwiegend französisch. Doch wer außer unseren Großeltern und den Romanisten versteht heute noch das Wort „Parapluie“? Es wurde durch den „Regenschirm“ verdrängt. Oder ein anderes Beispiel: Das früher im Deutschen gebrauchte Wort „Entoutcas“ mit seiner leicht ironischen Metapher wird höchstens noch im Kreuzworträtsel wieder zum Leben erweckt. („Entoutcas“ ist ein Schirm *für alle Fälle*, also gegen Sonne **und** Regen, auch verwendet zur mitleidsvollen Bezeichnung der Ehefrau, die mit ihrem Mann durch dick und dünn geht, im Unterschied zur Liebhaberin, die eben nur ein „Sonnenschirm“ ist.)

Im Russischen dagegen ist beispielsweise das ursprünglich französische Wort абажу́р [aba'ʒur] (*Lampenschirm*) zu einem heute „echt russischen“ Wort mutiert, wobei der zweite Teil des Worts „jour“ nicht „*Tag*“ bedeutet, sondern „*Licht*“.

Um auf die obige Frage zurückzukommen, ob das Wort бутербро́ды (*Butterbrote, belegte Schnitten*) denn überhaupt von den Muttersprachlern als Russisch angenommen wird? Ja, freilich wird es das. Und nicht nur das Wort in seiner Grundform. Es wird ganz russisch dekliniert, hat Singular- und Pluralformen und sechs Fälle. Das Wort wird also so sicher als russisch akzeptiert, wie auch Sie tagtäglich Wörter lesen, hören, sprechen oder schreiben, die aus slawischen Sprachen stammen.

Nur solch interessierte Leser wie Sie und die Wissenschaftler denken allerdings darüber nach, woher Ortsnamen wie Berlin, Chemnitz, Leipzig, Rostock oder Torgau eigentlich kommen und was sie bedeuten. Sie sind slawische Gründungen, oder ihre Namen sind zumindest slawischen Ursprungs.

Vergleichen Sie!

Berlin	altpolabisch „birl-/berl-“ (Sumpf)
Chemnitz	altsorbisch „kamen“ (*Stein*)
Görlitz	altsorbisch „gor-“ (*brennen*, hier: *Brandrodung*)
Leipzig	altsorbisch „lipa“ (*Linde*)
Rostock	altpolabisch „rostok“ (*Flussgabelung*)
Spandau	altsorbisch „spad“ (*Scheffel*; hier: *Flussausbuchtung*)
Torgau	altsorbisch „torg“ (*Markt, Handel*)

Auch die in einem „urberlinischen" Lied besungene Krumme Lanke (ein Flussname) ist – zumindest das Substantiv – slawischer Herkunft:

Lanke	altpolabisch und polnisch „łąka" ['uoŋka] *(Wiese, Aue).*

(Polabisch ist eine ehemals am Unterlauf der *Elbe*, slawisch: Laba, gesprochene, im frühen 18. Jahrhundert ausgestorbene westslawische Sprache.)

Viele andere Substantive unserer deutschen Muttersprache stammen aus den Sprachen anderer Völker. Welcher Deutsche macht sich schon Gedanken darüber, dass „Germanen" ein Wort ist, das zum ersten Mal in lateinisch verfassten römischen Schriften zur zusammenfassenden Bezeichnung der Stämme nördlich der Alpen und östlich des Rheins auftaucht? Kein Techniker schert sich darum, dass das Wort „Technik" griechischen Ursprungs ist. Das Wort „Teamwork", heute so aktuell, ist überhaupt keine so neue Sache. Schon in den zwanziger Jahren des vergangenen Jahrhunderts war es aus dem Englischen in die deutsche Sprache zum Gebrauch im Bereich des Sports übernommen worden. Warum sollten also nicht auch viele Substantive aus slawischen Sprachen übernommen werden? Und können uns diese nicht helfen eine slawische Sprache zu erlernen? Sie können!

Grenze	aus polnisch granica (russisch: грани́ца)
Gurke	aus altpolnisch ogurek (russisch: огурéц)
Peitsche	aus altsorbisch bič (russisch: бич)
Sole	*Salzlake*; westslawisch (vgl. russisch: соль – *Salz*)
Trabant	*der Begleiter*, Entlehnung aus dem Tschechischen
Zobel	aus Russisch сóболь
Reizker	ein Milchblätterpilz; aus altsorbisch ryzik (russisch: ры́жик; zum Adjektiv ры́жий – *rötlich*, verwandt mit Русь (*die Rus*) und рýсский (*russisch*); siehe Kapitel 2)

Die Älteren erinnern sich sicher mit Vergnügen an „Hänschen" Rosenthals unterhaltsame Fernsehsendung „Dalli-dalli!" und manch Ungeduldiger sagt schon einmal „Nun aber dalli!"

Dalli	schon im 19. Jahrhundert aus dem Polnischen dalej – *weiter* übernommen (vgl. russisch: далёкий – *weit*, дáльше – *weiter*)

Während des Zweiten Weltkriegs war mit polnischen Soldaten und Vertriebenen aus Polen dieses Wort in der Bedeutung „*Los! Weiter!*“ erneut ins Deutsche eingedrungen.

Alljährlich im November erinnern wir uns der schrecklichen *Pogrome* gegen die Juden in Deutschland im „Dritten Reich“. Dabei hört oder liest man manchmal von „P**r**ogromen“ (fälschlicherweise mit „r“ im Präfix geschrieben). Kommt es zu diesem Irrtum vielleicht, weil die Vorsilbe „pro-“ an das Lateinische erinnert und das Wort dadurch eher zu eigen gemacht werden kann? Es kommt jedoch aus der russischen Sprache. Die gewaltsamen Übergriffe auf Juden, die *in Mitteleuropa* (в Центрáльной Еврóпе) mit dem Beginn des zweiten Jahrtausends einsetzten, vertrieben die Juden vor allem *nach Osteuropa* (в Востóчную Еврóпу). Seit dem 17. Jahrhundert sind Judenverfolgungen auch aus Russland bekannt. Ende des 19. / Anfang des 20. Jahrhunderts wurde Russland unter der Herrschaft und wahrscheinlich auf Veranlassung des Zaren Nikolaus III. von einer Serie blutiger Ausschreitungen erschüttert. Erst um diese Zeit, insbesondere nach den schlimmsten Ausschreitungen im Jahr 1905, verwendete man das russische Wort погрóм [pa'grɔm] (*Zerschlagung, Zerstörung*) zur Bezeichnung der Judenverfolgungen. Im 20. Jahrhundert nahm dieser auch in das Deutsche eingegangene Begriff „Pogrom“ schließlich die erweiterte Bedeutung „Gewalttaten gegen Minderheiten“ an.

Auch „deutsche“ Familiennamen sind vielfach slawischen Ursprungs. Mehr als ein Drittel der ursprünglich östlich der Elbe ansässigen Bevölkerung haben slawische Vorfahren. Ein Grund dafür ist die weitgehende slawische Besiedlung des Gebiets östlich der Elbe – in mehreren Regionen darüber hinaus – in der zweiten Hälfte des ersten Jahrtausends nach Christus. Kiel zum Beispiel wurde 1072 von Slawen erobert, die auch in Norddeutschland kulturelle und sprachliche Spuren hinterließen.

Die folgenden Persönlichkeiten kennen Sie möglicherweise. Damit Sie die Bedeutung ihrer Namen erschließen können, zum Vergleich die verwandten russischen Wörter.

(Karl) *Czerny*	russ. чёрный (*schwarz*)
(Bernhardt) *Jagoda* / (Lutz) *Jahoda*	russ. я́года (*Beere*)
(Helmut) *Karassek*	russ. кара́сь (*Karausche*)
(Jochen) *Kowalski*	russ. кова́ть (*schmieden*)
(Hilde) *Krahl*	russ. коро́ль, poln. król (*König*)
(Alfons) *Mucha*	russ. му́ха (*Fliege*)
(Marietta) *Slomka*	russ. соло́ма (*Stroh*)
(Bedřich) *Smetana*	russ. смета́на (*Sahne*)
(Paula) *Wessely*	russ. весёлый (*fröhlich*)

Freilich stammen nicht alle diese – und viele andere – Familiennamen slawischen Ursprungs aus dem Russischen. Aber die Kenntnis der entsprechenden russischen Wörter ist eine nützliche „Eselsbrücke" zum Verständnis der Namen. Manchmal helfen auch die geografischen Kenntnisse weiter. Der Familienname des in Schlesien geborenen, berühmten Leipziger Dirigenten Kurt Masur stammt natürlich aus den polnischen Masuren bzw. von der Masurischen Seenplatte. Vielleicht gibt es unter Ihren Freunden, Bekannten oder Mitarbeitern auch einige, die einen slawischen, vielleicht sogar russischen Familiennamen haben? Überprüfen Sie doch einmal Ihre „Übersetzung" des Namens mit Hilfe des Wörterbuchs oder eines Namenlexikons!

Zum Abschluss dieses „etymologischen" Ausblicks auf die russische und unsere eigene Sprache einige Bezeichnungen von Völkern und Nationen.

Wie heißen *die Deutschen* eigentlich in anderen Sprachen? Für die Engländer sind wir *die Germanen*: the Germans (vgl. die obige Anmerkung zu diesem Wort), für die Franzosen (und andere Sprecher romanischer Sprachen) *die Alemannen*: les Allemands. Im Russischen: не́мцы ['ɲɛmtsɨ]. *Ein Deutscher* heißt не́мец ['ɲeɱɪts], seine Frau oder Tochter ist eine не́мка ['ɲɛmkə] (*die Deutsche*). Ein ethnologisch gesehen bezeichnender Begriff.

Denn немóй [ɲɪˈmɔj] ist das russische Wort für *stumm*. Die Germanen waren für ihre slawischen Nachbarn „stumm", d. h. nicht zu verstehen ob ihrer anderen Sprache, ja sogar anderen Sprachgruppe, wie wir jetzt wissen.

Derartige Bezeichnungen für Völker, deren Sprache man nicht verstand, sind nicht ungewöhnlich. Deutsch *Barbaren* und russisch вáрвары [ˈvarvərɨ]) sind beispielsweise beide entlehnt aus dem Altgriechischen. Das Adjektiv βάρβαρος bedeutete *ungriechisch, ausländisch*. Bei den so Bezeichneten handelte es sich ganz und gar nicht um „barbarische Gewalttäter" (zumindest waren sie dies nicht mehr als jedes andere kriegerische Volk auch), sondern sie hatten ihren Namen von der lautmalerischen Umschreibung der Sprache der Fremden (der Nicht-Griechen), denn die redeten nur „blabla, barbar", also unverständlich. Das Wort für ihre Sprache bezeichnete dann auch die Fremden selbst. Erst viel später nahm das Wort jenen „barbarischen" Beiklang an.

Die slawischen Völker dagegen verstanden einander trotz unterschiedlicher Dialekte offenbar ganz gut. Das erklärt, warum sie sich als славя́не [słaˈv,æɲə] (*Slawen*) bezeichneten. Die Wurzel -слав- (*-slaw-*) steckt auch im russischen сло́во [ˈsłɔvə] (*Wort, Rede*). Die Slawen waren mithin die „Redenden", die man verstand.

In Vorkriegszeiten und im Nachkriegsdeutschland nannten Deutsche die Bewohner der Sowjetunion stets „die Russen" oder – aus politischer Absicht heraus – „die Roten". Der letztere Begriff ist kein Völkername, und aus ethnologischer Sicht treffen beide Bezeichnungen ohnehin nicht zu. Der flächenmäßig größte Staat der Erde war nicht erst seit 1917, sondern schon lange davor und auch noch nach der Gründung der Russischen Föderation im Jahr 1991 immer ein Vielvölkerstaat.

Die Russische Föderation vereint heute mehr als 160 Völker verschiedener Nationalität, so *das Staatliche Komitee für Statistik der Russischen Föderation* (Госкомстáт, d. h. Госудáрственный Комитéт Статúстики Россúйской Федерáции). Jede Nation hat einen eigenen Völkernamen und ihre eigene Sprache. Die Einwohner Russlands bezeichnen sich zuerst nach ihrer nationalen Zugehörigkeit, dann nach der Staatszugehörigkeit.

Ich habe solche oder ähnliche Äußerungen oft gehört: «Я – ру́сский.» („*Ich bin Russe.*“), «Я – тата́рка.» („*Ich bin Tatarin.*“), «Я – узбе́к.» („*Ich bin Usbeke.* “) oder «Мы –казаки́.» („*Wir sind Kosaken.*“). Ein jeder legt zu Recht Wert auf seine Nationalität. Ein Schotte will ja auch keinesfalls als „Englishman“ (*Engländer*) angesprochen werden. Oder stellen Sie sich vor, ein bayerischer „Bua“ wird von einem ausländischen Gast als „Ostfriese“ oder „Sachse“ angesprochen!

Auf Grund ihrer Staatszugehörigkeit werden die Angehörigen des russischen Volks so wie alle Einwohner der Russischen Föderation als россия́не (wörtlich: „*Russländer*“) bezeichnet. Ein Mann sagt z. B. von sich: «Я – россия́нин.» (etwa: „*Ich bin ein Mann aus Russland.*“), eine Frau: «Я – россия́нка.» („*Ich bin eine Frau aus Russland.* “). Diese Begriffe sind seit der Perestroika in Russland wieder häufiger im Gebrauch. Denn zu Sowjetzeiten wurde ein anderer Begriff politisch favorisiert.

Die Einwohner der Sowjetunion (жи́тели Сове́тского Сою́за) oder – die ehemals amtliche Bezeichnung – *die Bürger* (гра́ждане [ˈgraʒdəɲə]) der Union der Sozialistischen Sowjetrepubliken[14] trugen offiziell einen Namen, dessen Gebrauch es niemandem leicht machte: сове́тские лю́ди (*Sowjetmenschen*). Dieses Wort war nicht nur sprachlich unbeholfen, es war auch kommunistisch diktiert und deshalb – nicht nur im demokratischen Westen – unbeliebt. Selbst manchen Sowjetbürgern ging das Wort holprig von den Lippen, sodass sie sich doch oft россия́не (*Einwohner Russlands*) oder ру́сские (*Russen*) nannten. In der Lyrik schließlich machten es Reim oder Rhythmus gänzlich unmöglich, auf dieses alteingebürgerte russische Wort zu verzichten. So im später vertonten Antikriegsgedicht: «Хотя́т ли ру́сские во́йны?» (frei übersetzt: „*Denkst du, die Russen wollen Krieg?*“), das der 1933 geborene pazifistische Lyriker und Romancier *Jewgeni Alexandro-*

14 Abkürzung *UdSSR*, auf Russisch: СССР (Сою́з Сове́тских Социалисти́ческих Респу́блик). Aus der Sicht des Übersetzers interessant ist die Stellung des Adjektivs „sowjetisch“. Im russischen Staatsnamen an zweiter Stelle, wird es im Deutschen zusammengezogen zu „Sowjetrepubliken“. Derartige Unterschiede in der Wortstellung zwischen den beiden Sprachen sind nicht selten.

witsch Jewtuschenko (Евге́ний Алекса́ндрович Евтуше́нко) unter dem Eindruck der Schrecken des Zweiten Weltkriegs geschrieben hat. Etwas mehr über diesen Schriftsteller am Anfang des achten Kapitels. Doch zunächst zu den Internationalismen in der russischen Sprache!

Ilja Murometz (Илья́ Му́ромец), ein Volks- und Märchenheld aus den Zeiten der Mongolenherrschaft über Russland. Folkloristisches Souvenir aus Holz.

Zum Nachtisch – На десерт (3)

Die russische Sprache enthält – wie auch unsere Muttersprache – viele Internationalismen, d. h. Wörter, die in vielen Sprachen vorkommen und ohne Schwierigkeiten verstanden werden können. Ihre Aussprache weicht in den verschiedenen Idiomen mehr oder weniger voneinander ab, manchmal sind sie auch anders betont als im Deutschen. Achten Sie in den folgenden Beispielen besonders auf die Betonung im Russischen und lernen bzw. wiederholen Sie bei dieser Gelegenheit gleich einige Wörter!

Интернационализмы	***Internationalismen***
акт	*Akt*
би́блия	*Bibel*
биле́т	*Fahrkarte; Eintrittskarte*
ва́та	*Watte*
газ	*Gas*
геогра́фия	*Geografie*
дива́н	*Diwan, Sofa*
диск	*Diskette; Diskus*
зо́на	*Zone*
ка́рта	*Landkarte*
кино́	*Kino*
компью́тер	*Computer*
культу́ра	*Kultur*
ла́мпа	*Lampe*
ма́ма	*Mama, Mutti*
музе́й	*Museum*
му́зыка	*Musik*
но́утбук	*Notebook*
психоло́гия	*Psychologie*
рели́гия	*Religion*
рестора́н	*Restaurant*
соля́нка	*Soljanka*
спорт	*Sport*
теа́тр	*Theater*

фи́зика	*Physik*
фильм	*Film*
шашлы́к	*Schaschlik*

„Falsche Freunde" unter den Internationalismen

Achtung, auch unter den Vokabeln gibt es falsche Freunde! Das sind Wörter, die so aussehen wie in unserer Muttersprache, vielleicht sogar wirklich nach ihrer Herkunft oder Entstehung gleich sind, aber etwas anderes bedeuten. Sie werden auch unter den Sprachlehrern „falsche Freunde" genannt.

Hier einige Beispiele:

дом	ist nicht der Dom, sondern einfach ein *Haus*
танк	ist nicht der Wasserkanister, sondern ein *Panzer*, wie im Englischen
морж	heißt nicht etwa „morsch", sondern wörtlich: *Walross*, ist aber auch das Wort für den abgehärteten *Eisschwimmer*, der selbst bei winterlichen -20 °C ins eiskalte Wasser steigt
меню́	ist nicht nur die *Speisenfolge*, sondern meist die *Speisekarte* oder das *Menü* auf Ihrem PC
па́па	heißt nicht nur *Papa*, sondern auch der *Papst*, der Heilige Vater (aus dem Italienischen: il papa)

Häufiger sind allerdings echte Parallelen zwischen unseren beiden Sprachen. Lesen Sie! Nach der Bedeutung brauche ich Sie nicht zu fragen, denn die erschließt sich Ihnen von selbst. Setzen Sie sie doch bitte ein!

а́йсберг . . . .

бухга́лтер* . . . .

га́лстук* . . . .

дека́н . . . .

интерва́л . . . .

картóфель . . . .

масштáб . . . .

проéкт . . . .

реклáма . . . .

солдáт . . . .

торт . . . .

фейервéрк** . . . .

* Beide Wörter enthalten ein russisches «г», das oft für deutsch „h“ steht.

** Hier steht das russische «ей» für den deutschen Diphthong „eu“.

Kapitel 4 – Глава́ четвёртая

Eine 300-jährige Dame

Auf meinem Schreibtisch liegt *eine Ansichtskarte von Sankt Petersburg* (откры́тка с ви́дом Санкт-Петербу́рга). Gute Freunde aus Spandau (auch ein slawischer Ortsname, siehe Seite 48) haben sie uns kürzlich aus dem Urlaub geschickt. Ganz im internationalen Stil steht der Name der Stadt darauf in Russisch, aber auch auf Englisch: Saint Petersburg. Ob die Hersteller der Karte wussten, dass es in den USA gleich zwei Städte desselben Namens gibt? Doch bleiben wir in Russland. Eine „Dame" ist Sankt Petersburg im Russischen eher nicht, obwohl **sie**, **die** Stadt, durchaus als grande dame bezeichnet werden könnte. Für die Russen heißt die alte Hauptstadt allerdings liebevoll Пи́тер [ˈpitɪr], also „*Peter*", und ist damit ein grand seigneur.

Auf der Hochglanzkarte ist der historische Ort zu sehen, von dem aus die Stadt gewachsen ist: *die Peter-Pauls-Festung* (Петропа́вловская кре́пость [pˌɪtraˈpavłəfskəjə ˈkr̦ɛpəsţ]). Hier wollen wir beginnen. Ich lade Sie ein zu einem unterhaltsamen Stadtbummel. Sie schauen sich um, und ich berichte Ihnen von Land und Leuten und von der russischen Sprache.

Am 16. Mai 1703, so sagt die Legende, soll Zar Peter I. den Beschluss gefasst haben eine neue Stadt zu gründen: an der Mündung des Flusses Newa in die Ostsee. Die nur 74 km lange, aber über die ganze Länge schiffbare *Newa* (Нева́ [n̦iˈva]) verband über die Ostsee Zentralrussland mit Europa und der Welt. *Pjotr Alexejewitsch Romanow* (Пётр Алексе́евич Рома́нов) verfolgte mit der Gründung dieser Stadt weit reichende Ziele. Er wollte nach europäischem Muster ein modernes Imperium begründen, weshalb er sich seit 1721 auch *Imperator* (импера́тор [ɪmpˌɪˈratər]) nannte. Er wollte eine Stadt wie Amsterdam in Russland bauen, so geradlinig und durchdacht; erstmalig eine Stadt aus Steinhäusern. Keine andere russische Stadt war je zuvor ganz aus Stein errichtet worden. Eine Stadt mit großen Perspektiven sollte es werden. Das hölzerne Moskau erfüllte nicht mehr seinen Zweck als Hauptstadt.

Ihren architektonischen Ausdruck fanden die neuen Perspektiven in den langen, schnurgeraden Magistralen der Stadt, den Prospekten. Im Jahr 1715 wurde der bis zu 60 m breite und 4,5 km lange Newski-Prospekt angelegt. Er war und ist die beliebteste Straße der Stadt. Er ist nicht nach dem Fluss benannt, sondern nach dem Fürsten Alexander, der 1240 die Schweden in der Schlacht an der Newa vernichtend geschlagen und seither den Beinamen Newski verliehen bekommen hatte. Nach der erneuten Niederlage der Schweden 1709 an der Poltawa erinnerte sich Russland bei der Namensgebung für diese Straße gern der Duplizität der historischen Ereignisse. Peter I., Zar seit 1682, trieb den Bau der Stadt unter Vernachlässigung Moskaus und der anderen Städte und Regionen mit allen Mitteln und rücksichtslos voran. Im Jahr 1717 wurde Sankt Petersburg *per Ukas* (по ука́зу [pə_u'kazu][15]) zur Hauptstadt Russlands deklariert. Als Peter der Große 1725 starb, lebten in dieser Stadt bereits mehr als 40 000 Menschen.

Die Stadt lässt sich gern „*Venedig des Nordens*" («Се́верная Вене́ция») nennen. Wenn Sie sie einmal besuchen (und das sollten Sie unbedingt!), dann werden Sie wohl kaum der schwärmerischen Aufzählung Ihrer charmanten Reisebegleiterin entfliehen können, wie viele Kanäle (nämlich 69) und Brücken „*Pieter*" hat. Es sind etwa 500, aber wer zählt sie schon so genau? Пи́тер hieß die schönste Stadt Russlands im Volksmund übrigens auch im 20. Jahrhundert, als es politisch wenig opportun war.

Ein kurzes Zwischenspiel bezüglich ihres Namens erlebte die Hafenstadt, als sie 1914, kurz nach dem Eintritt Russlands in den 1. Weltkrieg, in *Petrograd* (Петрогра́д, also eigentlich *Peterstadt*) umbenannt wurde. In Petrograd, nicht in Leningrad, nahm also die Oktoberrevolution 1917 ihren Anfang. Im hervorragend inszenierten, aber ideologisch verbrämten Film „*Oktober*" («Октя́брь», 1927) von Sergej Eisenstein wird sehr dramatisch die bekannte Episode in eine Massenszene umgesetzt, wie Soldaten und Matrosen das Winterpalais erstürmen. Historisch gerecht handelte es

---

15 Der Ukas ist ein monarchischer Erlass mit Gesetzeskraft. Bei der Wiedergabe der Aussprache gibt die Verbindung zweier Wörter mit _ an, dass sie wie ein Wort zu sprechen sind: [pə_u'kazu].

sich allerdings eher um die Inbesitznahme des Gebäudes der provisorischen Regierung durch eine Handvoll von Revolutionären.

Haben Sie übrigens den anderen eindrucksvollen Film Eisensteins gesehen: „*Panzerkreuzer Potjomkin*“ («Броненóсец Потёмкин», 1925)? Der weltberühmte russische Stummfilmpionier schildert darin in spannungsgeladenen Bildern die blutigen revolutionären Unruhen in Odessa im Jahre 1905, während derer viele Männer und Frauen erschossen wurden. Die berührende Szene des verloren die breite Freitreppe herunterrollenden Kinderwagens bleibt unvergesslich. Eine Expertenkommission der Bundeszentrale für politische Bildung hat diesen Film 2003 an die dritte Stelle eines Filmkanons für Schulen gesetzt.

Zurück nach Petrograd. Im Todesjahr Lenins, 1924, wurde die Stadt erneut umbenannt, diesmal in *Leningrad* (Ленингрáд). Erst 1991 erhielt die Stadt ihren alten Namen zurück: *Sankt Petersburg* (Санкт-Петербýрг). Die Rückbesinnung auf den Gründungsnamen ging einher mit einem überraschend schnellen Wandel des politischen Bewusstseins der Bürger der Russischen Föderation. Eine zum 134. Geburtstag Lenins durchgeführte Umfrage in Russland ergab, dass im Jahr 2004 bereits 22% der Befragten seinen Namen nicht mehr richtig einzuordnen wussten.

Natürlich wissen Sie, dass „Lenin“ nicht der Geburtsname des Führers der kommunistischen Bolschewiki und der Revolution ist. *Wladimir Iljitsch Uljanow* (Владúмир Ильúч Улья́нов, 1870-1924) soll nach einem Artikel in der Wochenzeitung „Die Zeit“ wenigstens 150 Pseudonyme benutzt haben, weil er oft in der Illegalität leben musste, *in der Heimat und im Ausland* (на рóдине и за рубежóм). An dieser Stelle ein Wort zur Aussprache seines meist gebrauchten Namens. Bitte, betonen Sie Владúмир [vła'ḑimɪr] und Ильúч [iļ'jiʧ] jeweils auf der zweiten Silbe. Nichts klingt grässlicher für russische Ohren als die Betonung des slawischen Vornamens auf der ersten Silbe, wie im eingedeutschten Vornamen: Wl<u>a</u>dimir. Eine falsche Betonung „*schneidet*“ *das Ohr* (рéжет ýхо ['ŗeʒɪt 'uxə]), wie der Russe zu sagen pflegt. Stellen Sie sich vor, ein freundlicher Ausländer bittet Sie grammatisch und lexikalisch völlig korrekt, aber falsch betont: [ge bénsi mírbit tédi zaitúng]. Nicht nur, dass man Mühe hat das zu verstehen. Stimmen Sie mir zu? *Das tut (dem Ohr) weh.* Э́то ре́жет у́хо.

Der politische *Deckname* (псевдони́м [pşɪvda'ɲim]) Lenin ist, was seine Herkunft betrifft, umstritten. Immerhin kann die Wurzel -лен- (*-len-*) so viel wie *faul, untätig* bedeuten, was der Philosoph und Revolutionär mit Sicherheit nicht war. Nach einer anderen Hypothese soll dieses Kunstwort W. I. Uljanows Solidarität mit den sibirischen Arbeitern am Fluss *Lena* (Ле́на) zum Ausdruck gebracht haben. In den Kohlegruben am Oberlauf der Lena hatte die erbarmungslose kapitalistische Ausbeutung der Bergleute nämlich einen harten Arbeitskampf heraufbeschworen. Das lässt sich aber nicht mit den ersten Belegen des Namens und den historischen Daten in Einklang bringen. Halten wir es also mit Robert Service (siehe Literaturverzeichnis), der die eher nebensächliche Frage nach der Herkunft des Pseudonyms unbeantwortet ad acta legt.

Der gebürtige Georgier *Iosif Wissarionowitsch Dschugaschwili* (Ио́сиф Виссарио́нович Джугашви́ли, 1879-1953) dagegen hatte sich nach mehreren anderen Pseudonymen (Sosso, sein Rufname als Kind, oder Koba, auch David, Nischeradse, Iwanowitsch u. a.) um 1910 endgültig entschieden für *Stalin* (Ста́лин), der Stählerne, von Russisch сталь – *Stahl*). „Stählern" war er denn auch, gegenüber seiner eigenen Familie, im Kampf gegen Kapitalismus und Imperialismus, später aber auch gegenüber allen Menschen, in denen er Feinde witterte, vor allem den Intellektuellen. Noch nach seinem Tod wirkte der stalinistische Machtapparat weiter. Selbst ein politischer Intellektueller, wie es der Vater des heute gefeierten Dichters Viktor Jerofejew (geb. 1947) war, fand keine Gnade, als sich sein schriftstellernder Sohn mit seinen Veröffentlichungen als „Dissident", d. h. als Abweichler von der kommunistischen Linie, erwies. Obwohl Berater und Dolmetscher Stalins sowie später Botschafter im Ausland, wurde der Vater des Dichters umgehend entlassen. Die Schriften seines Sohnes wurden auf den Index gesetzt, und beide fielen der politischen Verfolgung anheim.

Stalin erfuhr und erfährt bis heute extrem unterschiedliche Einschätzungen. Viele Menschen sehen in ihm lediglich den Mann, der das Land „mit starker Hand" regierte und Ordnung schuf. Aber er hat auch viele Millionen angebliche „Feinde des Kommunismus“ im eigenen Volk auf dem Gewissen. Trotzdem hängen noch heute seine Bilder in Häusern und wird er als Erbauer des Sozialismus und großer Feldherr im Großen Vaterländischen Krieg verehrt.

Вели́кая Оте́чественная война́, so heißt *der Zweite Weltkrieg* auf Russisch. Bereits diese Wortwahl drückt die andere Sichtweise der sowjetischen bzw. russischen Historiografie auf diesen Krieg aus. Während „Zweiter Weltkrieg“ oder der englische Ausdruck World War Two fast neutral klingende Bezeichnungen darstellen, vermittelt der russische Ausdruck etwas davon, welch heroische Größe dem Kampf der Völker der Sowjetunion gegen den faschistischen Eindringling in der russischen Geschichtsschreibung beigemessen wird.

Ganz besonders treue Anhänger Stalins, Lenins und des Kommunismus ließen sich zu wahren Blüten der Namensgebung hinreißen. Das Pseudonym *Lenin* (Ле́нин, immer betont auf der ersten Silbe) ist zum Beispiel auch als *Vorname* (и́мя) benutzt worden, sogar in seiner weiblichen Form: *Lenina* (Лени́на; betont auf der zweiten Silbe). *Ninel* (Нине́ль) dagegen ist die Umkehrung des Familiennamens Lenin. Der Vorname *Marlen* (Марле́н) ist nicht die weltbekannte „Marlene“ (Dietrich), sondern eine Zusammensetzung der Anfangsbuchstaben von **Mar**x und **Len**in. Der historischen Bildungsweise russischer Namen folgend, entstand Владле́н; zusammengesetzt aus den ersten Silben der Vornamen Влад-и́мир (*Wladimir*) und Ле́н-ин (*Lenin*). *Die Vornamen* (имена́) Ми́рра (*Mirra*) und Ревми́р (*Rewmir*) bedeuten beide *Weltrevolution*: мировая революция (plus der weiblichen Endung -a) bzw. революция мировая. Manche Namen sind so übertrieben pathetisch und gekünstelt, dass sie uns heute geradezu lächerlich erscheinen, zum Beispiel: Доздрапе́рма (*Dosdraperma*), gebildet aus den Anfangsbestandteilen der russischen Worte für: *Es lebe der 1. Mai!* Solche Wortbildungen spiegeln die blinde Ergebenheit der Menschen gegenüber einer Politik wider, die von ihnen für richtig gehalten wurde, weil sie von den kommunistischen Herrschern diktiert war.

Lassen wir das wunderschöne Winterpalais, in dem Lenin nach der Revolution residiert hatte, hinter uns und laufen zum

Newski-Prospekt hinüber! Mit den breiten Gehwegen und den herrlichen Gebäuden, kleinen Parks und Alleen und natürlich mit den modernen Geschäften, Restaurants und Hotels ist er trotz des unaufhaltsam flutenden, lärmenden Verkehrs immer ein Anziehungspunkt. Hier sind nicht nur die Geschäfte und Büros westlich modern. Auch die jungen Leute kann man kaum noch von denen in Paris, Berlin oder London unterscheiden. Besonders beliebt und reizvoll ist der „Newski", wie er oft leger genannt wird, im Juni. Die stimmungsvollen *Weißen Nächte* (бéлые нóчи) verleiten zu ausgedehnten nächtlichen Spaziergängen *durch die Stadt* (по гóроду). Zum Schlafen ist man zu dieser Zeit kaum aufgelegt. Die Sonne scheint nie unterzugehen. Der Tag hört nie wirklich auf.

Das eben gebrauchte russische Wort гóрод (*Stadt*, ursprünglich: *Umfriedung*, *Gehege*) findet sich in Ortsbezeichnungen vieler slawischer Siedlungsnamen wieder: *Nowgorod* (Нóвгород), *Stalingrad* (Сталингрáд, heute Волгогрáд – *Wolgograd*), Belgrad (die „*weiße Stadt*"), in Prag der Vyšehrad (die „*hoch gelegene Stadt*"), auch in deutschen Ortsnamen wie Stargard, Gardelegen, Grodnitz.

Falls Sie in der Stadt nicht weiter wissen, wenden Sie sich einfach an ein спрáвочное бюрó (*Auskunftsbüro, Infostand*). Seien Sie nicht zu überrascht, wenn das ein paar Rubel kostet! Lassen Sie sich auch nicht irritieren, wenn nicht jedes *Geschäft* (магазúн) *Selbstbedienung* (самообслýживание) anbietet. Ich gebe zu, ein bisschen gewöhnungsbedürftig ist das vor allem abseits der Zentren noch häufig praktizierte russische Prozedere beim Einkaufen schon. Näheres hierüber erfahren Sie im Kapitel 11. Auch *Schlange stehen* (стать в óчередь) ist noch immer nicht selten. Nur in den teuren Geschäften auf dem Newski oder im Moskauer Nobelkaufhaus, dem GUM – ГУМ (Государственный Универсáльный Магазúн – *Staatliches „universales" Kaufhaus*), werden Sie keine Schlangen sehen. Dort sind die Preise selbst für Harrods-verwöhnte Kunden unverhältnismäßig hoch. Nebenbei, das als typisch russisch empfundene Gebäude des GUM auf dem Roten Platz wurde 1907 als Jugendstilbau von dem auch in Russland niedergelassenen hamburgischen Unternehmen Kunst & Albers errichtet.

Wir sind noch immer im altehrwürdigen *Pieter* (Пи́тер). 300 Jahre russischer Geschichte, eingeschlossen die furchtbare Episode der 900-tägigen Blockade der Stadt durch deutsche Truppen 1941-1944 und – rund 50 Jahre später – *die Perestroika* (перестро́йка, das heißt *Umbau, Wandel*). Heute ist Sankt Petersburg wieder eine der schönsten Städte der Welt: weltoffen, modern und schön.

Es gibt ein russisches Sprichwort: Будь как до́ма, но не забыва́й, что ты в гостя́х! (*Fühl dich wie zu Hause, vergiss aber nicht, dass du zu Besuch bist!*) Ein passendes Sprichwort. Ein bisschen Augenzudrücken und ein wenig Toleranz helfen dem Besucher Russlands, sich an Fremdes zu gewöhnen, es als des Landes Eigenart zu akzeptieren oder einfach zu ignorieren. Denn natürlich glänzt auch im herrlichen Sankt Petersburg nicht alles wie Gold.

Mit der Marktwirtschaft ist in den 90er Jahren auch *die Reklame* (рекла́ма) in das Stadtbild eingezogen. Selten zum Vorteil des Stadtbilds. Allerorten Reklameschilder, die für Firmen und Produkte werben. Zum Beispiel für Росси́йское игри́стое (*Schaumwein aus Russland*). Das Wort шампа́нское (*Champagner*) darf nach dem verlorenen Rechtsstreit um den Markennamen mit dem französischen Hersteller nicht mehr kommerziell verwendet werden. Aber glauben Sie mir, der russische und auch der ukrainische Sekt sind köstlich wie Champagner und heißen im Volksmund unbeirrt weiterhin шампа́нское!

Аэрофло́т (*Aeroflot*, der größte Luftfahrttranporteur des Landes) und der Erdgasgigant Нефтегазпро́м (*Neftegasprom*, der mächtigste Erdöl- und Gasindustriekonzern) werben geradezu auf Schritt und Tritt Kunden. «Родне́е – потому́ что от души́» („*Heimischer – weil von Herzen*“), so gräbt sich der werbepsychologisch klug gewählte Slogan von Aeroflot unterschwellig der „russischen Seele“ ein. Die Wendung от (всей) души́ (*von (ganzem) Herzen*) ist nämlich – wie auch ру́сская душа́ (*russische Seele*) – für den russischen Menschen ein typischer „Herzensbrecher“.

Die ebenfalls omnipräsente Autoreklame zieht so manches sehnsüchtige Auge auf sich. In Russland fasst man *die ausländischen Marken* unter dem Begriff инома́рки (*fremde / ausländische*

Marken) zusammen. Interessanterweise werden die Bezeichnungen der einzelnen Marken in russischen Texten meist in Anführungszeichen gesetzt, ein Zeichen dafür, dass sie noch nicht vollständig in die russische Sprache integriert sind. Das ist mir besonders aufgefallen in den spannenden Kriminalromanen von *Polina Daschkowa.* Поли́на Да́шкова ist mit mehr als 15 Millionen verkauften Büchern (im Jahr 2003) seit einigen Jahren Russlands erfolgreichste Autorin. Ihre Bücher spiegeln die Verhältnisse in ihrem Land in der Zeit des Übergangs zur neuen Gesellschaft fesselnd wider. In ihrem Roman „*Ein Platz unter der Sonne*“ («Место под солнцем») bedient sie sich, wie in ihren anderen Werken auch, zur Charakterisierung von Neureichen und Gangstern einer auffällig großen Anzahl von – meist westlichen – Automarken.

Hier die russische Schreibweise einiger Autofirmen, sämtlich in den Büchern von Polina Daschkowa belegt.

«Вольво» (*Volvo*), «Тойота» (*Toyota*), «Рено» (*Renault*), «Опель» (*Opel*), «Мерседес» (*Mercedes*; 2004 bereits in 24 russischen Großstädten mit Handelsniederlassungen vertreten), «Фольксваген» (*Volkswagen*; die PKWs der Marken Volkswagen und Audi sowie Skoda und Seat werden in Russland in einer gemeinsamen Vertriebsgruppe „Rus“ vertrieben). In ihren öffentlichen Texten bevorzugen die Autohersteller für die Bezeichnung der Automarke meistens die lateinischen Buchstaben, denn die wirken im kyrillisch geschriebenen Umfeld sehr westlich und verlockend. Die Werbeslogans dagegen sind russisch, wie bei BMW: С удово́льствием за рулём! (*Mit Vergnügen hinterm Steuer!*). Die Reklame ist freilich für die noch kleine Zahl der Neureichen gedacht, obwohl einige von ihnen bereits mehrere Wagen besitzen. Manchmal übernehmen sie sogar ganze Firmen mitsamt Autopark, wie der russische Ölmagnat Roman Abramowitsch, der den Fußballclub Chelsea London für 87 Millionen Euro aufgekauft hat.

Apropos, Neureiche! *Die Neurussen* (но́вые ру́сские), wie sie hier heißen, wurden und werden im Volksmund natürlich unvermeidlich zum Gegenstand unzähliger Witze. *Kennen Sie den Witz?* (Вы зна́ете э́ту шу́тку?):

Ein russischer Neureicher wird bei der Einreise aus Amsterdam vom Zollbeamten gefragt: „Haschisch, Cannabis, Heroin?“ Seine lässige Antwort: „Brauch ich nicht. Hab selbst genug davon.“

In die Situation, Drogen angeboten zu bekommen, können Sie in Großstädten wie Sankt Petersburg oder Moskau schon auf dem Flughafen geraten. Für alle Fälle hier eine kleine Liste: гаши́ш, геро́ин, канна́бис, марихуа́на, ЛСД, кока́ин; ди́лер, нарко́тики, наркома́н.

Überwiegend Anglizismen, sind sie leicht zu verstehen: *Haschisch, Heroin, Cannabis, Marihuana, LSD, Kokain; Dealer, Narkotika, Süchtiger.* Nur dem Eingeweihten verständlich sind dagegen Argotwörter wie верблю́д („*Kamel*“, hier: *der Drogenverkäufer* oder *Dealer*); гоне́ц („*der Treiber*“, hier: *der Drogenkleinhändler*), зверь („*das (wilde) Tier*“, hier: *der Drogenlieferant*), пионе́р („*Pionier*“, hier: *der Drogeneinsteiger*), семья́ („*Familie*“, hier: *Gruppe von Drogensüchtigen*; wie traurig der Missbrauch gerade dieses Worts!).

Während der Feierlichkeiten zum 300. Geburtstag der Stadt Sankt Petersburg waren Drogensüchtige, Alkoholiker und Bettler wie von den Straßen gefegt. Mit rigorosen Maßnahmen bewerkstelligte die Miliz dieses „russische Wunder“ (um den Titel eines bekannten Propagandafilms aus den 60er Jahren des 20. Jahrhunderts über die Errungenschaften der Sowjetunion zu zitieren).

Der frühere *Generalsekretär der KPdSU* (генера́льный секрета́рь КПСС) und *Präsident der UdSSR* (президе́нт СССР) *Michail Sergejewitsch Gorbatschow* (Миха́йл Серге́евич Горбачёв) hatte dagegen mit seiner 1985 angeordneten Antialkoholkampagne wenig Erfolg. Wie schon in den 20er Jahren zu Zeiten der Prohibition in den USA waren *Schmuggel* (контраба́нда) und der exzessive *Genuss von Selbstgebranntem* (потребле́ние самого́на) die unausweichlichen Folgen. Inzwischen gehören Süchtige aller Art in den Großstädten Russlands leider zum gewohnten Stadtbild. Allein im Jahr 2000 starben mehr als 22 000 (!) Menschen an Alkoholvergiftung. Trinker scheinen im Vergleich zu den aggressiveren Drogensüchtigen aber eher harmlos zu sein, wie die folgende lustige Begebenheit zeigt.

Im tiefsten russischen Winter laufe ich raschen Schritts über den knirschenden Schnee. *Der Pelzmantel* (шу́ба) wärmt mich. Die typische russische ша́пка (*Mütze, Schapka*) sitzt fest auf dem Kopf. Da grüßt mich ein offensichtlich angeheiterter Mann mit ehrerbietig weit ausholender Bewegung seines rechten Armes nach unten: «Ва́ше вели́чество!» („*Euer Gnaden!*“), wie einst der russische мужи́к (*der Bauer, der einfache Mann*) die Obrigkeit und den Popen in der Kirche zu grüßen hatte. Wie meinte er das wohl?

„Drogen“ ganz anderer Art sind inzwischen in fast allen Teilen Russlands die aus dem Westen, vor allem aus den USA, eingeführten Fastfood-Produkte.

Ob Moskau, Sankt Petersburg, Nishni Nowgorod, Jaroslawl, Kazan oder Samara, *McDonald's* (Макдо́нальдс) hat seit 1991 mehr als 100 *Restaurants* eröffnet (рестора́ны, wie die Schnellimbisse auch in Russland genannt werden). Es ist zu erwarten, dass sich amerikanische Ketten bald in allen Großstädten niedergelassen haben werden. Das gilt mit Sicherheit für die Millionenstädte Russlands.

Die Volkszählung (пе́репись населе́ния) von 2002 hat *13 Millionenstädte* (13 городо́в-миллио́нников oder auch 13 городо́в-миллионе́ров) in Russland ermittelt:

Москва́	*Moskau*
Санкт-Петербу́рг	*Sankt Petersburg*
Новосиби́рск	*Nowosibirsk*
Ни́жний Но́вгород	*Nishni Nowgorod*
Екатеринбу́рг	*Jekaterinburg*
Сама́ра	*Samara*
Омск	*Omsk*
Каза́нь	*Kasan*
Челя́бинск	*Tscheljabinsk*
Росто́в-на-Дону	*Rostow am Don*
Уфа́	*Ufa*
Волгогра́д	*Wolgograd*
Пермь	*Perm*

Vor allem junge Leute greifen sehr gern zu *Fastfood* (фáстфуд), *Pepsi Cola* (пéпси-кóла), *Cheese-Burger* (чизбýргер), *Hamburger* (гамбýргер) und anderen, gar nicht so sehr preiswerten Angeboten: кáждый по своемý вкýсу (*jeder nach seinem Geschmack*). Manchen lockt vielleicht auch einfach *der kostenlose Parkplatz* (бесплáтная автостоя́нка) vor dem Fastfood-Restaurant.

In einem der teuren Restaurants auf dem Newski oder in einem Vier-Sterne-Hotel können es sich nicht viele Menschen leisten zu speisen. Wenn aber doch, dann fällt es ihnen auch nicht schwer *dem Kellner oder der Kellnerin ein Trinkgeld zu geben* (дать официáнту или официáнтке на чай, wörtlich: *für den Tee*), etwa 10-15 Prozent der Rechnung. Übrigens, die eben gebrauchte Wendung für „ein Trinkgeld geben“ sowie das umgangssprachliche Substantiv чаевы́е (*Trinkgeld*, ebenfalls von чай – *Tee* abgeleitet und im Russischen im Plural verwendet) spiegeln die alte Gewohnheit der Russen wieder, viel Tee zu trinken. Trinkgeld ist sozusagen „Teegeld“. Heute trinken aber viele Menschen auch Kaffee. Doch da sind wir schon wieder beim Thema des nächsten Kapitels angelangt – der russischen Küche.

Ein beliebtes Mitbringsel aus Russland – die Matrjoschki (матрёшки), die ineinander gesteckt werden können. Die größte „Familie“ davon soll mehr als 60 Figuren haben.

Zum Nachtisch – На десерт (4)

Lassen Sie uns nun – in chronologischer Reihenfolge – die Beinamen einiger russischer Herrscher und ihre Übersetzung ansehen! Danach wollen wir auf die Grundzahlwörter eingehen, in einem späteren Kapitel auch auf die Ordnungszahlwörter.

Beinamen – Про́звища

Влади́мир Свято́й (956-1015) – *der Heilige Wladimir* war der erste christliche Herrscher in Kiew

Яросла́в Му́дрый (978-1054) – *Jaroslaw der Weise* baute Kiew auf seine sechsfache Größe aus und führte es nach dem Vorbild Konstantinopels zu einer ersten kulturellen Blüte (Sophienkathedrale, Goldenes Tor)

Ю́рий Долгору́кий (1090-1157) – der *langarmige* Großfürst *Juri* gründete 1149 Moskau und ließ hier den ersten Kreml erbauen

Алекса́ндр Невский (1220-1263) – Großfürst *Alexander Newski* schlug deutsche und schwedische Heere am Fluss *Newa*, nach dem er seinen Beinamen erhielt

Ива́н I Калита́ (1304?-1340) – *Iwan I., der Geldbeutel* wurde als Geldeintreiber für die Mongolen steinreich und brachte die russisch-orthodoxe Kirche nach Moskau

Дми́трий Донско́й (1350-1389) – *der Dmitri vom Don* stärkte mit seinen Siegen über die Tataren an diesem Fluss das russische Nationalbewusstsein

Ива́н IУ Гро́зный (1533?-1584) – *Iwan IV., der Schreckliche* machte Russland zum Zentralstaat; nach ihm bestieg Boris Godunow den Thron

Пётр I Вели́кий (1672-1725) – *Peter I., der Große* gründete 1703 Sankt Petersburg und modernisierte sein Land nach westlichem Vorbild

Екатерина II Вели́кая (1761-1769) – *Katharina II., die Große* verhalf Russland nach Peter I. endgültig dazu, eine europäische Großmacht zu werden; sie setzte viele Reformen durch, auch medizinische: z. B. ließ sie sich 1765 als erste gegen Pocken impfen

Die Grundzahlwörter

Können Sie auf Russisch von 1 bis 10 zählen? Sortieren Sie!

оди́н пять семь четы́ре два во́семь де́сять де́вять три шесть

War es schwierig? Bevor Sie mit der Lösung am Seitenende vergleichen, prüfen Sie doch bitte, ob Sie unter den Zahlen nicht die eine oder andere „Bekannte" finden, die Ihnen das Einprägen erleichtert!

Kommt Ihnen zum Beispiel три [tʀi] bekannt vor? Das Wort klingt nicht unähnlich dem englischen „three". Einige der Leserinnen und Leser kennen vielleicht auch das norwegische „tre". Oder erinnert Sie два [dva] eventuell an das deutsche dialektale „zwoa" bzw. das schwedische „två"? Und hört sich nicht der Beginn des Worts де́сять [ˈḑeşıţ] fast genauso an wie das spanische Zahlwort „diez"? Bevor wir uns alle Zehnerzahlen ansehen, seien zwei genannt, die etwas „aus der Rolle fallen", die 40 und die 100.

Die 100 ist Ihnen möglicherweise bekannt aus der vielzitierten Wendung сто грамм (*100 Gramm*), mit der manche Menschen die trinkfreudigen Russen pauschal und damit ungerecht charakterisieren. In der polnischen Sprache wird der Glückwunsch „Sto lat!" (*„100 Jahre!"*) zum Namenstag oder Geburtstag ausgesprochen und auch gesungen. Dieser Wunsch, der so auch im Russischen vorgetragen wird: «Сто лет!», entspricht dem englischen gesungenen „Happy birthday to you!", das natürlich auch schon in Russland angekommen ist. Das Wort für *40* (со́рок) hat die folgende interessante Geschichte. Es bezeichnete im alten Russland ursprünglich einen gewöhnlichen Sack, in den genau 4 mal 10 Zobelpelze hineinpassten. Im Laufe der Zeit wurde der Name des Behältnisses auf die Anzahl und die Ziffer übertragen.

Jetzt erkennen Sie schon alle Zehner von 20 bis 100: два́дцать, три́дцать, со́рок, пятьдеся́т, шестьдеся́т, се́мьдесят, во́семьдесят, девяно́сто, сто. Und was 21, 63 oder 74 auf Russisch heißt, können Sie jetzt selbst bilden. Einfach den Zehner und danach den Einer angeben: два́дцать оди́н, шестьдеся́т три, се́мьдесят четы́ре. Nun fehlen nur noch die Zahlen von 11-19, dann können Sie alle Zahlen von 1-100: оди́ннадцать, двена́дцать, трина́дцать, четы́рнадцать, пятна́дцать, шестна́дцать, семна́дцать, восемна́дцать, девятна́дцать.

Übrigens, die Zahlenfolge von 1 bis 10 sieht auf Russisch so aus:

оди́н два три четы́ре пять шесть семь во́семь де́вять де́сять.

Kapitel 5 – Главá пя́тая

Sei unser Gast

Gastfreundschaft ist eine der Charaktereigenschaften, deren sich die Russen zu Recht rühmen. Hatten Sie schon einmal das Vergnügen, bei einer russischen Familie zu Gast zu sein? Ob vorher eingeladen oder unverhofft vorbeikommend – Sie werden mit Freundlichkeit und allem, was die Küche hergibt, förmlich überschüttet.

Sagen wir, Sie kommen beim Stadtbummel oder nach einem dienstlichen Gespräch mit einem netten Herrn ins Gespräch, nennen wir ihn Анатóлий Сергéевич (*Anatoli Sergejewitsch*). Nach einer Stunde lädt er Sie ein mit den Worten: «Приходи́те к нам в гóсти!» („*Besuchen Sie uns doch einmal!*“). Das ist eine aufrichtige, herzliche Einladung. Er meint tatsächlich: Seien Sie unser Gast! Sagt er dagegen beiläufig: «Заходи́те к нам!» (etwa: „*Kommen sie doch mal bei uns vorbei!*“), dann ist das eher unverbindlich. Etwa so wie des Amerikaners Gruß: „How are you doing?“ („*Wie geht's?*“) gar keine richtige Frage nach dem Befinden ist, sondern bloß das „Hallo!“ ersetzt. Im zweiten Fall fühlen Sie, dass Анатóлий Сергéевич [ana'tɔḷɪj şɪɽ'ģejɪvɪʧ] Sie zwar nett und freundlich angesprochen, nicht aber ernsthaft zum Besuch eingeladen hat. Daher reden auch Sie ihn sehr höflich, aber formell mit Vor- und Vatersnamen an, was deutsch der Anrede Herr Sowieso entspricht. Auch er wendet sich an Sie wahrscheinlich noch mit господи́н Лéман (*Herr Lehmann*) beziehungsweise госпожá Мáйер (*Frau Meier*). Die Anglizismen лéди (*Lady*) und джéнтльмен (*Gentleman*) sind zwar in die Sprache eingedrungen, bleiben aber beschränkt auf den gehobenen Gebrauch und den Jargon bestimmter Kreise.

Nehmen wir aber an, Ihr Gesprächspartner möchte Sie wirklich gern als Gast bei sich zu Hause haben. Er schlägt Ihnen vor: «Приходи́те к нам в гóсти!» Wer möchte eine herzliche Einladung abschlagen? Wir gehen also zu Besuch.

«Входи́те, пожáлуйста!» („*Kommen Sie bitte herein!*“), empfängt Sie *die Hausfrau* (хозя́йка), die *einen Blumenstrauß* (букéт цветóв [bu'ķɛt tsv,ɪ'tɔf]) oder eine andere Aufmerksamkeit gern entgegennimmt. Bei einer Reise ist es immer gut, für alle Fälle Gastgeschenke aus der Heimat im Koffer zu haben. Sobald Sie die gute Stube betreten, die in vielen Neubauwohnungen das einzige größere Zimmer ist, erwartet Sie der unvermeidliche Begrüßungsschluck. Сто грамм (*100 g*) müssen es ja nicht unbedingt sein! Ablehnen käme aber einer Beleidigung gleich, es sei denn, man kann eine Krankheit vorschützen.

Die Gastgeberin (хозя́йка; dasselbe Wort wie für Hausfrau) hat bereits alles gerichtet. Sie erleben ein wunderbares Tischlein-deck-dich russischer Gastfreundschaft. Was auf den Tisch kommt, hängt nur zum Teil von der finanziellen Lage ab. Für ihre Gäste sparen russische Gastgeber notfalls schon lange vorher etwas. „Etwas" ist aber maßlos untertrieben, der Tisch bricht schier unter der Last der kulinarischen Köstlichkeiten zusammen.

Das zweite oder dritte Gläschen Wodka (второ́й и́ли тре́тий стака́нчик во́дки) löst Ihrem neuen Bekannten die Zunge. *Der Gastgeber* (хозя́ин) bietet Ihnen das «Анато́лий» (die ungezwungene Anrede nur mit dem Vornamen „*Anatoli*") an. Alsdann erzählt er Ihnen leidenschaftlich von seiner interessanten, aber unterbezahlten Arbeit im Labor und entpuppt sich schließlich als ein кандида́т нау́к. Dieser Titel entspricht unserem *Dr.* (*med.* etc.), während до́ктор нау́к dem akademischen Grad *Doktor habil.* in Deutschland gleichzusetzen ist. Vielleicht ist Anatoli aber auch ein профе́ссор (*Professor*). Damit ist aber noch keineswegs gesagt, dass er mehr verdient als sein Nachbar im Hochhaus, der in Schichtarbeit einen LKW aus dem Autowerk in Wolgograd fährt. Intellektuelle, unter Stalin wegen ihrer „Gefährlichkeit" für die „Diktatur des Proletariats" noch verfolgt, wurden im Sowjetstaat auch unter den nächsten kommunistischen Machthabern häufig schlechter bezahlt als *die Arbeiter und Bauern* (рабо́чие и крестья́не). Daran hat sich trotz Glasnost und Perestroika bisher erst in Ansätzen etwas geändert.

Zur Miete, die Ihre *Gastgeber* (хозя́ева) bezahlen. Zu Sowjetzeiten betrug die Miete nur einen ganz geringen Prozentsatz des gemeinsam verdienten Lohns, etwa drei bis fünf Prozent. Wohnen und Wohnungen waren staatlich hoch subventioniert. Bis vor kurzem war das auch noch so.

Im Jahr 2000 (в двухты́сячном году́) war ich für ein paar Tage zu Gast bei einer freundlichen Familie in Ufa. Sie hatte ihre kleine Wohnung *im 6. Stock* (на седьмо́м этаже́ – *im 7. Geschoss*). Das ist kein Schreibfehler! Die Stockwerke werden im Russischen immer nach Geschossen gezählt. Das Wort *Parterre* für das ebenerdige Geschoss ist im Russischen in dieser Bedeutung nicht gebräuchlich.[16] Man nennt es пе́рвый эта́ж (*erstes Geschoss*), sodass unser *1. Stock* als второ́й эта́ж (*zweites Geschoss*) und *der 6. Stock* eben als седьмо́й эта́ж bezeichnet wird.

Diese Familie bezahlte zu jener Zeit rund 90 Rubel Miete für eine winzige 3-Zimmer-Wohnung mit kleiner Küche und Bad in einem aus Mangel an öffentlichen Geldern recht verwahrlosten Hochhaus aus den fünfziger Jahren. *Der Lohn* (за́работная пла́та) unserer Gastgeberin, immerhin leitende Köchin einer Mittelschule, betrug *900 Rubel im Monat* (девятьсо́т рубле́й в ме́сяц). In jenem Jahr waren das nur etwas mehr als 30 US-Dollar. Der Mietpreis war demnach äußerst niedrig, er betrug 10% ihres Lohns. Ihr Mann verdiente aber ebenfalls.

Im Mietpreis inbegriffen – je nach dem Wohnort unterschiedlich – waren bisher *das Telefon* (телефо́н), *der Strom* (электри́чество) und *das Gas* (газ) mit ihren Grundpreisen. Das klingt fast wie das Paradies auf Erden. Lassen Sie sich davon nicht irreleiten. Trotz der relativ geringen Arbeitslosenrate von fünf Prozent (2004) ist der Lebensstandard eines Großteils der Bevölkerung bei weitem nicht an westlichen Maßstäben zu messen. Die Preise für den täglichen Einkauf sind, gemessen am Lohn, unverhältnismäßig hoch. Mit der fortschreitenden Sanierung der Miethäuser und Wohnungen steigt außerdem auch die Miete – zum Teil ist sie bereits auf deutschem Niveau angelangt: mehr als 20% des monatlichen Familieneinkommens werden jetzt für Miete und Energie aufgewendet. Die schon zu Sowjetzeiten viel gelesene Zeitung „*Iswestija*" («Изве́стия») teilte im August 2003 mit, dass der Lebensstandard der Russen allmählich steige. Der wirtschaftliche Aufschwung erfasse nun langsam auch die dezentralen Regionen. Trotzdem, von Wohlstand kann bei der Mehrheit der Bevöl-

16 Mit парте́р wird im Theater *das Parterre im Zuschauerraum* bezeichnet.

kerung noch nicht gesprochen werden. Umso mehr als im Jahr 2005 die Putinregierung bereits viele Sondervergünstigungen und Sozialleistungen abgebaut hat.

Beim häuslichen Telefonieren waren und sind zum Teil noch heute *Ortsgespräche* (ме́стные разгово́ры) häufig im Mietzins inbegriffen oder werden mit der Grundgebühr entrichtet. Alle anderen Gespräche sind dagegen teuer. *Intercitygespräche* (межгородски́е разгово́ры) sowie *internationale Ferngespräche* (междунаро́дные разгово́ры), die früher wegen politischer Bedenken der kommunistischen Machthaber grundsätzlich nicht als Durchwahl möglich waren, sondern verbunden werden mussten, sind von zu Hause oder im Hotel heute problemlos. Anderenfalls läuft der Kunde jedoch immer noch auf *das Telegrafenamt* (телегра́фное учрежде́ние, kurz телегра́ф), meist zusammengelegt mit dem *Postamt* (почта́мт, eine Entlehnung aus dem Deutschen, wie Sie unschwer erkennen). Dort können Sie auch *ein Fax* (факс) absetzen. Da Internet und Fax jedoch noch nicht so allgemein verbreitet sind wie in westlichen Ländern, kosten diese auf der Post, in Internetcafés oder Hotels erheblich mehr als bei uns.

Aber, wie gesagt, wenn Sie *zu Gast* (в гостя́х) sind, ist *das Geld* (де́ньги; oder ба́бки, wie es scherzhaft oder im Jargon der Straße heißt) nicht das Entscheidende. Die Gastgeber bieten alles auf, was sie vermögen: Selbstgebackenes und Selbstgekochtes, russischen Wodka, armenischen Kognak, einen guten Krimwein oder gar russischen Sekt, eine Dose Kaviar vom Stör, eine leckere Eistorte *und andere Delikatessen* (и други́е деликате́сы). Zwischendurch wird natürlich öfters angestoßen: «За (ва́ше) здоро́вье!» („*Prost!*", eigentlich „*Auf (Ihre) Gesundheit!*"). Gern gehört und oft ausgebracht wird *ein Toast* (тост): «За на́шу дру́жбу!» („*Auf unsere Freundschaft!*"). Dieser Trinkspruch scheint ein Relikt aus den Zeiten der sozialistischen Brudergemeinschaften zu sein.

Nach dem dritten oder vierten Gläschen Wodka (после четвёртого или пя́того стака́нчика во́дки), das Sie до дна́! (*bis auf den Boden* des Glases, also *ex!*) getrunken haben, dürfen Sie ihren weinseligen Gastgeber bereits То́ля (*Tolja*, Diminutivum und familiär für Анато́лий) nennen. Falls dies eintritt, empfiehlt sich eventuell der taktvolle Rückzug. So viel einer auch als starker Trinker verkraften mag, betrunken ist betrunken. Und vielleicht haben Sie ja noch anderes vor. Wie nicht nur das russische Sprichwort sagt: Слу́жба слу́жбой, во́дка во́дкой. (*Dienst ist Dienst, und Schnaps ist Schnaps.*) Um seinen Gastgeber nicht vor den Kopf zu stoßen, könnte der männliche Besucher, nennen wir ihn *Hans*, z. B. ein galantes Abenteuer vorschützen:

Ханс: «Мне пора́. У меня́ ещё бу́дет свида́ние с де́вушкой.» („*Es ist Zeit für mich. Ich habe noch eine Verabredung mit einer jungen Frau.*").

Der weibliche Gast, lassen wir sie *Heike* heißen, bedient sich vielleicht der verzeihlichen Notlüge:
Хайке: «Я о́чень уста́ла от экску́рсии по го́роду. Пора́ идти́.» („*Ich bin sehr müde von der Stadtbesichtigung. Es ist Zeit zu gehen.*").

Oder umgekehrt. (Beachten Sie die unterschiedliche Endung des Verbs „ermüden" im Präteritum, je nachdem ob ein Mann oder eine Frau es verwendet!)
Ханс: «Пора́ идти́. Я о́чень уста́л от экску́рсии по го́роду.» („*Es ist Zeit zu gehen. Ich bin sehr müde von der Stadtbesichtigung.*")

Хайке: «Мне пора́. У меня́ ещё бу́дет встре́ча ...» („*Es ist Zeit für mich. Ich treffe mich noch ...*" mit wem, das geht keinen etwas an.)

An den oben gewählten deutschen Vornamen ist das Exempel statuiert, dass ein deutsches „h" im Russischen oft als «х» gesprochen wird (in der Lautumschrift [x]). Nicht selten, vor allem in älteren Personen- oder Ortsnamen, finden Sie aber auch die Wiedergabe als «г» [g], wie in *Heinrich Heine* (Ге́нрих Ге́йне), *Johann Sebastian Bach* (Иога́нн Себа́стьян Бах), *Georg Friedrich Händel* (Ге́орг Фри́дрих Ге́ндель), *Hamburg* (Га́мбург) oder *Halle an der Saale* (Га́лле на За́але). Lesen Sie einmal nach! Sie werden manchmal auch beide Schreibweisen für ein Wort finden.

Da wir gerade beim Lesen sind: «Гáрри Пóттер» („*Harry Potter*“) ist auch *in russischen Buchläden* (в рýсских кни́жных магази́нах) *ein Bestseller* (бестсéллер). *Steven King* (Сти́вен Кинг) und andere Autoren der Unterhaltungsliteratur, die von vielen geradezu verschlungen werden und auch in die Schule Einzug gehalten haben, bringen traditionsbewusste russische Lehrer und Literaten schier zur Verzweiflung. Die Kinder wollen nur noch solche Bücher lesen und keine Klassiker mehr! Vor diesem Hintergrund ist es durchaus erklärlich, dass die klassische russische Literatur in den Schulen wieder zur Pflichtlektüre erhoben werden soll. Weniger akzeptabel erscheint es jedoch, dass – unverständlich angesichts der fortschreitenden Demokratisierung des Landes – *die Literatur des sozialistischen Realismus* (литератýра социалисти́ческого реали́зма), darunter Werke, die Stalin, Lenin, den Kommunismus und den Klassenkampf propagieren, wieder in den Schulkanon aufgenommen werden sollen. Bemühungen darum gibt es in der russischen Duma seit mehreren Jahren.

Unser fiktiver Anatoli gehört zu jenen Verfechtern der Klassik. Im geistvollen Gespräch gebraucht er wie viele gebildete Russen gern klassische Zitate. Vielleicht werden Sie im Gespräch mit Ihren russischen Bekannten ebenfalls feststellen, dass *sie Goethe, Schiller oder Heine kennen* (они́ знáют Гёте, Ши́ллера и́ли Гéйне[17]), vielleicht sogar eines ihrer Gedichte rezitieren können. Um so eher gewinnen auch Sie das Herz Ihrer neuen Freunde mit einem lyrischen Zitat. Sie könnten die oben geschilderte Konfliktsituation (wie vermeide ich das nächste Glas Wodka, ohne den Gastgeber zu brüskieren?) deshalb auch literarisch auflösen:
Ох, как устáл и как боли́т ногá!
Ach, wie bin ich müd, wie schmerzt der Fuß!

Sie verwenden damit die erste Zeile des Poems „*Pugatschow*“ («Пугачёв»). *Sergej Alexandrowitsch Jessenin* (Сергéй Алексáндрович Есéнин, 1895-1925) schrieb dieses lyrische Dra-

17 Beachten Sie die Formen des Akkusativs Singular der Namen! Er entspricht bei Ши́ллера dem Genitiv, während Гёте und Гéйне überhaupt nicht dekliniert werden, denn ihre Endungen entsprechen nicht dem Muster der maskulinen Deklination (harter oder weicher Konsonant im Nominativ Singular).

ma über einen der großen Volksaufstände des 18. Jahrhunderts zu einer Zeit, als er zutiefst enttäuscht war von der bolschewistischen Revolution, *weshalb er 1925 den Freitod wählte* (поэ́тому он соверши́л самоуби́йство в 1925 году́). Diese lyrische Entschuldigung wird vom Gastgeber sicher bereitwillig akzeptiert.

Gastfreundschaft geht über alles! Ich möchte Ihnen von einem weiteren Beispiel herzlicher Gastfreundschaft berichten. Ich erlebte es in Mittelasien.

Kennen Sie *Usbekistan* (Узбекиста́н)? Ehemals eine Republik der Sowjetunion, ist dieser Staat heute unabhängig, Mitglied der GUS und immer noch berühmt für seine Baumwolle. Das Land ist flächenmäßig nur wenig größer als Deutschland und hat gerade einmal 26 Millionen Einwohner. Trotzdem ist es der fünftgrößte Baumwollproduzent der Welt, und das, obwohl achtzig Prozent des Staates Wüste sind. *Die Hauptstadt* (столи́ца) des Landes ist *Taschkent* (Ташке́нт). Dieser Name stammt aus der usbekischen Sprache und bedeutet *Stein* (таш) und *Stadt* (кент). Die Stadt ist in der Tat aus den Materialien der sie umgebenden Wüste aufgebaut worden. Taschkent hat heute mehr als zwei Millionen Einwohner, überwiegend Usbeken. Nur noch fünf Prozent der Bevölkerung des Landes sind Russen, von denen die meisten in der Hauptstadt leben. Viele Russen sind, wie aus anderen ehemaligen Sowjetrepubliken ebenfalls, in den vergangenen Jahren nach Russland zurückgekehrt. Russisch sprechen aber auch noch viele Usbeken.

Usbekistans märchenhafte Schönheit – das ist die geheimnisvolle Weite der Landschaft und das sind die uralten Städte *Chiwa, Buchara und Samarkand* (Хи́ва, Бухара́ и Самарка́нд).

In dieser Idylle hatte ich einmal ein schönes Erlebnis. Doch lassen Sie mich der Reihe nach erzählen:

Es war in Samarkand (это бы́ло в Самарка́нде), einer Stadt mit einer über 4000-jährigen bewegten Geschichte. Sie wurde 329 *vor unserer Zeitrechnung* (до на́шей э́ры) von Alexander dem Großen verwüstet und im 13. Jahrhundert unter Dschinghis Khan fast völlig zerstört, jedoch jedes Mal schöner wieder aufgebaut. Ihre Blütezeit erlebte die Stadt im 14. Jahrhundert unter Timur Lenk (*Timur dem Lahmen*). 1868 wurde Samarkand russisches

Territorium und war in den 20er Jahren des 20. Jahrhunderts für einige Jahre die Hauptstadt der Sowjetrepublik Usbekistan. Im Jahr 2001 wurde die Stadt von der UNESCO zum Weltkulturerbe erklärt.

Wir, die Teilnehmer einer Studienreise, waren in tiefschwarzer Nacht *auf dem Flughafen* (в аэропорту́) vor der Stadt gelandet. Ein Shuttlebus brachte uns zum Hotel. Wir fuhren vorbei an zauberhaft angestrahlten mittelalterlichen Palästen, Plätzen, Moscheen und Minaretten. Wir fühlten uns versetzt in das traumhafte Land von „Tausend und einer Nacht".

Beim Spaziergang durch Samarkand verzauberte uns die stille Erhabenheit der Bauten: *blaue Moscheen, hohe Minarette, mittelalterliche Basare* (си́ние мече́ти, высо́кие минаре́ты, средневеко́вые база́ры). Die schlanken Minarette sind aus luftgetrockneten Lehmziegeln errichtet, die aus Licht und Schatten kunstvolle Ornamente entstehen lassen. Von ihnen herab ruft der Imam, der islamische Priester, fünf Mal am Tag zum Gebet. Die himmelblau glasierten Kuppeln der Moscheen sind mit schwungvollen arabischen Kalligrafien aus Blattgold verziert, die den Betrachter bezaubern, auch wenn er ihre religiöse Bedeutung nicht versteht.

In der Altstadt haben sich trotz der wechselvollen Geschichte der Stadt viele architektonische Kostbarkeiten erhalten. Besonders interessant sind die alten, einfachen Wohnhäuser. Sie lassen sich am ehesten mit mittelalterlichen Fliehburgen vergleichen. Eine übermannshohe Mauer rundherum gestattet keinen Blick ins Innere, kein Fenster nach außen, nur eine kleine, verschlossene Tür, unnahbar und wenig einladend.

Vor solch einem Haus oder vielleicht besser Gehöft standen wir, *eine Kollegin und ich* (мы с колле́гой, wörtlich: „*wir mit einer Kollegin*"), am nächsten Tag, einem strahlend schönen Sonntag, bei unserem ersten Stadtbummel.

Plötzlich öffnete sich die Tür. Ein untersetzter, älterer Mann mit rabenschwarzen, kurzen Haaren und ebenso schwarzen kugelrunden Augen trat heraus und lud uns unvermittelt in sein Haus ein: «Входи́те, пожа́луйста!» („*Treten Sie bitte ein!*"). Was würde uns hinter der Tür erwarten? Was würde uns dieser sonnenheiße Märztag bringen? Feinster Sand drang unmerklich mit dem kräftigen Wind in alle Poren. Die Wüste suchte die Stadt zu erobern. Nach kurzem Zögern und trotz einiger Bedenken (fernab von der belebten Straße, eine blonde europäische Frau, nur ein Mann dabei!) sagten wir zu und die Tür schloss sich hinter uns.

Ein großer *Hof* (двор) nahm uns auf. Die gesamte Fläche war von einem kühlenden alten Weinstock überrankt. Die Weinreben hatten in diesem subtropischen Klima längst ausgetrieben. Wir konnten erahnen, wie schwer die reifen *Trauben* (виногра́д) herabhängen und zum Pflücken verlocken würden.

Der Mann begann zu erzählen. Wir unterhielten uns auf Russisch, sein Russisch war sehr gut. Die Einheimischen sprechen freilich untereinander gewöhnlich usbekisch. Heute lernen auch die hier lebenden Russen notgedrungen diese Sprache.

«У меня́ де́сятеро[18] дете́й.» („*Ich habe zehn Kinder.*") Das war das erste, was Ahmed uns erzählte. Ein Ruf, und schon standen alle *Kinder* (де́ти) aufgereiht wie die Orgelpfeifen vor uns. Ich musste unwillkürlich an die „russische Orgel" denken. In den Zeiten der Leibeigenschaft, die in Russland 1861 abgeschafft wurde (in Frankreich dagegen schon 1789), war es, so sagt man, Brauch, dass statt eines richtigen Chores die leibeigenen Bauern in Reih und Glied zu stehen hatten und jeder nur einen einzigen Ton behalten und diesen immer dann und so lange singen musste, wie der Dirigent auf ihn wies.

Nach der Vorstellung seiner Kinder (hatte er keine Frau?) zeigte uns der Hausherr bereitwillig die rund um den Hof angeordneten *Zimmer* (ко́мнаты). *Das Schlafzimmer* (спа́льня) war an den Wänden mit dicken, bunten Teppichen behängt, die Zimmerdecke so farbenprächtig wie ein usbekisches Kleid bemalt – Ahmeds ganzer Stolz. Denn sie war ebenso das Werk seiner geschickten Hände wie eine hübsche geschnitzte Holztruhe für das Bettzeug. Er hatte überhaupt viel selbst gemacht, ein richtiger ма́стер на все ру́ки (wörtlich: *ein Meister auf allen Händen,* d. h. *Gebieten*).

18 Das Zahlwort де́сятеро (*zehn*) wird nur mit einigen männlichen Substantiven, die Personen bezeichnen, verwendet. Ansonsten benutzt man immer das Zahlwort де́сять. Де́ти ist der Plural *Kinder. Das Kind* im Singular heißt ребёнок.

Nach dem Rundgang wurden wir zu Tisch gebeten: «Приса́живайтесь!» („*Setzen Sie sich nieder!*") Sich niedersetzen war wörtlich gemeint. Im Schneidersitz, für uns auf die Dauer anstrengend, nahmen wir zu dritt an einem etwa zwanzig Zentimeter hohen „Tisch" Platz. Erst jetzt durfte sich die Hausfrau für einen Moment zeigen, um uns mit Tee zu bedienen. Sie trug den Gästen zu Ehren eine runde, bunt bestickte und mit Glasplättchen verzierte тюбите́йка (*Tjubitjejka*), die traditionelle Kopfbedeckung der Usbekinnen. Ahmed dagegen hatte auch am Tisch die einfache schwarz-weiße, quadratische Mütze gleichen Namens auf. Sehr bequem zu falten und in die Tasche zu stecken (siehe das Bild auf Seite 260).

Die Tafel war einfach, aber einladend gedeckt. In kleinen Glasschälchen gab es *mehrere Sorten Rosinen* (не́сколько сорто́в изю́ма): braune, schwarze, rote, grüne, gelbe, große, kleine, mit Kernen und ohne Kerne. Dazu schlürften wir heißen schwarzen Tee aus dünnwandigen Schalen mit farbenfrohem Dekor. Eine Stunde des Entspannens, eine Stunde herzlicher Gastfreundschaft. Erst beim Abschied verriet uns der Gastgeber, dass er für einige Zeit in Leipzig gearbeitet hat. Zum Beweis zählte er auf Deutsch von eins bis zehn. Auch sein Vater, erzählte er – für kurze Zeit nachdenklich – sei schon einmal in Deutschland gewesen, im Krieg, als Soldat. Wir fühlten uns ein wenig befangen. Doch als wir sein Heim verließen, rief uns Ahmed freundlich hinterher: „Auf Widderseen!"

Unsere Mitreisenden hatten uns schon gesucht. Man kann sich ja in einer fremden Stadt verlaufen. Wir vermochten sie zu beruhigen. Als wir ihnen über unser kleines Erlebnis berichteten, begannen sie uns sogar zu beneiden.

Die Rückkehr aus den ersten Wüstenstürmen des Jahres und aus dem dreißig Grad heißen Samarkand ins eiskalte Moskau fiel uns nicht leicht. Anfang April waren hier noch *minus 20 Grad* (два́дцать гра́дусов моро́за). Der Appetit war mir durch diesen „meteorologischen Jetlag" leider für drei Tage fast gänzlich vergangen. Dabei kann die russische Küche so schmackhaft sein!

Russische Küche (ру́сская ку́хня) – was ist das? In vielen Kochbüchern finden sich Gerichte wie соля́нка, борщ, пироги́ и пельмéни (*Soljanka, Borschtsch, Piroggen und Pelmeni*). Besteht die Eigenart der russischen Küche vielleicht weniger in den Zutaten und ihrer Verarbeitung, als vielmehr in solchen Feinheiten wie ihrer Aufbewahrung?

Einmal war ich im Winter bei einer Familie auf dem Lande zu Besuch. Es gab herrlich duftende, selbstgemachte russische Pelmeni. Als ich mich wunderte, wie sie so schnell auf den Tisch gekommen waren, deutete mein Begleiter auf das von Eis starrende Fenster. Ich begriff, er meinte den kostenlosen Kühlschrank vor dem Haus. Heute weiß ich, die russische Hausfrau bereitet die kleinen, mit Fleisch oder einer anderen Füllung gestopften Teigtaschen gleich in größeren Mengen vor und friert sie dann auf Vorrat ein. Was ist leichter, als sie einfach nach draußen zu schaffen? Natürlich sorgsam geschützt vor unliebsamen „Besuchern", den Vögeln. Oder macht das die russische Küche aus? Echter *Kaviar* (икрá), *Stör* (осётр), der den Rogen dazu liefert, *russischer Wodka* (рýсская вóдка, zum Beispiel «Столúчная», also *„hauptstädtischer"*), *grusinischer Wein* (грузúнское винó) oder *armenischer Kognak* (армя́нский конья́к, z. B. der teure «Арарáт» (*„Ararat"*), so benannt nach dem sagenumwobenen Berg im Kaukasus, auf dem nach armenischem Glauben die Arche Noah gelandet sein soll) – sie alle haben ihre *Liebhaber* (любúтели). Aber das kann doch nicht schon alles sein!

Sie kennen sicher den uralten slawischen Brauch, Gästen *Brot und Salz zu überreichen* (преподносúть хлеб-сóль). Diese Tradition bleibt meist speziellen Anlässen vorbehalten, wie herausragenden Familienereignissen, besonderen Begegnungen, folkloristischen Veranstaltungen und politischen Empfängen. Und doch kann er Ihnen auch im Alltag begegnen.

In einem früheren Kapitel habe ich bereits *Woronesh* (Ворóнеж) erwähnt. Bis Zar Peter I. Sankt Petersburg und seinen Seehafen errichten ließ, war diese Stadt seit dem 17. Jahrhundert das Zentrum des russischen Schiffbaus gewesen. Ihre Einwohner erinnern sich dieser „goldenen Zeiten" unter den heutigen Verhältnissen besonders gern. In dieser Stadt also empfingen mich einmal Freunde bei unserer ersten Begegnung in ihrer kleinen Zweizimmerwohnung tatsächlich mit Brot und Salz. Lauschen Sie unserer Unterhaltung!

Die Gastgeber öffnen weit die Tür und fordern mich auf einzutreten: „*Kommen Sie bitte herein! Sie sind herzlich bei uns willkommen!*“ («Входи́те, пожа́луйста! Добро́ пожа́ловать к нам!») In der guten Stube reichen sie mir *einen runden Laib Brot* (карава́й хле́ба) auf einem schwarz-rot bestickten Leinentuch. Ich breche *ein Stückchen Brot* (кусо́к хле́ба) ab, tunke es in das Salz und bedanke mich: «Большо́е вам спаси́бо за тёплый приём!» („*Vielen Dank für Ihren herzlichen Empfang!*“) Über mein kleines Gastgeschenk freuen sich die Gastgeber. Aber wichtiger ist es ihnen mir stolz ihre hübsch eingerichtete Wohnung zu zeigen. Die russische Folklore gefällt mir. Auch das hübsch bemalte *Salznäpfchen aus Chochloma* (хохломска́я соло́нка), mit dem sie mich begrüßt hatten, gefällt mir außerordentlich gut. Aber ich hüte mich dies zu äußern. Die liebenswürdigen russischen[19] Gastgeber würden es mir sofort schenken wollen.

Die Produkte aus Chochloma sind weltberühmt. Der kleine Ort *Chochloma* (Хохлома́) liegt in Zentralrussland, etwa 400 km nordöstlich von Moskau. Erst im 18. Jahrhundert entstand hier die Kunst, *aus Holz* (из де́рева) Gefäße, Gabeln, Löffel, Schatullen und andere Gebrauchsgegenstände herzustellen und nicht nur schlechthin bunt zu bemalen, sondern zu „vergolden“. Die Technik, eine goldähnlich glänzende Farbe nach alten Rezepten mit Mixturen auf Holz aufzutragen, ähnelt dem in der Ikonenmalerei verwendeten Verfahren. Die kunstvolle Verzierung der dörflichen Hausgeräte mit dieser und anderen Farben, vorwiegend schwarz und rot, beherrschten jedoch nur die Künstler dieser Gegend. Sie gaben ihr Wissen und Können von Generation zu Generation weiter. Erzeugnisse aus Chochloma sind unverwechselbar und von großem künstlerischen Wert - wenn es nicht Serienware ist. Denn heute wird am Fließband produziert. In Moskau, *in der Petrowka*

---

19 Apropos „russische“ Gastgeber. Erst viel später erfuhr ich zufällig, dass der Gastgeber nicht Russe war, sondern *Jude* (евре́й, nicht das abwertend gemeinte жид), weshalb er - selbst heute noch - immer wieder einmal offenem oder verstecktem Antisemitismus ausgesetzt ist.

(на Петро́вке), einer Straße, die unmittelbar vom Roten Platz abgeht, werden im Ausstellungszentrum «РОСИСО» („ROSISO“) wundervolle Exemplare dieser Kunst gezeigt.

Genauso berühmt sind die kostbaren Erzeugnisse aus einem anderen Ort. *Palech* (Па́лех) ist ein kleines Dorf nordöstlich von Moskau, *Gebiet Iwanowo* (Ива́новская о́бласть), aber ein großes *Zentrum der Miniaturmalerei* (центр миниатю́рной жи́вописи). Der Ort war seit dem 18. Jahrhundert bekannt für seine hervorragenden Ikonen, aber wegen der religiösen Thematik dieser Heiligenbilder wäre diese Kunst im kommunistischen Sowjetstaat beinahe untergegangen, hätten die Künstler nicht stattdessen die Lackmalerei auf andere Objekte übertragen. So werden hier noch heute Schachteln, Dosen, Teller und andere Gegenstände aus verfestigtem Papiermaché in komplizierten Arbeitsgängen mit Lackschichten überzogen und schließlich kunstvoll mit Szenen aus russischen Märchen, dem bäuerlichen Leben und auch wieder mit religiösen Motiven bemalt. Benötigen Sie vielleicht *ein Weihnachtsgeschenk* (рожде́ственский пода́рок) oder *ein Geburtstagsgeschenk* (пода́рок к дню рожде́ния)? Unter dem Stichwort „Kalinka“ finden Sie *russische Souvenirs* (ру́сские сувени́ры) im Internet zum Erwerb in Deutschland, auch z. B. die beliebten, hübschen Tonfiguren aus Dymkowo und andere folkloristische Kostbarkeiten. Aber das Beste ist natürlich, Sie reisen selbst dorthin. Manche Reisebüros bieten Abstecher in die Zentren der russischen Volkskunst an.

Doch zurück zum Thema unseres Kapitels, dem Essen.

Ein ausgedehntes russisches *Festmahl* (пир) ist schon etwas ganz Eigenes. *Die Vorspeise* (заку́ска) macht – wie der Name sagt – auch in Russland den Anfang. Заку́ски (*Vorspeisen, Imbisshappen*) können, je nach der Saison, ganz verschiedener Art sein:

Salat (сала́т), *eingelegte Gurken oder Tomaten* (марино́ванные огурцы́ или помидо́ры), *Fisch* (ры́ба), *Kaviar* (икра́), *Schinken* (ветчина́), *Oliven* (масли́ны[20]), *Käse* (сыр) und natürlich *Brot*

20 Das Wort ist abgeleitet von ма́сло (Öl). Im Deutschen, das das Wort aus dem Lateinischen entlehnt hat, und im Russischen, wo das Wort nach dem lateinischen Vorbild übersetzt wurde, heißen die Oliven also gleichermaßen „Öl“früchte, denn sie stammen ja vom Ölbaum und Öl wird aus ihnen gepresst.

(хлеб) dazu. Ein altes russisches Sprichwort mahnt: Плох обе́д, е́сли хле́ба нет. (*Das ist ein schlecht Gericht, dem es an Brot gebricht.*). Aber die Mahnung ist überflüssig. Brot steht auf jedem Tisch. Erwarten Sie aber bitte nicht die vielen Sorten und schon gar nicht Schwarzbrot, wie wir es in Deutschland mögen. Eher das einfache, wohlschmeckende Weißbrot, wenn auch nicht jenes ungesalzene „pane“, das Sie eventuell aus der Toskana kennen.

Haben Sie bei der Aufzählung der Vorspeisen möglicherweise die Wurst vermisst? Über Wurst kann ich nicht viel sagen. Dieselben oder zumindest ähnliche Wurstsorten, wie wir sie kennen, werden heutzutage in jedem russischen Supermarkt angeboten. Vor allem aber *Schinken und Speck* (ветчина́ и са́ло) gibt es in vielen Spezialitäten. Vor dem Beginn der Perestroika jedoch führte die Wurst in der Sowjetunion ein trauriges Dasein. Nur wenige und nicht besonders einladend aussehende dicke Würste lagen in schlecht versorgten Fleischabteilungen. Außerhalb der urbanen Zentren soll das noch heute so sein. Das Wurstmachen war im alten Russland ohnehin weniger verbreitet. Erst deutsche Einwanderer brachten dieses Handwerk mit. So nimmt es nicht Wunder, dass die Deutschen im frühen Sankt Petersburg (siehe Stricker), im Jahr 1789 immerhin bereits mehr als 18 000 Menschen, ein Achtel der Gesamtbevölkerung der damaligen Stadt, zur Unterscheidung von den anderen Nationalitäten als *Wurstmacher, Wurstesser* (колба́сники) bezeichnet wurden. Auch die Wolgadeutschen wurden anerkennend von ihren Nachbarn so bezeichnet (V. E. Salkowa).

Mindestens zwei weitere Vorspeisen darf ich Ihnen nicht vorenthalten: марино́ванные грибы́ (*eingelegte / marinierte Pilze*) und солёная ры́ба (*gesalzener Fisch*).

Солёная ры́ба ist etwas für Liebhaber. Man mag ihn oder lässt ihn. Als einfache und mancherorts einzige Konservierungsmöglichkeit entstanden, finden Sie den in Salz eingelegten und im Freien getrockneten Stockfisch noch heute überall. Jeder ры́нок (*Markt*) oder база́р (*Basar*; dieses Wort ist vor allem im Süden Russlands in Gebrauch) bietet neben allen anderen, hier meist preiswerteren Lebensmitteln auch Stockfisch an. Doch meistens bleiben die Liebhaber dieses Fischs unter sich: Рыба́к рыбака́ ви́дит издалека́. Das Sprichwort heißt wörtlich: „*Der Fischer erkennt den (anderen) Fischer von weitem*" und entspricht etwa der deutschen Redewendung: *Gleich und gleich gesellt sich gern.*

Марино́ванные грибы́ (*marinierte Pilze*) oder солёные грибы́ (*in Salz eingelegte Pilze)* sind eine Delikatesse. Russland ist reich an riesigen Wäldern und ein Paradies für „Pilzjäger". Влади́мир Солоу́хин (*Wladimir Solouchin*, geb. 1924) hat in seinem Buch „*Die dritte Jagd*" («Тре́тья охо́та»; nämlich die dritte nach der Jagd auf Tiere und der auf Fische) kenntnisreich beschrieben, wie russische Menschen mit der Natur und von ihr leben und wie die vielen Pilzarten zubereitet werden können. Das Buch gibt es auch in deutscher Übersetzung. Wenn Sie *ein Pilzliebhaber* (грибни́к) sind und die eine oder andere *Pilzstelle* (грибно́е ме́сто) kennen, lesen Sie es! Ich kann und will Ihnen nicht mehr von diesem Buch berichten. Denn diesem herrlichen Lesevergnügen möchte ich nicht vorgreifen.

Die Vorspeise – das ist eigentlich kein „Essen", sondern ein nettes Gespräch, während dessen die Gesprächspartner sich zwanglos bedienen, ganz wie die Spanier ihrer „tapas". Der Aufforderung: «Угоща́йтесь, пожа́луйста!» („*Bedienen Sie sich bitte!*") bedarf es dabei nicht. Ein Plauderstündchen kann auf diese Weise bei der Vorspeise rasch vergehen: вре́мя лети́т (*die Zeit fliegt*), wie die Redewendung sagt.

Währenddessen wird *die Ehefrau* (жена́) – oder vielleicht ihr kochender *Ehemann* (муж)? – *das erste Hauptgericht* (пе́рвое блю́до) zubereitet haben. Die Dame des Hauses hat sich extra schön gemacht. Russische Frauen (nur sie?) sind sehr zu haben für kräftig geschminkte Lippen, für verführerische süßliche Parfüms und goldene Ringe. In vielen Gesichtern blitzen Goldzähne. Schon sehr kleine Mädchen tragen stolz ihre Ohrringe und rosa Schleifchen im Haar. Junge Frauen (und Männer) schließlich haben längst entdeckt, dass *Piercing* (пи́рсинг) und *Tattoo* (татуиро́вка) „in" sind.

Das Essen beginnt. Hoffnungsvoll harrt die Hausfrau eines Lobs ihres Mannes gegenüber dem Gast: «Моя́ жена́ отли́чно готóвит.» („*Meine Frau kocht ausgezeichnet.*“) Der charmante Gast wird erwartungsgemäß komplimentieren: «Как вкýсно! Э́то óчень вкýсно!» („*Wie delikat! Das schmeckt aber sehr gut!*“) Er wird wohl kaum einen Grund haben hierbei unehrlich zu sein. Und für spätere Gelegenheiten merken wir uns vor: Wenn *der Hausherr einen Toast ausbringt* (хозя́ин произнóсит тост), dann kommen darin nicht nur der herzlich willkommene Gast, seine Größe, Stärke oder Schönheit und natürlich die Freundschaft vor, sondern es ist durchaus Sitte (wahrscheinlich von den Kaukasiern so übernommen), auch das eigene Haus, die eigene Frau oder zumindest alle Frauen zu lobpreisen. Also dann, „*Prost!*“ («За здорóвье!»).

Das erste Gericht könnte *eine Suppe* (суп) sein. Starre Regeln gibt es schon lange nicht mehr. So wie Ihnen im Restaurant *die Speisekarte* (меню́) *russische, ukrainische, kaukasische, europäische, asiatische und andere Gerichte* (рýсские, украи́нские, кавкáзские, европéйские, азиа́тские и други́е блю́да) oder *ein Menü* (меню́) anbietet, so kreiert die Hausfrau jeden *Gang* (блю́до), jedes *Gericht* (ebenfalls блю́до) auf ihre ganz eigene, schmackhafte Weise.

Haben Sie soeben den „falschen Freund“ entlarvt? Меню́ heißt nicht nur *Menü* (auf dem PC wie beim Essen die Speisenfolge), sondern auch *die Speisekarte*. Für *Gang* und *Gericht* gibt es ebenfalls nur ein Wort: блю́до. Wegen des sächlichen Geschlechts dieses Worts sind die Gänge im Russischen folgendermaßen nummeriert: пéрвое, вторóе, трéтье. Nach der Vorspeise gibt es deshalb *als ersten, zweiten, dritten Gang* (на пéрвое, на вторóе, на трéтье) ... lassen wir uns überraschen.

На пéрвое (*als ersten Gang*) – eine Suppe. Bei der Suppe waren wir oben schon einmal angelangt. Deshalb nun endlich: «Прия́тного аппети́та!» („*Guten Appetit!*“).

Lassen wir uns einige Suppen munden! Da ist zunächst die schon erwähnte соля́нка (*Soljanka*). Sie ist eigentlich eine Bauern- oder Arme-Leute-Suppe. Mein Großvater aß für sein Leben gern „Wassersuppe“, d. h. Knoblauch mit etwas Fett in Wasser gekocht und altbackenes Brot eingebrockt. Ähnlich einfach war ursprünglich die соля́нка. Das Wort ist abgeleitet von селяни́н (*Dörfler*), meinte also die einfache bäuerliche Suppe. Davon war schon im Kapitel 2 die Rede. Heute ist die Soljanka zwar von gehobener Qualität, aber blättern Sie in hundert Kochbüchern und Sie werden sehen, das Grundprinzip bleibt gleich. Man verkocht *Tomaten* (помидо́ры) sowie *Fisch* (ры́ба) oder *Fleisch* (мя́со) mit dem, was im Haushalt da ist und was die Jahreszeit hergibt. Das Wort помидо́ры für die in ertragreichen Anbaugebieten Mittel- und Südrusslands „Kindskopf groß" werdenden *Tomaten* ist übrigens erst im 19. Jahrhundert – gemeinsam mit der Frucht – über Frankreich aus dem Italienischen entlehnt worden: pomi d'oro (was wörtlich eigentlich „*goldene Äpfel*" bedeutet). Womit bewiesen wäre, dass die Soljanka, wie wir sie heute kennen, trotz ihres älteren Namens erst seit etwa zweihundert Jahren in Russland bekannt sein kann.

In Deutschland ist die мясна́я соля́нка (*Fleischsoljanka*) weit verbreitet, wenn auch in schlechten Gaststätten manchmal kaum noch als solche zu identifizieren. In Russland dagegen wird oft und gern auch ры́бная соля́нка (*Fischsoljanka*) gekocht. Zu allen Suppen reicht man in Russland übrigens Weißbrot.

Eine köstliche Suppe ist *der Borschtsch* (борщ). Er ist seiner Herkunft nach ein ukrainisches Gericht, aber auch bei Russen sehr beliebt. Das Wort борщ für die Suppe stammt im Übrigen von der gleichnamigen Bezeichnung für den *Bärenklau*, ein Fingerzeig auf ihre Zubereitung in früheren Zeiten. Borschtsch ist Geschmackssache. Nicht jeder mag Rote Bete. So hat das Sprichwort Recht: о вку́сах не спо́рят (*über Geschmack lässt sich nicht streiten*; interessanterweise verwendet das Russische hier den Plural: о вку́сах – *über Geschmäcker*). Aber die по вку́су (*je nach Geschmack*) klare oder eingedickte, kräftig gewürzte rote *Suppe* (суп) mit Fleischeinlage kann о́чень вку́сный (*sehr schmackhaft*) sein.

Betrachten wir kurz die gerade verwendeten Wörter! Das Adjektiv вку́сный ist wie *die Suppe* суп im Russischen männlich, deshalb heißt es: вку́сный суп (*schmackhafte Suppe*) oder суп вку́сный (*die Suppe ist schmackhaft / schmeckt gut*). Das Wort вкус (*Geschmack*) ist ebenfalls mehrfach gefallen. An ihm erkennen Sie, wie leicht es ist ein Adjektiv zu bilden. Sie fügen dem männlichen Substantiv einfach die Silbe «-ный» hinzu (genauer betrachtet, besteht sie aus dem Suffix «-н-» und der männlichen Adjektivendung).

Щи из капу́сты (*Schtschi aus Weißkraut*). Die Schwierigkeit bei dieser Krautsuppe beginnt schon mit dem Wort selbst. Die Aussprache des Konsonanten «щ» bereitet jenen einige Mühe, die die unglückliche Verdeutschung des kleinen Worts mit sieben lateinischen Buchstaben „auf einen Streich" nachzusprechen versuchen: sch-t-sch und dann den Vokal -i, was fast an „Hatschi" erinnert. „*Gesundheit!*" («Бу́дьте здоро́вы!»), möchte man beinahe sagen.

Sie können schon mehr oder weniger gut Russisch. Sie werden also gelernt haben oder noch lernen, dass die Aussprache viel einfacher und vor allem lautgetreuer zu bewerkstelligen geht. Der Laut «щ» ist in der russischen Aussprache ein und nur ein Laut. Ihre Lippen sind bei der Artikulation dieses Konsonanten nicht gerundet wie bei „schön" oder vorgestülpt wie beim Aussprechen des Worts „Schuh", sondern breit gezogen wie bei Ihrem schönsten Lächeln, noch breiter als beim Wort „Ski". Das in unserem Beispiel folgende «и» hilft Ihnen dabei. Dann halten Sie den Laut „sch" [ʃ] bewusst lange an [ʃʃʃ]. Sie können, müssen aber nicht, ein kurzes „t" in der Mitte sprechen: [ʃʧ]! Probieren Sie einmal! Klappt es? Bei allen Ausspracheübungen ohne Lehrer gilt der Rat: *Schauen Sie in den Spiegel!* (Смотри́те в зе́ркало!) Nicht vergessen: Die Lippen spreizen!

Doch zurück zur Suppe. Gut zubereitet, ist щи из капу́сты (*Schtschi aus Weißkraut*) eine wohlschmeckende Suppe. Auch *der Knoblauch* (чесно́к) hat seinen Platz in ihr. Doch bitte, die russische Küche besteht nicht nur aus Knoblauch! Diese Knolle wird wohl von vielen Russen liebend gern gegessen, und bei manchem ist er auch zu riechen. Aber an der ganzen Geschichte ist mehr Klischee als Wahrheit. Tatsächlich findet sich in vielen Gerichten, auch in den Suppen, nicht (nur) Knoblauch, sondern für den Gourmet als krönende Abrundung die beliebte смета́на (*Smetana*, eine überaus köstliche gesäuerte Sahne, fett und steif wie Rahm).

Möchten Sie für Schtschi ein Rezept auf Russisch? Bitte schön! Hier *die Zutaten* (соста́в блю́да; eigentlich: *die Zusammensetzung des Gerichts*) für eine Varietät dieser vielseitigen Suppe: *Schtschi aus Sauerampfer und Spinat*.

Щи из щавеля и шпината	***Schtschi aus Sauerampfer und Spinat***
2 л бульóна	*2 l Bouillon*
250 г щавéля	*250 g Sauerampfer*
250 г шпинáта	*250 g Spinat*
0,5 кг картóфеля	*0,5 kg Kartoffeln*
2 срéдние лýковицы	*2 mittelgroße Zwiebeln*
4 столóвые лóжки мáсла	*4 Esslöffel Butter*
2 столóвые лóжки муки	*4 Esslöffel Mehl*
100 г томáта	*100 g Tomaten*
Сметáна	*Saure Sahne*
Я́йца	*Eier*
Зéлень	*Suppengrün*

Der Sauerampfer und der Spinat werden gründlich gewaschen, fünf Minuten blanchiert, dann zur Erhaltung der grünen Farbe kalt abgespült und durch einen *Durchschlag* (russisch дуршлáг; ein weiteres Lehnwort aus dem Deutschen) oder ein *Sieb* (сúто) gedrückt. Die Zwiebel wird zusammen mit dem Mark der Tomaten passiert. Aus dieser Masse wird eine Soße bereitet, indem man das Mehl in Butter anschwitzt und so lange etwas Bouillon hinzufügt, bis die Soße sämig ist. Dann wird das Ganze für 15 bis 20 Minuten zum Köcheln gebracht und nochmals durch ein Sieb gestrichen. In die restliche, kochende Bouillon werden die geschnittenen Kartoffeln, die hergestellte Soße und das grüne Gemüsepüree gegeben und kurz aufgekocht. Je nach Geschmack wird mit Zitronensaft, Zucker und Salz abgeschmeckt.

Vor dem Servieren legt man halbierte hartgekochte Eier in den Teller und garniert mit dem klein gehackten Grün und Smetana. Dazu kann geröstetes Toastbrot gereicht werden. *„Lassen Sie es sich schmecken!“* («Прия́тного аппетúта!»)

Auch in Russland sind Fertiggerichte seit langem bekannt und erlangen in den letzten Jahren immer mehr an Bedeutung. *Suppen* (супы́) aus der Tüte stehen in jedem Laden zur Auswahl.

бульо́н с яйцо́м	*Bouillon mit Ei*
грибно́й суп	vgl. гриб (*Pilz*)
мясно́й суп	vgl. мя́со (*Fleisch*)
овощно́й суп	vgl. о́вощи (*Gemüse*)

Sind Sie nach der Suppe schon satt? Halten Sie sich lieber beizeiten zurück und langen jeweils nur wenig zu!

Ein richtiger russischer *Festschmaus* (пир) dauert sehr lange, vorausgesetzt, der Anlass und die Zeit dafür sind vorhanden. Bei Festlichkeiten nehmen sich die Russen gern ein paar Stunden Zeit für das Essen und – auf keinen Fall zu vergessen – das Trinken. Aber viele Menschen, vor allem *die Geschäftsleute* (бизнесме́ны), werden durch den täglichen Stress zum Konsum von Fastfood in einem der wie Pilze aus dem Boden schießenden Schnellrestaurants und Imbissstände verleitet.

Als zweiten Gang (на второ́е) gibt es Gerichte mit fantasiereichen Namen. (Ich beschränke mich hier auf traditionelle russische Gerichte. Moderne, westlich orientierte Beispiele schlagen Sie bitte im Anhang zu diesem Kapitel nach!)

Вторы́е блю́да из ры́бы	***Fischgerichte***
Котле́та «Влади́мир»	*Fischklops „Wladimir"*
Суда́к отварно́й, соус по́льский	*Zander gekocht, in polnischer Soße*
Ры́ба запечённая, с овоща́ми	*Fisch überbacken, mit Gemüse*

Вторы́е блю́да из мя́са	***Fleischgerichte***
Бифште́кс натура́льный	*Beefsteaks nature*
Котле́та «Не́жность»	*Klopse „Zärtlichkeit"*
Шашлы́к «Нерль»	*Schaschlik „Nerl" (ein Fluss)*
Говя́дина тушёная с гриба́ми	*Rinderschmorbraten mit Pilzen*
Свини́на деликате́сная	*Schweinebraten „Delikatesse"*
Шни́цель из теля́тины	*Kalbsschnitzel*
Ку́рица жа́реная в тома́тном со́усе	*Brathähnchen in Tomatensoße*

Die Wörter гарни́р (*Garnierung, Beilage*), карто́фель oder карто́шка (*Kartoffel*) sind unschwer zu erschließen. Von Interesse ist vielleicht, dass auch der Plural *Kartoffeln* im Russischen durch карто́фель bzw. карто́шка im Singular wiedergegeben wird.

An dieser Stelle darf ich nicht das bekannte „Beef Stroganoff" übergehen. Die Stroganoffs waren die „Fugger" Russlands. Sie waren unermesslich reich, besaßen riesige Ländereien und durften Recht sprechen. Mit Erlaubnis der Zaren befehligten sie sogar eine eigene Kosakenarmee, mit deren Hilfe sie seit 1582 Sibirien erschlossen und dort Menschen anzusiedeln begannen. 1790 traten sie der Zarin Katharina der Großen freiwillig zwölf Millionen Hektar Land ab, etwa ein Drittel des Besitzes der Familie! Aber war es wirklich ein Stroganoff, der das nach ihm benannte Gericht erfand? In der Literatur (siehe Grauls) findet der Leser unter anderem eine Erklärung, die auf einen Koch der Familie verweist. Es bleibt indes unklar, welcher, wann und in wessen Diensten. Das Bœuf „à la Stroganoff" war Ende des 19. Jahrhunderts in Paris offenbar sehr beliebt und soll in gastronomischen Wettbewerben ausgezeichnet worden sein.

Auch котле́ты sind in Russland ein gern gegessenes Gericht. Ihnen, verehrte Leserin oder verehrter Leser, wird es aber wohl nicht so gehen wie dem unfreiwillig witzigen Schüler, der котле́ты einmal mit „Koteletten" übersetzte. Der doppelte Witz daran ist, dass mit котле́ты natürlich auf gar keinen Fall der Backenbart gemeint sein kann, ja nicht einmal die „Koteletts", also Rippenstücke, die der Schüler meinte, sondern *Buletten* aus gehacktem Fleisch, Fisch oder Gemüse, auch *Bratklopse* genannt.

На десе́рт (*zum Nachtisch*) isst man zum Beispiel eingemachte Früchte, Beeren oder Eis. Der dazu verwendete Löffel heißt десе́ртная ло́жка (*Dessertlöffel*). *Er ist größer als der Teelöffel* (она́ бо́льше ча́йной ло́жки; auf Deutsch „*er*", der Löffel, aber auf Russisch „sie", denn ло́жка ist weiblichen Geschlechts), aber *kleiner als ein Esslöffel* (ме́ньше столо́вой ло́жки).

In den beiden letzten Klammerausdrücken begegnet Ihnen eine interessante Eigenheit der russischen Sprache. Nach den Vergleichswörtern бо́льше (*größer, mehr*), вы́ше (*höher*), ме́ньше (*kleiner, weniger*) und anderen steht oft der Genitiv des Substantivs.

Drei Beispiele: Он ждёт бóльше чáса. (*Er wartet länger als eine Stunde.*) Расстоя́ние Москвá-Берли́н бóльше двух ты́сяч киломéтров. (*Die Entfernung Moskau-Berlin beträgt mehr als 2000 km.*) Телебáшня вы́ше цéркви. (*Der Fernsehturm ist größer/ höher als die Kirche.*)

Obwohl diese Bildung des Komparativs im Russischen recht häufig ist (z. B. Михаи́л стáрше Олéга. – *Michail ist älter als Oleg.*), möchte ich Ihnen nicht unterschlagen, dass es auch das Wörtchen чем (*als*) gibt, nach dem der Nominativ folgt: Михаи́л стáрше, чем Олéг. (*Michail ist älter als Oleg.*) Das ist nicht immer die elegantere, aber stets die sprachlich einfachere Ausdrucksweise.

Auch beim Essen kommen uns, wie Sie sehen, so manche Gedanken über die Sprache. Beenden wir das Mahl! Nach einem ausgiebigen Essen trinkt der Russe обязáтельно (*unbedingt*; ein von manchen Russen gern und oft gebrauchtes Wort) Tee. Natürlich ist der Kaffee in Russland heutzutage genauso verbreitet. Aber zum Abrunden des Mahls reicht die russische Hausfrau doch gern Tee und ihre selbst gemachte варéнье (*Warenje*, dick eingekochte Beeren oder Früchte, eine Art Konfitüre).

Trinken wir also zum Schluss, ganz nach russischer Art, чай с варéньем (*Tee mit Warenje*). Der Samowar dampft schon eine Weile ungeduldig. Doch man nimmt sich besser Zeit zum *Tee* (чай; das russische wie das deutsche Wort kommen aus China, wie auch das Getränk). Die auf dem Samowar stehende dickbauchige Kanne ist randvoll mit Teeextrakt gefüllt. Eine Hausfrau, die auf sich hält, hat immer einen Vorrat davon zur Hand. Je nachdem, wie stark wir den Tee mögen, geben wir mehr oder weniger Extrakt in *das Teeglas* (стакáн для чáя). Das siedende Wasser darüber, fertig ist *das Glas Tee* (стакáн чáя). Die Teeschalen oder Teegläser sollten möglichst ausschließlich für Tee benutzt werden. Umso verführerischer duften sie, wenn sich das sprudelnde Wasser in dünnem Strahl in sie ergießt. Auf dem Tisch steht ein hübsches Schälchen fruchtiger Warenje. Wir lassen uns nicht erst lange bitten, löffeln etwas davon in den Tee und schlürfen wohlig das Getränk in uns hinein. Dazu etwas leckeres Selbstgebackenes: чáйное печéнье (*Teegebäck*). Angesichts des zelebrierten Teetrinkens in Russland wundere ich mich aufrichtig, wieso der bekannte Spruch „Abwarten und Tee trinken!“ nicht in der russischen Sprache aufgekommen ist. Hier sagt man stattdessen «Запасёмся терпéнием!», also „*Wappnen wir uns mit Geduld!*“ Ruhe und Geduld tun beim Nachmittagstee wirklich gut.

Der Samowar (самовáр). Er findet sich in der Stadt inzwischen eher *selten* (рéдко), ist auf dem Land aber immer noch *häufig* (чáсто) anzutreffen. In alten Bauernhäusern wird er traditionell als Schmuckstück geschätzt und behütet. Er ist aus Bronze, aus Edelstahl oder verchromt, immer blank geputzt und steht jederzeit zur Nutzung bereit. Berühmt und begehrt sind die golden glänzenden Samoware aus der alten Gebietshauptstadt Tula. Heute elektrisch, früher aber noch mit Holz beheizt, liefert der Samowar eigentlich nur heißes Wasser. „*Selbstkocher*“, wie die wörtliche Übersetzung lautet, ist er im eigentlichen Sinne nicht. Durch den runden oder zylindrischen Körper des Wasserbehälters führt ein Heizungsrohr, auf das die Kanne mit dem Teeextrakt gestellt wird. Fahren Sie einmal mit der Transsibirischen Eisenbahn (siehe Kapitel 9)! Dort wird Ihnen der Tee genau so zubereitet angeboten.

Die Warenje. Das Wort варéнье (вари́ть bedeutet *kochen*) verrät bereits die Art der Herstellung dieser Konfitüre. Die dazu verwendeten Früchte können sein: мали́на (*Himbeeren*), черни́ка (*Heidelbeeren* oder *Blaubeeren*), ежеви́ка (*Brombeeren*), клубни́ка (*Erdbeeren*), брусни́ка (*Preiselbeeren*) oder andere. Alle diese russischen Bezeichnungen für Wald- und Gartenfrüchte sind hier Gattungsnamen. Auch wir gebrauchen in diesem Sinne oft den Singular, z. B. im Satz: Die Erdbeere ist die Königsfrucht unter den Beeren. Darüber hinaus meinen auch die russischen Wörter den Einzelstrauch, während eine einzelne *Beere* ganz allgemein я́года heißt (sic! – die Familiennamen „Jagoda, Jahoda“). Die Einzelbeere der oben aufgezählten Sträucher dagegen erhält eine eigene Bezeichnung: мали́нка (*eine einzelne Himbeere*), клубни́чка (*eine Erdbeere*).

In den russischen Sumpfgebieten häufig ist die bei uns kaum wachsende клю́ква (*Moosbeere*), eine Art Preiselbeere, aber größer und kräftiger im Geschmack. Aus ihr wird eine zum Tee ganz besonders beliebte Warenje hergestellt. Auch herrlich aromatischer *Kisel aus Moosbeeren* (клю́квенный кисе́ль, eine erfrischende säuerliche Fruchtspeise, siehe unten) wird daraus gekocht.

Zum Dessert gibt es aber noch mehr. Stichwort: моро́женое (*Eis*).

Die Vokabel «моро́женое» merken sich alle Kinder gleich im ersten Lernjahr Russisch nur zu gern. Wie es nur kommt? Doch wirklich, haben Sie schon einmal моско́вское моро́женое (*Moskauer Eis*) probiert? Es schmeckt himmlisch! Sahnig leicht, kräftig und mannigfaltig im Geschmack, köstlich auch bei zwanzig Grad Kälte. Ja, ich habe mich nicht verschrieben. Groß und Klein essen Eis in Russland gern auch winters, wenn dicke Eisschollen *die Moskwa* (auch der Flussname ist auf der zweiten Silbe betont: Москва́) bedecken und die ша́пка (*Pelzmütze*; international als *Schapka* bekannt) tief über die Ohren heruntergezogen wird.

Das Wort моро́женое kommt von моро́з (*Frost*). Der gemütliche, rundliche Дед Моро́з (*Väterchen Frost*) im roten Mantel repräsentiert in Russland den lieben, guten Weihnachtsmann, im Gegensatz zu Großbritannien, wo „Jack Frost“ die personifizierte Winterkälte in dürrer Gestalt und mit starren Eiszapfen ist. Von моро́з oder eigentlich dem Verb морози́ть (*einfrieren*) ist wiederum *der Tiefkühlschrank* (морози́льник) abgeleitet, den in weiten Teilen Sibiriens wirklich und wahrhaftig niemand braucht. Die ewig gefrorene Erde kühlt bestens.

Моро́зы стоя́т (wörtlich: *die Fröste stehen*) sagt man, wenn *wochenlang oder monatelang* (неде́лями или месяца́ми) der Frost über Sibirien herrscht. Und das ist *im Land des ewigen Eises* (в стране́ ве́чной мерзлоты́) oft der Fall. Nur die oberen 0,5-5 Meter tauen im Sommer auf. Darunter liegen zum Teil mehrere hundert Meter dicke Schichten gefrorener Erde, Gefrornis, wie der Fachbegriff lautet.

Eis kann im Russischen auf zweierlei Weise verstanden und übersetzt werden: моро́женое oder лёд. Anfänger verlaufen sich immer wieder im Irrgarten dieses „frostigen“ Wortspiels. Beide

Wörter bedeuten *Eis*. Sie werden sagen: „Na, und? Die Inuit (diese Selbstbezeichnung der Eskimo heißt übrigens „*Mensch*") kennen mehr als vierzig verschiedene Bezeichnungen für die unterschiedlichen Zustände des Eises.» Das stimmt gar nicht, sagen die Fachleute. Aber diese zwei „falschen Freunde" gibt es wirklich: Моро́женое und лёд.

«Ско́лько сто́ит по́рция моро́женого?» („*Was kostet eine Portion Eis?*") frage ich *im Eiscafé* (в кафе́-моро́женое). Лёд (*Eis*) dagegen ist das, was sich im tiefsten russischen Winter meterdick auf Flüssen und Seen bildet. На льду́ (*auf dem Eis*) kann man laufen, fahren und arbeiten. Mich gruselt, wenn ich die passionierten Eisangler auf scheinbar brüchigem Eis mit schwerer Technik hantieren oder ganze LKW-Kolonnen auf knackenden und knirschenden Eisschollen den Baikal überqueren sehe. Зи́мники heißen solche Wege, die nur im Winter bei Frost befahren werden können. Mancherorts stellen diese *Winterwege* die einzige kurze Landverbindung dar. Im Sommer geht es nur über das Wasser oder auf kilometerlangen Umwegen.

Lassen Sie uns lieber ins Warme zurückkehren, zum *Nachtisch* (десе́рт). Zum Dessert gehören auch die für die russische Küche typischen süßen Backwaren und ähnliche Leckereien. Es würde hier zu weit führen, dutzende Arten leckeren Gebäcks zu beschreiben. Nennen wir nur zwei: кала́ч (*ein kleines, gekrümmtes Weizenbrot*) und блин (eine Art *Plinse*, ein Eierkuchen aus flüssigem Teig, im Tiegel ausgebacken). Ein altes Sprichwort sagt: Пе́рвый блин ко́мом. (*Die erste Plinse misslingt*, *klumpt zusammen.*). Abgesehen davon, dass diese Redewendung natürlich eine allgemein gültige Aussage angenommen hat („*der erste Versuch schlägt oft fehl*"), können Sie sie nicht auch bestätigen? Haben Sie sich noch nie geärgert, wenn der erste Eierkuchen am Tiegel haftete, weil das Öl noch nicht gleichmäßig verteilt oder nicht heiß genug war?

Der oben schon erwähnte *Kisel* (кисе́ль, bitte achten Sie auf die Betonung auf der zweiten Silbe!) ist eine Süßspeise nicht nur zum Dessert. Ки́слый heißt *sauer*. Kisel ist ein uraltes Rezept für ein mit Stärkemehl angedicktes, säuerliches Fruchtgelee. Wenn Sie nicht das Glück haben, von einer alten russischen ба́бушка (*Oma, alte Frau*) bewirtet zu werden, dann versuchen Sie es – in der heißen Jahreszeit – doch einmal auf dem Basar!

Tiefschwarz gelackter Palech-Teller mit goldgelben Strohintarsien. Ein beliebtes Mitbringsel oder auch ein Geschenk zu festlichen Anlässen.

Unser lang ausgedehntes Essen, besser: eine lange währende, aber hoffentlich kurzweilige Unterhaltung mit mehreren Gängen, geht zu Ende. Auf dem Tisch steht immer noch genug für ein zweites Mahl. Das sind keine „Anstandshäppchen". Überfluss ist ein Zeichen der Gastfreundschaft.

Und doch trägt die rührige Hausfrau immer noch etwas herbei – ihre nach Großmutters Rezept zubereiteten пироги́ oder пирожки́. Beide Worte klingen wie „*Piroggen*". Die пироги́ sind aber die auch in Deutschland bekannten *Blechkuchen*, während пирожки́ die schmackhaften *Pastetchen* sind, das heißt kleine runde Hefeteiglinge, die über einer Füllung zusammengeschlagen und gebacken werden. Die müssen Sie kosten! It's a must, oder – wie wir gerade gelernt haben – auf Russisch: обяза́тельно! (*unbedingt!*). Lassen Sie sich von der Hausfrau *das Rezept* (реце́пт) geben! Wie sie *den Teig* (те́сто) anrührt, knetet und ausrollt, welche *Füllung* (начи́нка) die beste ist, und wie lange die пирожки́ brauchen, bis sie gar sind. Und dann probieren Sie es selbst! «Прия́тного аппети́та!» („*Guten Appetit!*")

Noch eine Frage: Was gab es bei Ihnen heute *zum Frühstück* (на за́втрак)? Bei russischen Kindern war früher *die Kascha* (ка́ша) sehr beliebt, heute drängen sich die Cornflakes auf den Tisch. Овся́ная ка́ша (*Haferbrei*; овёс – *der Hafer*) ist nicht zu verwechseln mit der dünnflüssigen Mehlsuppe, die manch armer Kranker über sich ergehen lassen muss. Ка́ша ist ein wohlschmeckender, süßer Brei, der aus verschiedenen Getreidesorten angerührt werden kann. Häufig, bei uns weniger bekannt, obwohl auch im Angebot, ist *Buchweizen* (гречи́ха). Die гре́чневая ка́ша (*Buchweizenbrei*) wird auch in Schulküchen gekocht. Und für manche Kleinen ist dieser Brei das einzige warme Essen am Tag.

Nun aber genug vom Essen und Trinken. Wir sind mit *Frühstück* (за́втрак), *Mittagessen* (обе́д) und *Abendbrot* (у́жин) versorgt. Widmen wir uns nun den – wie sie früher hießen – „brotlosen" Künsten!

Zum Nachtisch – На десерт (5)

Diesmal soll unser „Nachtisch" wirklich etwas zum Essen bieten. In Kapitel 5 habe ich Ihnen einige traditionelle russische Speisen vorgestellt. Nun folgt ein kurzer Auszug aus einer – wie Sie sehen werden – stärker westlich orientierten *Speisekarte* (меню́) des Jahres 2004, aus der bereits erwähnten Stadt *Woronesh*. Herr Dr. Lutz Kuntzsch, wissenschaftlicher Mitarbeiter bei der Gesellschaft für deutsche Sprache in Wiesbaden, hat sie mir freundlicherweise zur Verfügung gestellt. Воро́неж ist Industriezentrum und Universitätsstadt. Fast eine Million Menschen leben hier. Die internationalen Beziehungen reichen in die ganze Welt. Unter vielen anderen Instituten hat auch die Martin-Luther-Universität zu Halle-Wittenberg rege Wissenschaftsbeziehungen hierher. Entsprechend international ist die Speisekarte.

Салаты и холодные закуски – *Salate und kalte Vorspeisen*

Салат «Парижский» (*Salat nach Pariser Art*)
Салат «Итальянский» (*Salat nach italienischer Art*)
Салат «Греческий» (*Griechischer Salat*)
Сырная тарелка (*Käseplatte*)
Креп (*Crèpes*)

Горячие закуски – *Heiße Vorspeisen*

Ассорти из морепродуктов (*Platte mit Meeresfrüchten*)
Баклажаны (*Auberginen, Eierfrüchte*)
Паста на ваш выбор (*Pasta nach Ihrer Wahl*)

Первые блюда – *Erster Gang*

Уха янтарная (*Fischsuppe „Bernstein"*)
Суп-лапша с курочкой (*Hühnerbouillon mit Nudeln*)
Суп с белыми грибами (*Steinpilzsuppe*)
Окрошка мясная (*Gemüsesuppe mit Fleischeinlage*)

Вторые блюда – *Zweiter Gang*
Стейк из филе семги (*Lachsfiletsteak*)
Форель классическая (*Forelle klassisch*)
Судак «Франсуа» (*Zander „François"*)
Фрикасе из телятины с ананасом
(*Kalbfleischfrikassee mit Ananas*)
Сочный стейк из телятины (*Saftiges Kalbssteak*)
Кролик по-охотничьи (*Kaninchen nach Jägerart*)
Язык с грибами (*Zunge mit Pilzen*)

Фондю (на две персоны) – *Fondues (für 2 Personen)*
Сырное фондю (*Käsefondue*)
Мясное фондю (*Fleischfondue*)

Гарниры – *Beilagen*
Картофель (*Kartoffeln*)
Шампиньоны (*Champignons*)
Овощи на пару (*gedünstetes Gemüse*)

Десерты – *Desserts*
Блинчики «Венский» (*Wiener Eierkuchen*)
Чиз-кейк классический (*Cheesecake klassisch*)
Штрудель (*Strudel*)
Мороженое с орешками и коньяком
(*Eis mit Nüssen und Kognak*)
Торт «Марципановый» (*Marzipantorte*)
Шоколадный бисквит «Ностальжи»
(*Schokoladengebäck „Nostalgie"*)
Вишневое тирамису (*Kirschtiramisu*)

Аперитивы – *Aperitifs*
Перно (*Pernot*)
Кампари Биттер (*Campari bitter*)
Мартини Драй (*Martini dry*)

… und dazu diverse weitere ***Getränke*** (**напитки**) wie
Вино игристое «Советское» (*Schaumwein der Marke „Sowjetskoje“*)
Вина в бокале (*Schoppenweine*)
Белые и красные вина Грузии, Португалии, Франции, Италии …
(*Weiß- und Rotweine aus Georgien, Portugal, Frankreich, Italien …*)
Водка, виски, коньяк, ликеры, пиво, коктейли и другие
(*Wodka, Whisky, Kognak, Liköre, Bier, Cocktails und andere*)

Kapitel 6 – Глава шестая

100 Jahre soll er leben! Сто лет!

Was haben Sie „**an**" Ostern vor? Oder im norddeutschen Raum: Was machen Sie z. B. „**zu**" Pfingsten? Beziehungsweise allgemeiner gefragt: Was machen Sie „**über**" die Feiertage? Drei Fragen, drei Präpositionen. Das Russische hat an dieser Stelle weniger Probleme mit den Fürwörtern. Es gebraucht den direkten Akkusativ: «Как вы прово́дите пра́здники?» („*Wie verbringen Sie die Feiertage?*") Als Antwort auf diese Fragen *können Sie mir einen Brief schreiben* (вы мо́жете написа́ть мне письмо́) oder *mailen* (отпра́вить E-mail / электро́нное письмо́). Eigentlich waren meine Fragen jedoch rhetorisch gemeint und ein „Aufhänger" für die Überlegung: Welche Feste und Feiertage begehen eigentlich die Russen?

Das Wort пра́здник (*Feiertag, Fest*) ist vom Adjektiv пра́здный (*leer, untätig*) abgeleitet. Aber Sie werden sehen, von Untätigkeit kann bei russischen Festen keine Rede sein. Offizielle Feiertage sind auch im russischen Kalender rot eingetragen. Eine ähnlich „griffige" Bezeichnung wie im Englischen „red-letter day" (*der rotgedruckte Kalendertag*) gibt es in der russischen Sprache nicht, stattdessen die klare Aussage, dass dies ein выходно́й день (*Ausgeh-Tag*) ist. In der Russischen Föderation weist der Kalender immerhin zwölf Staatsfeiertage mit festem Datum aus. Die kirchlichen Feiertage sind auch wieder in den Katalog der offiziellen Staatsfeiertage aufgenommen worden. Der Kirchgang zum Sonntag ist für Regierungsmitglieder, Staatsfunktionäre und andere hochgestellte Persönlichkeiten wieder ein Muss. Zu diesen Feiertagen gehören außer Weihnachten auch die перехо́дные пра́здники (*Feiertage mit wechselndem Datum*): Ма́сленица (etwa: *Fastnachtswoche*; ein alter slawischer Brauch zur Austreibung des Winters), Вели́кий пост (*Fastenzeit*) und vor allem Па́сха (*Ostern*). Zählen wir noch die verschiedenen nationalen Feiertage hinzu, so kommen leicht *15-20 arbeitsfreie Tage* (пятна́дцать-два́дцать выходны́х дней) zusammen, in Abhängigkeit von Religion und Region. Wenn offizielle Feiertage auf

Sonnabend oder Sonntag fallen, ist der darauf folgende Montag arbeitsfrei. Sehr angenehm, nicht?

Der 8. März (8 ма́рта, gesprochen: восьмо́е ма́рта; Achtung, ohne Punkt hinter der Zahl) ist als *Internationaler Frauentag* (Междунаро́дный же́нский день) auch in anderen Ländern bekannt. Er gilt im Volk einfach als *der Frauentag* (пра́здник же́нщин). Der in Deutschland als „Tag der Arbeit" begangene 1. Mai wurde in Russland in *Tag des Frühlings und der Arbeit* (Пра́здник весны́ и труда́) umbenannt und gleich auf den *1. und 2. Mai* (пе́рвое и второ́е ма́я) erweitert. Die Männer haben ebenfalls ihren Tag, *den 23. Februar* (два́дцать тре́тье февраля́). Er trägt offiziell den Titel День защи́тников оте́чества (*Tag der Vaterlandsverteidiger*). Zum Ersten Mai verzichtet „*der Kreml*" («Кремль», wie die Regierung der Föderation im Journalistenjargon auch in den russischen Medien heißt) bisher nicht auf *die Militärparade* (вое́нный пара́д), während sich der 23. Februar immer mehr aus einem politischen in einen familiären Feiertag verwandelt hat, den inoffiziellen *Männertag* (день мужчи́н). Er ist allerdings erst seit 1999 *ein arbeitsfreier Tag* (нерабо́чий день). Ein anderer Ausdruck für den letzteren ist свобо́дный от рабо́ты день (man beachte hierbei die Wortstellung: „*freier von der Arbeit Tag*").

Wie ein großes Volksfest feiern die Einwohner Russlands *das Neujahr* (Но́вый год). Die kalendarische Zeitrechnung begann in Russland bereits *gegen Ende des 1. Jahrtausends* (к концу́[21] пе́рвого тысячеле́тия), d. h. zur Zeit der noch in der Kiewer Rus einsetzenden Christianisierung der Slawen. Doch erst *das 16. Jahrhundert* (XУI век, шестна́дцатый век) brachte *den Kalender* (календа́рь) über Westeuropa nach Russland. Das Wort hatte sich aus den römischen calendae entwickelt, und mit ihm die Tradition, das Neujahr besonders zu begrüßen. Doch erst seit den Zeiten Peters I. wird das Neujahr in Russland so richtig ausgiebig gefeiert.

Der oben verwendete Begriff *Jahrhundert* hatte sich zu jener Zeit in den slawischen Sprachen bereits in zwei Wörtern etabliert: век (Polnisch wiek, Bulgarisch век) und столе́тие (Polnisch stulecie, Tschechisch století). Das zweite bedeutet in der Tat „*hundert*

21 Die Präposition «к» in dieser Wendung wird sehr weich ausgesprochen. Bei manchen Muttersprachlern hört sie sich fast an wie „ch" in „machbar", sodass bei ihnen к концу́ (*gegen Ende*) klingt wie [x_kan'tsu].

Jahre“, das erste dagegen, век, hat ein weiteres Bedeutungsfeld: *Jahrhundert, Epoche, Lebensalter, Leben*[22].

Während der Herrschaft der Bolschewiki wurde das säkulare Neujahrsfest in der Sowjetunion zum Ersatz für das politisch ungewollte christliche Weihnachten. In der Russischen Föderation ist Но́вый год (*Neujahr*) deshalb ein tief verwurzeltes Familien- und Staatsfest, mit Geschenken und Überraschungen, mit rauschenden Festen und stillem Gedenken. Da braucht es schon drei Tage, um so richtig zu feiern: *Silvester* (кану́н Но́вого го́да), *den 1. und den 2. Januar* (1 и 2 января́ / пе́рвое и второ́е января́). *Am Silvesterabend* (накану́не Но́вого го́да oder auch в кану́н Но́вого го́да) trifft sich möglichst die ganze Familie. Dieses Fest ist eine der seltenen Gelegenheiten, zu denen vielleicht der Sohn aus dem Tausende Kilometer entfernten Wladiwostok herbeigeflogen kommt, die Tochter aus dem nördlichen Murmansk anreist und auch deren Kinder aus dem Ural herüberfahren, damit sich alle bei ihren Eltern bzw. Großeltern z. B. im zentralrussischen Nishni Nowgorod[23] treffen können. Da gibt es viel zu erzählen und zu feiern. *Gemeinsam mit Freunden und Bekannten* (вме́сте с друзья́ми и знако́мыми) *feiern sie Silvester* (они встреча́ют Но́вый год; eigentlich: *empfangen sie das neue Jahr*).

Neujahr wird auch in Russland ausgelassen gefeiert. *Die Menschen begehen diesen Feiertag* (лю́ди отмеча́ют э́тот пра́здник) nicht nur privat zu Hause, sondern auch in der Öffentlichkeit. Darunter verstehen sie nicht allein *das Feuerwerk* (фейерве́рк; unverkennbar ein deutsches Lehnwort). Auf vielen Plätzen in Stadt und Land steht die рожде́ственская ёлка (*Weihnachtstanne*). Das Substantiv ёлка, eigentlich das „*Fichtlein*“, wird vorwiegend nicht als botanischer Terminus verwendet. *Die Fichte* im Wald heißt ель, *die Tanne* interessanterweise пи́хта (dieses Wort ist offensichtlich verwandt mit dem deutschen Wort Fichte). Die ёлка wird

---

22 Das Wort век wird in der zuletzt genannten Bedeutung z.B. im Sprichwort gebraucht: Век живи, век учись! (Etwa: *Lerne dein Leben lang!*)

23 Zu Sowjetzeiten war die altrussische Stadt nach dem russischen Schriftsteller Maxim Gorki in „Gorki“ umbenannt worden. Seit 1991 hat sie ihren historischen Namen wieder.

zu Neujahr festlich geschmückt und mit bunten Lichtern erhellt. Um sie herum gibt es *ein lustiges Treiben* (я́рмарка; das alte deutsche Wort *Jahrmarkt* oder auch *Rummel*). Hier werden an kleinen Ständen *Süßigkeiten* (сла́дости), *Spielsachen* (игру́шки) und andere *Kleinigkeiten* (ме́лочи) verkauft. Wenn Touristen erwartet werden, wenn eine Folkloregruppe auftritt oder wenn den Feiernden einfach danach zumute ist (und das ist es oft), dann wird *ein Reigen* (хорово́д) rund um den Baum getanzt.

Nur tief gläubige Menschen feiern – nach dem julianischen Kalender – Neujahr noch einmal *am 13. Januar* (13 января́, sprich: трина́дцатого января́). Nach Einführung des neuen Kalenders in Europa durch Papst Gregor XIII. im Jahr 1582 war es nämlich zu einem Datumssprung gekommen. Während das protestantische Deutschland den Gregorianischen Kalender 1700 einführte, geschah dies in Russland erst nach der Oktoberrevolution 1917. Daher der scheinbare Widerspruch, dass die „Oktober“revolution (24./25. Oktober nach dem alten julianischen Kalender) in der UdSSR mehr als siebzig Jahre lang am 7. „November“ (neuer gregorianischer Kalender) begangen wurde.

Die Geburt Christi (Рождество́ Христо́во), also *das Weihnachtsfest*, wird – ebenfalls nach dem orthodoxen julianischen Kalender – am 7. Januar zelebriert, ein weiterer offizieller Feiertag, der sowohl in den Kirchen als auch immer mehr in den Familien begangen wird. Der Weihnachtsbaum setzte sich in der Sowjetunion erst in den 1930er Jahren durch, wenngleich am 1. Januar. Kurz nach der Revolution von 1917 dagegen war sein Aufstellen nicht nur verpönt, sondern wurde sogar streng geahndet.

Im Dezember und Januar (в декабре́ и январе́) ist in Russland des öfteren Festtagsstimmung: Ру́сская зима́ (*der Russische Winter*) wird gefeiert. Die Menschen sind dick vermummt und sehen wie die kugelrunden *Matrjoschkas* (матрёшки) aus. Klirrender Frost treibt Tränen aus Augen und Nasen. Die фо́рточка (*eine kleine Luftluke*) ist der einzige Teil der Fenster, der nicht mit Klebeband verschlossen oder mit Zeitungspapier einigermaßen dicht gemacht wird. Bei „normalen“ Wintertemperaturen von *-20 ° Celsius* (два́дцать гра́дусов моро́за по Це́льсию) und darunter ist es ein verständliches Vergnügen, ja geradezu lebensnotwendig, sich mit Tanz und Wodka aufzuwärmen.

Der bekannte Schriftsteller Andreï Makine, 1957 in Sibirien geboren, seit 1987 in Paris lebend, formuliert das Verhältnis zwischen Wodka und dem harten sibirischen Leben in der Nachbarschaft der schrecklichen GULAG-Lager[24] in seinem Roman „Die Liebe am Fluss Amur" so: „Unser Leben – die Taiga, der Wodka, die Lager – schnitzte (…) Gesichter von wilder Schönheit (…)".

Allerdings sind die Kälte und das harte Leben nicht der einzige Anlass für den exzessiven Genuss von Wodka. *Selbstgebrannten* (самогóн) oder verdünnten Fusel nehmen Männer und Frauen, Junge und Alte zu sich. Trägheit, Armut, Elend, Verzweiflung, Arbeits- und Hoffnungslosigkeit sind mindestens ebenso schuld daran. An vielen Orten sind *Betrunkene* (пья́ные) und *Trinker* (пья́ницы oder алкогóлики) sowie zunehmend *Drogensüchtige* (наркомáны) anzutreffen. Aber keine Angst, für Touristen sind sie in der Regel ungefährlich, wie offizielle Stellen und Touristikunternehmen einhellig versichern. Das kann ich nur bestätigen. Sie sollten sich trotzdem, vor allem in der Nacht, nicht allein in dunkle, einsame Viertel begeben.

Mit Kälte kommen Russen ganz gut zurecht, insbesondere die *Sibirier* (сибиря́кѝ). Der Kältepol der Nordhalbkugel[25] liegt in Russland, *genauer gesagt* (точнée говоря́) bei Oimjakon in Ostsibirien. Hier wurde 1938 eine Tiefsttemperatur von -77,8 °C gemessen! *In Jakutsk* (в Яку́тске), einer der Großstädte an den Ufern der Lena, wurden ebenfalls schon -64,3 °C gemessen. Doch die Einheimischen kommen zurecht, auch ohne die momentan um sich greifende „Wellness-Welle". *Sauna* (сáуна, die trockene finnische Sauna, oder бáня, das russische *Dampfbad*, bei dem sich die Badenden zur besseren Durchblutung gegenseitig mit Birkenruten schlagen), das weit verbreitete *Eisbaden* (плáвание зимóй) und

24 GULAG ist die Abkürzung für Главное Управление Лагерей (*Hauptverwaltung der Straflager*) in der Sowjetunion zwischen 1930 und 1955. Aleksandr Solshenizyn schrieb über diese Lager das beeindruckende Dokumentarbuch „Archipel GULAG".

25 Angabe nach Microsoft Encarta Enzyklopädie 2004.

natürlich *der Wodka* (во́дка) vorher und nachher und auch ohne Bad; all das sind probate Mittel gegen Eiseskälte. Man kann sich an sie gewöhnen – an die Kälte wie an die Gegenmittel.

Ich habe glücklicherweise „ein dickes Fell", wie man so sagt. Ich friere nicht so schnell. Aber minus fünfzig Grad und mehr? In Wladimir, einer 1000 Jahre alten Stadt westlich Moskaus, spielte sich einmal bei immerhin -25 Grad die folgende kleine Szene ab:

Trotz der klirrenden Kälte spaziere ich im offenen Mantel durch den kristallklaren Wintertag. Наш гид (*unsere Reiseleiterin*), sie heißt Ни́на Алекса́ндрова (*Nina Alexandrowna*), wir sollen sie aber „Nina" rufen, weil „ihrr doch nicht haben Vatersname", wie sie uns erklärt, kommt fröstelnd auf mich zu und nickt anerkennend: «Вам не хо́лодно? Нет? – У вас ру́сская душа́!» („*Ist Ihnen nicht kalt? Nein? – Sie haben eine russische Seele!*"). Das ist wahrscheinlich das höchste Lob für einen Ausländer.

Kommen Sie mit! Versetzen wir uns für einen Augenblick in den „Russischen Winter". Wir fahren zur ehemaligen Hauptstadt eines Fürstentums. *Susdal, eine der Städte des „Goldenen Rings"* (Су́здаль, оди́н из городо́в «Золото́го кольца́»[26]), liegt etwa zweihundert Kilometer östlich von Moskau. Früher hatte der kleine Ort von 12 000 Einwohnern mehr als siebzig Kirchen und Klöster. Manche davon sind inzwischen verfallen oder abgerissen. Doch vieles ist gut erhalten und wird in den letzten Jahren immer weiter restauriert. Susdal ist die einzige Stadt Russlands, die komplett unter Denkmalschutz steht. На авто́бусе (*mit dem Bus*), denn eine Bahnverbindung dorthin existiert nicht, dauert die rumpelnde Fahrt durch die schier unendlichen, tief verschneiten Weiten sieben lange Stunden. Es ist *der 24. Dezember* (24 декабря́ oder два́дцать четвёртое декабря́). *Dreißig Touristen aus Deutschland* (три́дцать тури́стов из Герма́нии) sitzen in Gedanken versunken im schaukelnden Bus. Die Dämmerung senkt sich über die Wälder. Alle denken an Weihnachten, an die Bescherung zum Heiligen Abend, an die Lieben zu Hause. Verwundert es, dass plötzlich alle

---

26 „*Goldener Ring*" («Золото́е кольцо́») wird eine Gruppe geschichtsträchtiger altrussischer Städte nordöstlich von Moskau genannt, zu der außer Susdal unter anderem Wladimir, Palech und Sagorsk gezählt werden.

anfangen Weihnachtslieder zu singen? Deutsche natürlich, obwohl es unzählige schwermütige, aber auch lustige russische *Weihnachts- und Neujahrslieder* (рождéственские и новогóдние пéсни) gibt. Die sollten wir später noch zu hören bekommen, während eines Konzerts im ehemaligen Fürstensitz Wladimir.

In Susdal erwartete uns ein Bild wie aus dem russischen Märchenbuch: flache Blockhäuser, manche mit wunderschönen, leider nicht immer gut erhaltenen Holzverzierungen, *Kirchen* (цéркви), *zwei Klöster* (два монастыря́) aus Stein, *ein Kreml* (кремль; dieses Wort bezeichnet das Schloss oder die Festung von Fürsten oder Zaren in vielen Städten), mehrere als Freilandmuseum eingerichtete Herrschaftshäuser mit langer Holztreppe und hölzernen Dachschindeln – alles meterhoch von gleißend weißem Schnee eingehüllt. *Im Schnee* (в снегу́) *auf dem Marktplatz* (на ры́нке), wie erwartet, die hohe ёлка (*Jolka, der Weihnachtsbaum*). Rings um den Weihnachtsmarkt übermannshohe Märchenfiguren aus Schnee und Eis, kleine Buden voller Naschwerk, Spielzeug und Souvenirs. Susdal ist ein Touristenmagnet. Wenn Sie die Gelegenheit haben, schauen Sie sich diese Stadt an, *am besten im Winter* (лу́чше всегó зимóй)!

Am nächsten Tag nehmen wir an der Eröffnung des „Russischen Winters" teil. Er ist *ein Folklorefest* (фольклóрный прáздник) nicht nur für die Touristen, sondern für Jung und Alt aus dem ganzen Ort. Der lustige Петру́шка (*Petruschka*, eine bekannte russische Märchenfigur) eröffnet das Fest *um Punkt 10 Uhr in der Frühe* (рóвно в дéсять часóв утрá). Ganz zünftig kommt er *auf dem Ofen* (на пéчке), die Balalaika schlagend, hereingefahren. Der „fahrende Ofen" ist jedem Kind aus dem Märchen bekannt. Der Ofen, auf dem man liegen kann, ist in manchen Bauernhäusern noch heute ein beliebter Ruheplatz für Jung und Alt. Zusammen mit Petruschka treten Дед Морóз (*Väterchen Frost*) und Снегу́рочка (*Schneewittchen*) mit einem großen Sack voller Geschenke herein. Das Fest kann beginnen!

Ein Folkloreensemble (фольклóрный ансáмбль) in bunten Trachten singt *Volkslieder* (нарóдные пéсни) für Gäste und Einheimische. Ehe wir uns versehen, sind wir untergehakt und mittendrin im *Reigen* (хорово́д), Hand in Hand um die ёлка tanzend. An den Tanz schließen sich lustige Spiele an. Unter anderem das bei uns kaum noch ausgeübte Stangenklettern. Wer mochte es einmal probieren? Es winkten schöne Preise!

Ich musste selbst daran glauben. Aber, es war Winter, ich trug dicke Winterstiefel – wenn auch nicht jene russischen ва́ленки (*Filzstiefel*), und die Kletterstange bestand aus einem dicken, glatten Holzstamm. Egal, ich kletterte so gut ich konnte hinauf. Der Preis lohnte die Mühe: *eine siebensaitige russische Gitarre* (семистру́нная ру́сская гита́ра). Ihre *Stimmung* (настрое́ние; ein Wort, das wie im Deutschen auch *die Laune, die Stimmung* eines Menschen bezeichnet) unterscheidet sich sehr von der spanischen Gitarre. Seither ist jedenfalls *meine kleine Sammlung von Musikinstrumenten* (моя́ ма́ленькая колле́кция музыка́льных инструме́нтов) um ein erinnerungsträchtiges Stück reicher. Neben der Gitarre hängen z. B. eine sibirische *Domra* (до́мра, eine rundbäuchige Laute, welche die Urform der Balalaika war), ein kürbisförmiger usbekischer *Gidschak* (гиджа́к; eine Kniegeige), armenische *Duduki* (дуду́ки; einfache Holzblasinstrumente mit Doppelrohrblatt), die aussehen wie die volkstümlichen russischen *Dudki* (ду́дки) mit ihren weiten Schalltrichtern und quäkenden Stimmen, und eine dreisaitige *Balalaika* (балала́йка), von der noch die Rede sein wird. Ein weiteres beliebtes russisches Instrument ist der klangvolle Bajan, das Knopfakkordeon. Er ist ein Volksinstrument, ebenso wie die oft in der Literatur erwähnte гармо́шка (*Garmoschka*, *Ziehharmonika*), beherrscht mit seiner Klangvielfalt aber auch leicht einen Konzertsaal. Durch Deutschland tourt eine hörenswerte russische Band „Doktor Bajan", die auch dieses Instrument meisterhaft spielt.

Während ich dieses Kapitel schreibe und mich unserer Erlebnisse im „Russischen Winter" erinnere, in dem *Temperaturen von zwanzig bis dreißig Grad Minus* (температу́ры двадцати́-тридцати́ гра́дусов моро́за) keine Seltenheit sind, sitze ich *im Grünen* (wenn ein kleines Grundstück gemeint ist, kann *im Grünen* auch mit на да́че wiedergegeben werden), *bei einer Temperatur von 33 Grad Wärme* (при температу́ре тридцати́ трёх гра́дусов òåïë°). *Was für eine Hitze heute ist!* (Какáя сегóдня жарá стоúт! Auch die Hitze „steht" im Russischen, wie der Frost, siehe Seite 95 im vorangegangenen Kapitel.) Jetzt würde ich gern einen echten Kwas trinken!

Das Trinken kommt bei den Russen *winters wie sommers* (и лéтом и зимóй) nicht zu kurz. „Es muss nicht immer Wodka sein", um das geflügelte Wort des Buchtitels von Johannes Mario Simmel abzuwandeln. Vom russischen Wodka, dem Kognak und dem Sekt habe ich schon geschrieben. Noch nicht erwähnt habe ich, dass auch in Russland gern *Glühwein* (глинтвéйн) getrunken wird, zumindest im Winter. Auch hier bildet *Rotwein* (крáсное винó) die Grundlage. Die südlichen Lagen Russlands geben aber auch vorzüglichen *Weißwein* (бéлое винó). Ich erinnere mich noch gut an Цинандáли (*Zynandali*), einen trockenen und teuren Wein, den wir Studenten aber eben wegen dieser beiden Eigenschaften nicht mochten und deshalb respektlos in „Zyankali" umtauften. Auch der fruchtig-süße *Dessertwein* (десéртное винó) und der *Schaumwein* (игрúстое винó) sind nicht zu verachten.

Kein alkoholisches Getränk im eigentlichen Sinne, aber auch vergoren, ist der russische квас (*Kwas*). Ein deutsches Wort existiert für dieses Getränk nicht. Kwas ist in Polen ebenfalls bekannt. Hier wie da wird er in kleinen Läden, auf der Straße an Ständen, auch aus Ein-Tonnen-Anhängern heraus, für wenig Geld angeboten. In manchen traditionsbewussten oder ärmeren Haushalten wird er noch selbst gebraut. Kennen Sie den so genannten „Holundersekt"? Dieser oder der französische Cidre sind entfernt mit Kwas zu vergleichen. Bei sengender Sommerhitze ein köstliches Erfrischungsgetränk, das mit Malz, Mehl und Brotbrei angesetzt wird, daher auch die Bezeichnung хлéбный квас (*Brotkwas*). Die Russen mögen ihn so sehr, dass sie ihn auch квасóк nennen (mit dem Suffix für die Zärtlichkeitsform, quasi *Kwaslein*).

Die Bildung vieler so genannter Verkleinerungs- oder Zärtlichkeitsformen (Diminutiva) ist in den slawischen Sprachen, auch der russischen, viel weiter verbreitet als im Deutschen. Sie hängen eines der zahlreichen Suffixe, die sich im Russischen für diese Funktion entwickelt haben, an ein Wort, z. B. -ок, -ик oder -ёнок, und schon drücken Sie Ihre nähere, freundlichere Beziehung zum entsprechenden Gegenstand, einem Tier oder einer Person aus. So wird aus сын (*Sohn*) – сынóк (*Söhnchen*), aus нож (*Messer*) – нóжик (*Messerchen*), aus dem gefährlichen *Tiger* (тигр) wird тигрёнок (*das Tigerchen* oder *das Tigerjunge*). Dasselbe morphologische Verfahren wird auf weibliche Nomen angewendet. Die Suffixe lauten dann mit den Endungen z. B. -ка oder -ичка. So wird aus purem *Wasser* (водá) mit Hilfe eines oder mehrerer Suffixe вóдка oder водúчка (*Wässerchen*). Trotz des doppelten Verkleinerungssuffixes im zweiten russischen Wort (водúчка; denn -ик- und -ка- verschmelzen hier zu -ичка-) ist damit nicht der sprichwörtliche „wönzige" Schluck aus dem Film „Feuerzangenbowle" gemeint, sondern eher die von vielen so herzlich geliebten, wesentlich voluminöseren сто грамм (*100 Gramm*).

Die Zärtlichkeitsformen der russischen Vornamen sind genau abgestimmt auf die feinsten Abstufungen der zwischenmenschlichen Beziehungen. Nehmen wir als Beispiel *die weiblichen Vornamen* (жéнские именá), genauer gesagt, einen jener drei, die im Russischen auch als abstrakte Substantive vorkommen: Вéра (*Vera*; вéра – *der Glaube*), Надéжда (*Nadjeshda*; надéжда – *die Hoffnung*), Любóвь (*Ljubow*; любóвь – *die Liebe*). Ist das nicht eine herrlich amouröse Troika russischer Frauennamen? Dazu fällt mir die folgende Lebens- und Liebesgeschichte ein.

Ein Mädchen wird geboren, staatlich und kirchlich getauft als Любóвь Николáевна Толстáя (*Ljubow Nikolajewna Tolstaja*). Ihr erstgeborener Bruder heißt zufällig Лев Николáевич Толстóй (*Lew Nikolajewitsch Tolstoj*, wie sein berühmter Vorgänger, der das historische Romanepos «Войнá и мир» geschrieben hat, in der Übersetzung: „*Krieg und Frieden*"). Das kleine Neugeborene liegt süß und unschuldig in der Wiege. Niemand in der Familie oder in der Verwandtschaft käme auf den Gedanken, das Kindlein Любóвь (*Ljubow*) zu rufen. Selbst ein paar Jährchen später, wenn das kleine Mädchen mit Zöpfchen, Schleifchen an den Zöpfchen und Ringlein in den Öhrchen längst laufen gelernt hat, *ruft man es* (её зову́т) immer noch: «Лю́ся!»[27] („*Ljusja!*“). Wenn es nicht gar so liebevoll klingen soll, weil das geplagte Kind heute in der Grundschule zu lebhaft war und in der sechsten Stunde nicht aufrecht und mit verschränkten Armen an der Schulbank gesessen hat (wie immer noch oft von Lehrern verlangt), dann ruft Mutter sie vielleicht so zur Ordnung: «Лю́ба!» („*Ljuba!*“). Die Schülerin selbst antwortet auf die Frage des neuen Lehrers «Как тебя́ зову́т?» („*Wie heißt du?*“, eigentlich: „*Wie ruft man dich?*“) mit Sicherheit: «Лю́ся.» oder «Лю́ба.» („*Ljusja.*“ oder „*Ljuba.*“).

Wenn sie dann nach ein paar Jahren ihren ersten Freund hat (ich meine па́рень, den *Freund, mit dem sie geht*, also den boyfriend des Englischen, nicht друг – *Freund*, friend, sozusagen „Kumpel“), wenn ihr па́рень sie also in Sankt Petersburg durch den Newski-Prospekt führt, dann flüstert er ihr vermutlich außer anderen windigen Worten zärtlich ins Ohr: «Любу́сик! Я люблю́ тебя́.» („*Ljubusik! Ich liebe dich.*“). Die ewig gleiche Geschichte nimmt ihren Lauf. Bald darauf wird es ernst. Unsere Лю́ба (*Ljuba*) geht mit ihrem Ко́ля (*Kolja*, eine Zärtlichkeitsform von Никола́й – *Nikolai*) zum Standesamt. *Das Standesamt* heißt auf Russisch ЗАГС. Das ist eine Abkürzung. Ersparen Sie mir, die umständliche Amtsbezeichnung zu erläutern, sie ist lang und in der Umgangssprache kaum gebräuchlich. Und *Verliebte* (влюблённые) haben ohnehin nie Zeit. Ihnen kann es nicht schnell genug gehen. *Auf dem Standesamt* (в ЗАГСе) verwandelt sich die junge Frau aus ehemals Лю́ся, Лю́ба, Любу́сик (Ljusja, Ljuba, Ljubusik) wieder zurück in die „Amtsperson“. Da Ко́ля (*Kolja*) mit vollem Namen Никола́й Тимофе́евич Пу́тин (*Nikolai Timofejewitsch Putin*) heißt, ist Ljubas Familienname ab sofort Пу́тина (*Putina*, die weibliche Form des Familiennamens). Jede Ähnlichkeit mit lebenden Personen ist übrigens rein zufällig. Die junge Frau heißt demzufolge nun mit vollem Namen Любо́вь Никола́евна Пу́тина (*Ljubow Nikolajewna Putina*), у. Толста́я (у. steht für урождённая – *geborene*).

27 Ich beschränke mich hier auf eine Auswahl von Kosenamen. Es gibt zu Любовь noch weit mehr Diminutiva, wie Любава, Любаха, Любаша, Любуся, Буся u. a.

Auch in Russland nimmt *die Ehefrau* (супру́га) traditionell den Familiennamen ihres Mannes an. *Das Familiengesetzbuch der Russischen Föderation* (Семе́йный ко́декс Росси́йской Федера́ции) lässt aber zu, dass *die Eheleute* (супру́ги) Doppelnamen annehmen oder dass *der Ehemann* (супру́г) den Familiennamen seiner Frau als gemeinsamen Namen akzeptiert. Ljuba, unsere hübsche *Braut* (неве́ста; Smetanas bekannte Oper heißt auf Russisch «Про́данная неве́ста» – „*Die verkaufte Braut*"), und Kolja, der stolze *Bräutigam* (жени́х; von жена́ – *Ehefrau* abgeleitet, also der, welcher sich eine Frau nehmen möchte), die beiden *heiraten* (они́ же́нятся) oder – formeller – *sie schließen die Ehe* (они́ заключа́ют брак). Das Wort брак ist doppeldeutig. Es heißt *Ehe*, aber fatalerweise auch *Ausschuss, Ausschussware*. Hoffentlich ist das kein schlechtes Omen für unsere beiden. Denn sie sind jetzt *ein Ehepaar* (супру́жеская па́ра) bzw. *Eheleute* (супру́ги). – Die Geschichte kann von vorn beginnen.

Von den Feiertagen waren wir zum Trinken, von da zum Kwas, über кваcо́к (das „*Kwaslein*") zu den Diminutiva und schließlich zur Heiraterei gekommen. Wieder steht ein Fest an. Kehren wir deshalb noch einmal zurück zu den Feiertagen. Wenn Sie mitgezählt haben, es fehlen noch mindestens sechs Feiertage. Auch Russen können *jemanden in den April schicken* (подшу́чивать / подшути́ть[28] над ке́м-то пе́рвого апре́ля). Der День сме́ха (*Tag des Lachens*), *der 1. April* (пе́рвое апре́ля), ist ein Feiertag, an dem sich alle einen schönen Tag machen. Natürlich kommen *die Scherze* (шу́тки) mit anderen und über andere nicht zu kurz dabei. *Witze* (шу́тки; Sie merken, das russische Wort hat zwei Bedeutungen) erzählt man sich an diesem Tag besonders gern. Die intelligentere Schwester des Witzes, *die Anekdote* (анекдо́т), ist natürlich ebenfalls nicht unbekannt.

Die restlichen Feiertage sind politisch motiviert, gehen zum großen Teil auf Sowjetzeiten zurück, werden aber nichtsdestoweniger kräftig gefeiert.

---

28 Eine Eigenheit des Russischen, wie aller slawischen Sprachen, besteht darin, dass sie für fast jedes Tätigkeitswort eine so genannte unvollendete und eine vollendete Verbform aufweist. Eine jede von ihnen modifiziert die Grundbedeutung des Verbs in bestimmter Weise. Mehr dazu siehe Seite 157ff.

12 апреля (*12. April*)
День космона́втики и авиа́ции – *der Tag der Kosmonautik und der Luftschifffahrt* („Kosmonautik" im gewollten Gegensatz zu „Astronautics" in den USA. Die Raumfahrer heißen космона́вты (*Kosmonauten*), in Amerika астрона́вты (*Astronauten*) und seit kurzem in China тайкона́вты (*Taikonauten*);

9 мая *(9. Mai)*
День побе́ды – *der Tag des Sieges*, an dem des Sieges der Roten Armee (und der Alliierten) über den deutschen Faschismus gedacht wird;

12 июня (*12. Juni*)
День прия́тия Деклара́ции о госуда́рственном суверените́те Росси́йской Федера́ции – *der Tag der Annahme der Deklaration der staatlichen Unabhängigkeit der Russischen Föderation* im Jahre 1991;

7 ноября (*7. November*)
День согла́сия и примире́ния – *der Tag der Harmonie und friedlichen Eintracht*, der 1996 anstelle des Tages zur Erinnerung an die Große Sozialistische Oktoberrevolution eingeführt wurde.
Der Tag der „Oktober"revolution wurde im „November" begangen, eine Folge des Kalenderwechsels unter Papst Gregor XIII. (*s. oben* – см. вы́ше, sprich: смотри́ вы́ше, auf Seite 105);

12 декабря (*12. Dezember*)
День Конститу́ции Росси́йской Федера́ции – der 1996 eingeführte *Tag der Verfassung der Russischen Föderation*, an dem unter anderem auch die Wiedereinführung der Farben der alten russischen Staatsflagge (Rot und Weiß) gesetzlich verankert wurde. Im Dezember 2000 wurde die Musik der Hymne der Union der Sozialistischen Sowjetrepubliken, mit einem neuen Text, erneut zur Staatshymne erklärt; ein Vorgang, den der Literaturnobelpreisträger Alexander Solshenizyn scharf kritisierte, weil die sozialistische Hymne seiner Meinung nach auch für Unterdrückung und Stalinismus gestanden hat.

Ein weiteres gern gefeiertes Fest ohne feststehendes Datum ist die oben erwähnte Мáсленица (abgeleitet von мáсло – *Butter, Fett*; weshalb diese Fastnachtswoche auch „*Butterwoche*" übersetzt wird). Die traditionelle Speise zu dieser Festwoche sind мáсленичные блины́ (*Butter-Bliny*, wörtlich: „*Butterwochen-Bliny*", mit Butter gebackene Eierkuchen). Die schmelzende Butter verabschiedet den scheidenden Winter und leitet den Frühling ein. *Konzerte* (концéрты), *Jahrmärkte* (я́рмарки), *Festivals* (фестивáли) gehören ebenso zum Brauchtum wie die charakteristischen alten russischen Originale: der Балагáнный дед (der die Balalaika zupfende *lustige Alte*; die russische Wortverbindung ist zusammengesetzt aus *Spaßmacher* und *Großvater*), die personifizierte Мáсленица selbst (*die Masleniza*, eine Schönheit aus dem Ort) sowie der verkleidete медвéдь (*der Bär*), der aus dem Winterschlaf kommt und die kalte Jahreszeit vertreiben soll.

Schließlich darf Пáсха (*Ostern*) in der Aufzählung der kirchlichen Feiertage nicht fehlen. Das Wort пáсха kommt aus dem hebräischen „Passah / Pessach", ein religiöses Fest, das bei den Juden zur Erinnerung des Auszugs Israels aus Ägypten gefeiert wird. Ostern ist auch in der russisch-orthodoxen Kirche der höchste Feiertag. Das Datum des Osterfests wird nach dem alten julianischen Kalender festgelegt. Leider stirbt so mancher *Brauch* (обы́чай) allmählich aus. So auch der folgende: *Kinder gehen von Haus zu Haus* (дéти хóдят по домáм) und erbitten oder singen um крáшеные пасхáльные яи́чки (*gefärbte Ostereier*). Früher wurde Ostern in Russland drei Tage lang gefeiert, an denen die Festtafel stets gedeckt blieb und immer wieder mit Köstlichkeiten ergänzt wurde. Vor allem ältere Leute gehen noch heute zu Ostern *auf den Friedhof* (на клáдбище) und legen Blumen auf die Gräber ihrer Verstorbenen. Auch на Руси́ (*in der Rus*; wie Russland noch lange nach dem Untergang der Kiewer Rus genannt wurde und wie man es bisweilen noch heute traditionsbewusst bezeichnet) liebten und genossen Kinder und Sammler gleichermaßen die wunderschön verzierten, gefärbten Eier. Der Brauch des Eierfärbens ist hier Jahrhunderte alt, in China reicht er angeblich 5000 Jahre zurück. Die berühmte Petersburger *Kunstkammer* (Кунсткáмера), 1714 als erstes Museum in Russland gegründet, birgt einige der schönsten Erzeugnisse dieser Kunst. Die amerikanische Verlagsfamilie Forbes versteigerte im Jahr 2003 im Auktionshaus Sotheby´s einige ihrer Fabergé-Eier. Diese weltweit bekannten Kreationen wurden im Haus Fabergé Anfang des letzten Jahrhunderts für den russischen Zaren angefertigt. Etwa fünfzig Eier existieren weltweit. Die englische Königin besitzt drei davon. In Russland gibt es heute davon wieder neunzehn, nach einem spektakulären Rückkauf durch einen russischen Großindustriellen auf der eben erwähnten Auktion. Jedes einzelne Exemplar dieser Kunstgegenstände ist Millionen wert!

Slawische Bräuche rund um das Osterei haben sich auch in Deutschland erhalten, und zwar in den sorbischen Gebieten der Nieder- und Oberlausitz rund um die schöne, mittelalterliche Stadt Bautzen. Hier wird die alte Tradition des Eierfärbens mit der Wachstechnik gepflegt. Alljährlich zu Ostern stellt das Museum zu *Budyšin*, wie der Ort auf Verkehrsschildern auch auf Sorbisch ausgewiesen wird, seine sehenswerten Sammlungen sorbischer Ostereier aus.

Wenn Sie russische Kunst und Kultur kennen lernen wollen, ist eine Reise in das Land natürlich empfehlenswert. Aber die russische Kultur hat sich schon seit vielen Jahren immer wieder auf den Weg nach Deutschland gemacht (wie umgekehrt auch). Das deutsch-russische Kulturabkommen vom 16. Dezember 1992 bekräftigte die Zusammenarbeit der beiden Staaten auf den Gebieten Kultur und Bildung ein weiteres Mal.

Kunst und Literatur Russlands und Deutschlands stehen in ständigem Kontakt miteinander. Der Schwerpunkt der Frankfurter Buchmesse 2003 zum Beispiel lag angesichts des wachsenden Interesses an Russland auf der russischen Gegenwartsliteratur. In Berlin fand 2003 die viel beachtete Ausstellung „Berlin – Moskau» statt. In Koblenz wurden russische Exilkünstler mit einer Ausstellung gewürdigt. Frankfurt zeigte im selben Jahr gleich mehrere Ausstellungen: eine über die Beziehungen zwischen Nikolaus II. und Kaiser Wilhelm, eine andere mit Arbeiten moderner russischer Fotografen, und im Museum für angewandte Kunst waren einige der schönsten russischen Bücher ausgestellt. Eine kleine, aber feine Exposition konnte Ende 2003 auf Schloss Friedenstein in Gotha besichtigt werden: «Шедéвры искýсства из Санкт-Петербýрга» („*Kunstwerke aus Sankt Petersburg*"; genauer gesagt, aus der Eremitage).

Vereinbarungen über den Austausch von Studenten und Hochschullehrern gibt es seit langem. Verträge über die gegenseitige Anerkennung von Studiennachweisen und Hochschulzertifikaten sind auf den Weg gebracht. 1998 hat der Deutsche Akademische Austauschdienst an 2500 Studenten und Wissenschaftler aus Russland Stipendien für Studienaufenthalte in Deutschland vergeben. Umgekehrt studieren mit Fördermitteln mehr als 1000 Deutsche an Hochschulen in Russland. Ausdruck der lebendigen deutsch-russischen Hochschulkontakte war zum Beispiel auch die 1999 gezeigte Plakatausstellung russischer Hochschulen in Kiel.[29]

Abschließend eine Bemerkung zur Angabe des Datums. Sie haben bisher mehrere unterschiedliche Datumsangaben in diesem Buch gelesen. Wenn Sie genau hingeschaut haben und das Geschlecht der Substantive und Adjektive bereits unterscheiden können, dann haben Sie festgestellt, dass z. B. *der 1. April* пéрвое апрéля hieß. Das Ordnungszahlwort пéрвое ist eindeutig ein sächlicher Nominativ oder Akkusativ. Aber апрéля, ist das nicht entweder weiblich oder ein Genitiv? Die Lösung ist einfach. Das Datum wird in der russischen Sprache gewöhnlich verkürzt angegeben. Die volle Form lautet: *der erste Tag des (Monats) April* – пéрвое числó апрéля (мéсяца). Das Substantiv числó (*Zahl, Datum*) ist Neutrum, und so auch sein Attribut пéрвое. Das Wort апрéля dagegen ist der zweite Fall von апрéль. «Пóняли?» („*Haben Sie verstanden?*") Übrigens, den Gattungsbegriff *Monat* – мéсяц können Sie, müssen ihn aber nicht in der Datumsangabe verwenden.

Dieses Wort мéсяц greife ich gleich noch einmal auf. Es heißt sowohl *Monat* als auch *Mond*. Eine astronomisch erklärbare Polysemie,

29 Sie erinnern sich der historischen Verknüpfung der Stadt mit den Slawen? (siehe Kapitel 3, Seite 50) Die Christian-Albrechts-Universität Kiel hat auch deshalb - nicht überraschend - seit Jahrzehnten gute Kontakte zu russischen Hochschulen.

die auch die deutschen Wörter erhellt. In alten Märchen liest man von „sieben Monden“, die etwas währte. Für unseren Erdtrabanten hat das Russische außerdem den vielen indoeuropäischen Sprachen gemeinsamen Begriff луна́ (*Mond*). Bei diesem Wort denke ich unwillkürlich an Paul Linckes Operette „Frau Luna“ – und schon kann ich es nicht vergessen und merke mir auch, welches Geschlecht das Wort hat: **die Frau** *Luna* – луна́, also weiblich.

Ein letzter Exkurs zu den Monaten. Zehn russische Monatsnamen enden im Genitiv auf -я, also weich. Sie haben schon einige Beispiele dafür gelesen. Nur zwei scheren aus, weil sie eine harte Endung haben: март (*März*, Genitiv: ма́рта) und а́вгуст (*August*, Genitiv: а́вгуста). Eine kleine Eselsbrücke: Sie brauchen sich nur die zwei „Tanten“ Mart(h)a und Augusta zu merken. Das ist doch leicht zu behalten, пра́вда (*nicht wahr*)?

Ist Ihnen zum Schluss ein kleines Versrätsel gefällig?

Двенадцать братьев,	*Zwölf Brüder,*
Друг за другом бродят,	*Wandern einer hinterm andern,*
Друг друга не обходят.	*Und holt doch keiner den anderen ein.*

Natürlich ist das ein Kinderspiel. Es sind *die zwölf Monate* (двена́дцать ме́сяцев). Der Spaß daran ist, dass Sie das nun auch auf Russisch sagen können.

Weil es auf den letzten Seiten unter anderem um Monate und ums Heiraten ging, soll ein zu beiden Themen passendes Sprichwort unser Kapitel beschließen:

Же́нишься в ма́е – весь век прома́ешься.
Etwa: *Heiratest im Mai, machst alles entzwei.*

(Der Mai ist in diesem Sprichwort der Sorgenmonat. Die Vorräte der Bauern gingen zu Ende, die kommende Ernte war ungewiss.)

Zum Nachtisch – **На десерт (6)**

In diesem Anhang soll es zum einen darum gehen, wie man gratuliert. Der zweite Teil befasst sich mit den Ordnungszahlen und ihrem Gebrauch.

Поздравля́ю! – *Ich gratuliere!*
Die Überschrift zu diesem Thema ist zugleich eine allgemeine Formel, mit deren Hilfe Sie jemandem herzlich gratulieren können: zu jeder Gelegenheit, beim Siezen oder Duzen, förmlich oder zwanglos. Sie reichen freundlich die Hand und sagen: «Поздравля́ю!» oder ein klein wenig netter: «Я поздравля́ю!» Wenn Sie nicht nur in Ihrem eigenen Namen sprechen, dann benutzen Sie die erste Person Plural: «Мы поздравля́ем!» („*Wir gratulieren!*“).

Noch unpersönlicher ist der Glückwunsch: «С пра́здником!» („*(Alles Gute) zum Fest!*“). Diese Wendung unterscheidet nicht einmal mehr zwischen Einzahl und Mehrzahl. So gebräuchlich «С пра́здником!» auch unter den Russen ist, lassen Sie Vorsicht walten! Nicht immer liegt in der Kürze die Würze. Der kurz angebundene Wunsch könnte in einer entsprechend kühlen Situation fast so klingen, als seien Sie nicht mit dem Herzen dabei. Und das würde Ihnen der Freundlichkeit und Herzlichkeit spendende und erwartende Einheimische vielleicht nicht verzeihen.

«С но́вым го́дом!» („*(Alles Gute) zum neuen Jahr!*“) – das ist die am häufigsten gebrauchte, auch auf Glückwunschkarten verwendete Kurzfassung des Wunsches für ein glückliches neues Jahr. Etwas ausführlicher heißt es: «С но́вым го́дом, с но́вым сча́стьем!» („*Neues Jahr, neues Glück!*“) Wer noch herzlicher sein will, sagt oder schreibt: «Я жела́ю тебе / вам всего́ до́брого, ли́чного сча́стья и здоро́вья!» („*Ich wünsche dir / Ihnen alles Gute, persönliches Wohlergehen und Gesundheit!*“). Früher hörte man oft noch den Zusatz: « … и больши́х успе́хов в рабо́те» („ … *und viel Erfolg auf der Arbeit*“).

All diese guten Wünsche können sich auch auf *den Geburtstag* (день рожде́ния) beziehen. Auf der Geburtstagskarte steht dann: «С днём рожде́ния!» („*(Alles Gute) zum Geburtstag!*“) und eventuell die oben angeführte längere Fassung.

Die Ordnungszahlwörter

In den vorangegangenen Kapiteln haben Sie inzwischen schon wiederholt Ordnungszahlen gelesen, vor allem beim Datum. Auf dieses wollen wir uns hier beschränken. Bringen wir also „Ordnung in die Zahlen“!

1. Die Ordnungszahlen, auch Kardinalia genannt, haben die Endung von Adjektiven: -ый, -ий (nur bei der Drei) oder -óй (immer betont). Für die Zahlen *1.-10.* sind das:
пéрвый, второ́й, трéтий, четвёртый, пя́тый, шесто́й, седьмо́й, восьмо́й, девя́тый, деся́тый.

Diese Zahlwörter werden z. B. zur Bezeichnung der Herrscher verwendet: Пётр I (пéрвый), Иван IУ (четвёртый) usw.

Von *11.* bis *19.* lauten die Formen:
оди́ннадцатый, двенáдцатый, тринáдцатый, четы́рнадцатый, пятнáдцатый, шестнáдцатый, семнáдцатый, восемнáдцатый, девятнáдцатый. Sie merken, dass die Betonung in den meisten Wörtern gleich ist. Nur *11.* und *14.* fallen aus dem Schema heraus.

Die Bildung der Ordnungszahlen von *21.* bis *31.* (für die Angabe des Datums) ist denkbar einfach. Sie benutzen die Grundzahl für den Zehner und fügen die Ordnungszahl für die Einerstelle an: двáдцать пя́тый (*25.*), три́дцать пéрвый (*31.*).

Bei der Jahresangabe stehen auch der Hunderter und der Tausender in der Grundzahl. Nur die Einerstelle ist eine Ordnungszahl. Das Erscheinungsjahr dieses Buches ist zum Beispiel *das Jahr 2005*, auf Russisch: 2005 год, gesprochen: две ты́сячи пя́тый год.

2. Die Datumsangabe erfolgt:

– mit der sächlichen Form des Zahladjektivs und dem Genitiv des Monats, zum Beispiel:
Сего́дня 27 апрéля. (*Heute ist der 27. April.*),
gesprochen: … двáдцать седьмо́е апрéля, bzw.
– mit dem Genitiv dieses Zahlworts und des Monats:
Я роди́лся 27 апрéля. (*Ich wurde am 27. April geboren.*),
gesprochen: … двáдцать седьмо́го апрéля.

Beachten Sie bitte, dass die Kardinalia im Russischen nie mit Punkt geschrieben werden!

Kapitel 7 – Глава седьмая

Große Namen machen Geschichte(n)

Dieses Buch ist kein Hörbuch. Aber Sprache muss man sprechen. Können Bücher über Sprache überhaupt ohne Töne und Laute auskommen? Wer eine Sprache lernt, hat ja meist eine Lehrerin oder einen Lehrer, die die Sprache vorsprechen. Wenn nicht, dann vielleicht eine CD zum Lehrbuch. Wo auch das fehlt, umschreiben viele Bücher die Lautung der Wörter und Sätze mit Hilfe einer inzwischen international gebräuchlichen Transkriptionsschrift. Beispiele hierfür finden Sie in diesem Buch vor allem in den ersten Kapiteln.

Musiker benutzen zur Beschreibung von Tönen die ebenfalls internationale Notenschrift. *Können Sie Noten lesen?* (Вы умéете читáть нóты?)

Spielen Sie Gitarre (вы игрáете на гитáре), *spielen Sie Klavier* (вы игрáете на пианѝно) *oder auf einem anderen Instrument* (ѝли на другóм инструмéнте)? Dann haben Sie die Melodie bestimmt erkannt. Das ist „*Peter und der Wolf*" («Пéтя и вóлк»), genauer *das Leitmotiv* (лейтмотѝв; die Herkunft des Worts ist unverkennbar) des kleinen Peter, d. h. noch genauer, der Anfang dieses Motivs. *Sergej Sergejewitsch Prokofjew* (Сергéй Сергéевич Прокóфьев, 1891-1953) hat diese Musik und den Text dazu im Jahr 1936 innerhalb nur einer Woche geschrieben. *Das musikalische Märchen* (музыкáльная скáзка) ist reizend. *Kinder* (дéти)

und *Erwachsene* (взрóслые) lieben es gleichermaßen. Falls Sie die einfache Handlung nicht kennen, hier eine kleine Einführung in das Stück und in den russischen Originaltext.

Peter (im Original wird er Пéтя – *Petja* genannt) ist bei seinem Großvater. *Der Großvater* (дéдушка) warnt ihn, das Grundstück am Wald ja nicht allein zu verlassen: „*Wenn der Wolf kommt, was dann*?" («Éсли волк придёт, что тогдá?») Aber der Bub tut doch, was er nicht soll. Da plötzlich naht in der Tat *der große, graue Wolf* (большóй, сéрый волк). *Die Ente hatte beschlossen im Teich auf der Wiese zu baden*. (Ýтка решúла вы́купаться на лужáйке.) Sie wird geneckt vom Vögelchen auf dem Baum: «Какáя же ты птúца, если летáть не умéешь?» („*Was bist du für ein Vogel, wenn du nicht einmal fliegen kannst?*") «А какáя ты же птúца, если плáвать не умéешь?» – „*Und was bist du für ein Vogel, der nicht einmal schwimmen kann?*", entgegnet schlagfertig die Ente. Als sie den Wolf bemerkt, will die Ente rasch ins Haus fliehen, aber … *der Wolf rennt schneller* (волк бежúт быстрée). Die Spannung wächst. Die Ente wird gefressen. Alle sind aufgeregt. Doch der kleine Peter beweist Mut. Mit Hilfe des Vögelchens fängt er schließlich den Wolf *in der Schlinge* (в пéтле). Da *kommen die Jäger aus dem Wald* (охóтники прихóдят из лесý) und … schießen den Wolf tot? Nein, Petja und alle seine Freunde, die Tiere, verhindern das und *führen ihn ab in den Zoo* (ведýт его в зоопáрк). Die Moral: *Pioniere fürchten keine Wölfe* (пионéры не боя́тся волкóв), wie es im sowjetrussischen Text heißt. In einer bekannten deutschen Übersetzung wird „Pioniere" ersetzt durch „richtige Jungen". Sie sollten sich das hübsche musikalische Märchen wirklich einmal anhören! Allein oder mit Kindern. Am besten freilich *im Original* (в оригинáле): „*Peter und der Wolf*" *von Prokofjew* («Пéтя и волк» Прокóфьева [praˈkɔf,jıvə]; im Russischen wird der Komponist oder Autor durch den Genitiv ausgedrückt.)

An dieser Stelle kann ich nicht umhin noch etwas mehr zur Aussprache zu sagen. Ist Ihnen an der Lautumschreibung des Namens etwas aufgefallen? Die Russen sprechen den Komponisten nicht „pro'kofjef" aus, sondern [praˈkɔf,jıf], das erste «o» wie [a] gesprochen. Dieses so genannte áканье (*Akanje, „a-Sprechen*") wird auf alle «o» am Wortanfang und in der vortonigen Silbe, d. h. der der Wortbetonung vorangehenden Silbe, angewendet. Den zweiten Fall des Worts поп (*der Pope, der orthodoxe Priester*) spricht man zum Beispiel [pa'pa] aus, попá (*des Popen*); ungefähr so wie das endbetonte französische „le papa" (*der Vati*). *Die Sorte* (сорт) ist im Plural сортá endbetont und wird deshalb [sar'ta] ausgesprochen. Das gleiche [a] vor der betonten Silbe wird, obwohl «o» geschrieben, im Wort доктора́ [dəkta'ra] – *die Doktoren* gesprochen.

In der Lautumschreibung der Beispiele [pra'kɔf,jɪvə] und [dəkta'ra] ist außerdem ein Laut enthalten, auf den ich in der Aussprachetabelle auf der Seite 9 bereits kurz hingewiesen habe: [ə]. Er wird „Schwa" genannt und ist ein sehr stark reduzierter, „undeutlich gesprochener" Vokal. Er ist kein „a", kein „o", aber auch kein „i", eher in der Mitte zwischen diesen, nicht unähnlich dem unbetonten Selbstlaut in der zweiten Silbe des Worts „Hütt**e**". Die russischen Buchstaben „o" oder „a" werden immer dann als dieser „undeutliche" Laut gesprochen, wenn diese Vokale **nicht betont** sind, **nicht am Wortanfang** stehen (dann klingen sie nämlich wie [a]) und auch **nicht vortonig** gebraucht werden (denn in diesem Fall lauten beide, wie im Plural сортá – *Sorten*, ebenfalls [a]). Lesen Sie!

гóрод ['gɔrət]	*Stadt*
городá [gəra'da]	*Städte*
добрó пожáловать [da'brɔ pa'ʒałəvəţ]	*Herzlich willkommen*
всегó дóброго [fşɪ'vɔ 'dɔbrəvə]	*Alles Gute!*
óрган ['ɔrgən]	*das Organ*
оргáн [ar'gan]	*die Orgel*

Und ein dritter Ausspracheτipp: In der Lautumschreibung der Wörter [pra'kɔf,jɪf] (Прокóфьев – *Prokofjew*) und [fşɪ'vɔ] (всегó – der Genitiv von всё – *alles*) wird der Vokal „e" sowohl vor der Betonung als auch danach wie ein kurzes „i" [ɪ] ausgesprochen. Diese Ausspracheregel, als икáнье (*Ikanje, „i-Sprechen*") bezeichnet, gilt generell für die unbetonten Vokale «a, e, и, я» („a, e, i, ja") nach bzw. zwischen weichen Konsonanten.

Wenn Sie die Verwandlung des «o» in [a] vor betonten Silben und am Wortanfang beachten und «o» und «a» in unbetonter Stellung wie [ə] sprechen, dann klingt Ihr Russisch gleich russisch. Vergleichen Sie die Aussprache von Vokalen in betonter und unbetonter Stellung!

час [ʧas]	*Stunde*	два часá [dva ʧɪ'sa]	*zwei Uhr*
Нéвский ['ɳɛfskɪj]	*der Newski*	Невá [ɳɪ'va]	*die Newa*
метр [ɱɛtr]	*Meter*	метрó [ɱɪ'trɔ]	*Metro*
тéхника ['ʈɛxɳɪkə]	*Technik*	техни́ческий [ʈɪx'ɳiʧɪskɪj]	*technisch*
пять [p,æʈ]	*fünf*	Пятигорск [p,ɪʈɪ'gɔrsk]	*Pjatigorsk*[30]

Da wir mit dem letzten Beispiel gerade bei russischen geografischen Bezeichnungen sind – erst als ich Russisch zu lernen begann, habe ich gelernt, auch sie richtig auszusprechen.

Geht es Ihnen wie mir? Es berührt mich jedes Mal unangenehm, wenn Radio- oder Fernsehmoderatoren die Namen bekannter Personen oder Orte anderer Länder so falsch aussprechen, dass es *den Ohren wehtut* (erinnern Sie sich der russischen Wendung dafür? Seite 61). Das ist, zugegeben, bei den Weltsprachen Englisch, Französisch oder Spanisch seltener der Fall. Es sei denn, dass z. B. ausgerechnet in einem Kulturradiosender aus dem Folk-Festival – falsch ausgesprochen – ein „Fork"-Festival gemacht wird (dabei unterscheidet sich „*Folklore*" doch nicht unerheblich von einer „*Gabel*" oder „*Forke*"!). Auch mit dem Italienischen gibt es anscheinend weniger Ausspracheprobleme. Warum klappt das nicht ansatzweise auch in der Weltsprache Russisch? Schließlich ist sie eine der sechs offiziellen Geschäftssprachen der UNO. Oder bei den Sprachen unserer unmittelbaren Nachbarn: Polnisch, Tschechisch, Niederländisch oder Dänisch? Zumindest die Betonung ist in einigen Sprachen nicht schwer zu erlernen. Bei den beiden eben genannten westslawischen Sprachen ist es, wie im Französischen, geradezu ein Kinderspiel. Der Franzose betont *jedes*

30 Der Name dieser Stadt im Ural bedeutet „*Fünf-Berge-Stadt*".

Wort (ка́ждое сло́во) auf der letzten Silbe, der Tscheche immer auf der ersten. Im Polnischen dagegen wird *die Betonung* (ударе́ние) stets auf die vorletzte Silbe gelegt. Zudem benutzen diese beiden slawischen Sprachen die lateinische Schrift. Das Lesen tschechischer und polnischer Wörter ist darum (nach Aneignung weniger abweichender Buchstaben) relativ einfach. Wer Russisch lernt, versteht ohnehin auch eine ganze Reihe von Wörtern in diesen beiden Sprachen, und umgekehrt. Lediglich die Betonung ist oft unterschiedlich. Vergleichen Sie! Der leichteren Lesbarkeit halber sind im Polnischen und Tschechischen die betonten Vokale unterstrichen.

Russisch	**Polnisch**	**Tschechisch**	**Deutsch**
студе́нт	student	student	*Student*
я́года	jagoda	jahoda	*Beere*
о́пера	opera	opera	*Oper*
олимпиа́да	olimpiada	olympiada	*Olympiade*
демокра́тия	demokracja	demokracie	*Demokratie*

Auch bei Vor- und Familiennamen sollte man auf die in den verschiedenen Sprachen unterschiedliche Betonung achten. Schauen wir uns zwei Beispiele an! Zur Verdeutlichung ist hier im Deutschen der betonte Vokal unterstrichen.

Russisch	**Aussprache**	**Deutsch**
		(deutsche Aussprache)
Бори́с	[ba'ŗis]	Boris

Der bekannte deutsche Tennisspieler spricht sich trotz seines russisch klingenden Vornamens[31] natürlich Boris Becker aus, aber die Oper «Бори́с Годуно́в» („Boris Godunow") sollte man auch im

31 Der Vorname ist die verkürzte Form des slawischen Namens Borislaw, der „Kampf" und „Ruhm" bedeutet.

Deutschen möglichst richtig betonen, nämlich [ba'ŗis gədun'nɔf], beide Namen endbetont.

Михаи́л	[ɱɪxa'ił]	Michael

Einer der erfolgreichsten deutschen Schwimmer heißt „Michael" Groß (Betonung des Vornamens auf der ersten Silbe), aber es zeugt von Bildung, den „Vater der Perestroika", *Michail Gorbatschow*, [ɱɪxa'ił gərba'ʧɔf] (Михаи́л Горбачёв) auszusprechen, Vor- und Familienname endbetont.

Da Sie Russisch lernen, wird es Ihnen zunehmend leichter fallen, russische Namen und Bezeichnungen richtig auszusprechen. Bitte, missverstehen Sie mich nicht. Ich habe nichts gegen die Eindeutschung von Namen. Die Hauptstadt Russlands heißt eingedeutscht nun einmal Moskau (betont auf der ersten Silbe). Wenn der Sportreporter aber den Ortsnamen in der Fremdsprache wiedergeben möchte, sollte er da nicht möglichst lautgetreu oder wenigstens mit richtiger Betonung Москва́ [mas'kva] sagen, betont auf der zweiten Silbe?

Ein großer Name in der Geschichte Russlands, aber vor allem in der Literaturgeschichte, ist Анто́н Па́влович Че́хов (bitte, betonen Sie seinen Vornamen richtig: [an'tɔn]). *Anton Pawlowitsch Tschechow* (1860-1904) *wurde in der Kleinstadt Taganrog geboren* (роди́лся в городке́ Таганро́ге). Tschechows vier Brüder, alle älter als er, *waren Künstler* (были худо́жниками). Анто́н Па́влович *wurde Arzt und Schriftsteller* (стал врачо́м и писа́телем[32]). Tschechow beschrieb das Leben und Leiden des einfachen Volkes wie kein anderer russischer Autor. Der Schriftsteller „sorgte sich um seine (…) Figuren", und „der Arzt Tschechow kümmerte sich ebenso liebevoll um die Elenden, schrieb ihnen nie eine Rechnung. Er hat Schulen gebaut, an Kampagnen gegen Hunger und Cholera in russischen Dörfern teilgenommen" (so Jürgen Flimm, der Schauspiel- und Opernregisseur). Tschechow

32 Bemerkenswert an den beiden Wendungen ist der Gebrauch des 5. Falls nach den Verben быть (*sein*) und стать (*werden*). Sie „regieren", wie oft umgangssprachlich gesagt wird, den Instrumental.

diagnostizierte die Gesellschaft ebenso nüchtern wie später seine eigene Krankheit. *Er starb* (он у́мер) vier Jahre nach seiner Heirat mit der Diva des Moskauer Künstlertheaters, Olga Knipper. Kaum 45-jährig, erlag er im Kurort Badenweiler *in Deutschland* (в Герма́нии) der Tuberkulose.

Noch in Russland, jedoch bereits von Krankheit geplagt, hatte Tschechow 1890 die Qual einer strapaziösen Reise quer durch das russische Riesenreich *auf die Insel Sachalin* (на о́стров Сахали́н) auf sich genommen, um das Leben der dorthin Verbannten zu studieren und ihnen – wenn möglich – zu helfen. *Die Verbannung nach Sibirien* (ссы́лка в Сиби́рь) hatte damals schon viele russische Intellektuelle die Gesundheit und manche das Leben gekostet. Die schreckliche Wirklichkeit verdichtete Tschechow in seinen Werken. Wer ihn bis dahin nur als einen Autor humoristischer, die russische Gesellschaft beschreibender Erzählungen gekannt und z. B. seine köstliche Geschichte *„Die Dame mit dem Hündchen“* («Да́ма с соба́чкой») gelesen hatte, kam nicht umhin zu bemerken, dass der Aufenthalt *auf der Insel Sachalin* (на о́строве Сахали́н) Tschechow zum scharfen Beobachter und Gesellschaftskritiker hatte werden lassen. Das wohl bedeutendste Ergebnis seiner beschwerlichen Reise war der Roman: «О́стров Сахали́н» (*„Die Insel Sachalin“*). Nicht minder eindrucksvoll sind aber auch seine Erzählungen, wie die bissige Geschichte *„Das Krankenzimmer Nr. 6“* («Пала́та №6»), die er unter dem Eindruck des Kampfes gegen die Cholera in Russland geschrieben hat.

Eines von Tschechows bekanntesten Theaterstücken ist das 1896 geschriebene *Drama „Die Möwe“* (дра́ма «Ча́йка»). Mit Olga Knipper in der Rolle der Nina wurde es 1898 in Moskau mit großem Erfolg uraufgeführt. Die Inszenierung besorgte der später weltberühmte Konstantin Stanislawski. Dieser hatte kurz zuvor das *Moskauer Akademische Künstlerische Theater* gegründet (Моско́вский Худо́жественный академи́ческий теа́тр, bei den Kennern kurz MXAT – *MChAT* genannt). *Der Schauspieler und Regisseur* (актёр и режиссёр) hatte sich das Pseudonym Stanislawski schon in jungen Jahren als Künstlernamen zugelegt. Sein richtiger Name war Константи́н Серге́евич Алексе́ев (*Konstan-*

tin Sergejewitsch Aleksejew). Seit diesen Aufbruchzeiten im russischen Theater, als die russische Theateravantgarde großen Einfluss auf die europäischen Bühnen auszuüben begann, ist wahrscheinlich kein Jahr vergangen, in dem Tschechow in Russland und *im Ausland* (за рубежóм) nicht gespielt worden wäre. In den letzten Jahren war Tschechow in Deutschland neben Goethe, Schiller und Shakespeare der meistgespielte Dramatiker. Besonders natürlich im Tschechow-Jahr 2004, dem 100. Todesjahr. Die Staatliche Universität Taganrog hat eine Internetwebseite mit umfangreicher Tschechow-Datenbank ins Netz gestellt, in der künftig das literarische Gesamtwerk des Dichters digital erfasst werden soll.

Russische Dramen anderer Autoren sind allerdings momentan auf Deutschlands Bühnen eher eine Seltenheit. Im November 2003 inszenierte Frank-Patrick Steckel eine viel beachtete Aufführung von *Lermontows „Held unserer Zeit"* («Герóй нáшего врéмени» Лéрмонтова) an der Frankfurter Kammerspielbühne. *Michail Jurjewitsch Lermontow* (Михаúл Ю́рьевич Лéрмонтов, 1814-1841) war trotz seines frühen Todes in einem Duell einer der bedeutendsten Vertreter der literarischen Romantik und des realistischen Romans in Russland. Seine Kritik am zaristischen Regime und an der russischen Aristokratie trug ihm mehrfach die Verbannung ein.

Obwohl es die auf unseren Schauspielbühnen eher spärlich vertretene russische Literatur nicht vermuten lässt, reichen die deutsch-russischen Kulturbeziehungen doch weit zurück in die Geschichte der beiden Völker.

Lange vor Peter I. hatten bereits Gelehrte und Schriftsteller aus aller Welt begonnen, Russland in allen Himmelsrichtungen zu bereisen und erforschen: Der Engländer Richard Chancellor im Jahr 1553, der Amsterdamer Patrizier Nicolaas Witsen in den 60er Jahren des 17. Jahrhunderts, der Däne Vitus Jonassen Bering (der 1728/29 die nach ihm benannte Meeresstraße entdeckte), Daniel Gottlieb Messerschmidt (der Danziger Leibarzt Peters I., der im Auftrag des Zaren 1720-1727 Sibirien bereiste und dessen Geografie, Botanik und Geschichte erforschte), der Schweizer Mathematiker Leonhard Euler (der 1745 an der russischen Akademie der Wissenschaften den ersten großen Atlas des Russischen Reiches mit verfasste), der Schriftsteller Alexandre Dumas der Ältere (der seine Erlebnisse von 1858-1859 im Buch „Reise durch Russland" festhielt), der amerikanische Publizist George Kennan („... und der Zar ist weit. Sibirien 1885") und viele andere.

Auf deutscher Seite ist die Erforschung und Erkundung Russlands verbunden mit großen Namen: Siegmund von Herberstein (1549)[33], Adam Olearius (1646), Laurentius Rinhuber (1690), dem Missionar Heinrich Melchior Mühlenberg (den der hallesche Pfarrer, Pietist und Pädagoge August Hermann Francke Anfang des 18. Jahrhunderts zur Missionierung der einheimischen Bevölkerung in den Kaukasus entsandt hatte), dem Naturforscher und Entdeckungsreisenden Alexander von Humboldt (der ab 1827 den Ural und das Altaigebirge erkundete), Alfred Brehm[34] aus dem thüringischen Renthendorf bei Gera (er erforschte gegen Ende des 19. Jahrhunderts Westsibiriens Flora und Fauna) und unzähligen weiteren bekannten und weniger bekannten Reisenden und Russlanddeutschen. In unseren Tagen folgen Journalisten wie Klaus Bednarz, Fritz Pleitgen und Gerd Ruge mit Feingefühl und forschendem Blick den Spuren dieser Männer und konfrontieren die Geschichte mit der Gegenwart. Das wachsende Interesse Deutschlands an Russland spiegelt sich auch darin wider, dass kaum eine Woche vergeht, in der nicht in Presse oder Funk ein Beitrag dazu käme. Umgekehrt ist auch das Interesse der Russen an Deutschland, seiner Wirtschaft und Kultur ungebrochen.

Aus Russland kam wachsendes Interesse an Deutschland und Europa mit der Herrschaft Peters I. Hierüber haben Sie bereits in den Kapiteln 3 und 4 gelesen. Die russischen Zarenhäuser waren – wie andere Dynastien auch, siehe das englische Königshaus Sachsen-Coburg-Gotha, später Windsor – an europäischen Verbindungen sehr interessiert. Vor allem politische und ökonomische Interessen machten das „Käthchen aus Zerbst", Sophie Friederike Auguste, Tochter des Fürsten von Anhalt-Zerbst, im Jahr 1762 zur *Zarin Katharina II.* (1729-1796) – цари́ца Екатери́на II (sprich:

33 In Klammern wird jeweils das Jahr des Aufenthalts in Russland angegeben.

34 Alfred Brehm, der Verfasser des weltberühmten mehrbändigen Werks „Brehms Tierleben".

вторáя). Mit klugen Reformen nach innen und einer zielstrebigen Politik nach außen hob die Zarin Russland endgültig in den Rang einer europäischen Großmacht. Dabei standen ihr Minister, Günstlinge und Liebhaber wie Graf Orlow oder der legendäre Fürst Potjomkin in mehrfacher Hinsicht zur Seite. Von letzterem wird eine hübsche Anekdote erzählt:

Fürst Grigorij Alexandrowitsch Potjomkin (князь Григóрий Алексáндрович Потёмкин) soll 1787 anlässlich eines Besuchs Katharinas der Großen auf der Krim ein Täuschungsmanöver inszeniert haben. Er ordnete demnach an, in allen Dörfern, durch die sie zu reisen gedachte, schöne, das Auge blendende Dorffassaden zu errichten, um ihr vorzugaukeln, wie wohl ihr Land gedieh und wie gut das von ihr per Ukas verfügte Geld angelegt wäre. Von dieser Begebenheit rührt die sprichwörtliche Wendung „Potjomkinsche Dörfer» (im Duden: potemkinsche Dörfer) her. Gemeint ist damit „vorgetäuschter Wohlstand", „Trugbild".

Unter Katharina der Großen entwickelte sich der russische Hof in Sankt Petersburg zu einem kulturellen Mittelpunkt Russlands und Europas. *Die Imperatress* (императрúца), diesen westlich orientierten Titel hatten die russischen Zaren ja seit dem Imperator Peter I. angenommen, gründete die Russische Akademie, lud deutsche und französische Aufklärer (wie Diderot) an den Hof und förderte auf vielfältige Weise Kunst und Bildung. Ihr Engagement für einen „aufgeklärten Absolutismus" hielt die Zarin indes nicht ab, den großen *Bauernaufstand* (восстáние крестья́н) des aus dem Bauernstand kommenden Aufrührers Jemeljan Pugatschow 1772-1775 blutig niederzuschlagen und *den Einfluss der Französischen Revolution* (влия́ние Францу́зской революции) mit allen Mitteln zu unterdrücken.

Die russisch-orthodoxe Kirche in Russland blickt auf eine mehr als 1000-jährige Geschichte zurück. Mit der Christianisierung ab 988 begann die „*Taufe Russlands*" («Крещéние Русú»). Zu Hunderten und Tausenden wurden die Heiden *im Fluss Dnjepr* (в реке Днепр) untergetaucht und getauft. Das Oberhaupt der Kirche, auch für die Kirchen im Ausland, ist heute *der Patriarch von Moskau und ganz Russland* (Патриáрх Москóвский и всея́ Русú).

Das Wort всéя (*ganz, alle*) im Titel ist eine kirchenslawische, im Alltag nicht mehr gebräuchliche Form.

> Zeugnisse europäischer Kultur sind in Russland allgegenwärtig. Umgekehrt begegnen uns in vielen Orten Deutschlands Reminiszenzen russischer Kultur. Um eine russisch-orthodoxe *Kirchenkuppel* (купол цéркви), auch bildhaft „Zwiebelturm" genannt, zu sehen, müssen Sie nicht nach Russland fahren. Wissen Sie zum Beispiel, *wo in unserem Land eine russisch-orthodoxe Kirche steht* (где в нáшей странé стоúт рýсская правослáвная цéрковь)? Nein? Dann gehen Sie einmal in Berlin, Dresden, Hamburg, Leipzig, Stuttgart, Wiesbaden, Weimar oder Halle auf Suche! Diese und andere Städte pflegen russisch-orthodoxe Traditionen nicht nur in architektonischer, sondern auch in kirchengeschichtlicher Hinsicht. Die Kirche der Franckeschen Stiftungen im sachsen-anhaltischen Halle ist zum Beispiel von Moskauer Ikonenmalern ausgemalt und gerade erst im Jahre 2000 geweiht worden. Die ältesten russischen Kirchenbauten entstanden jedoch schon während und kurz nach der Regierungszeit Peters des Großen als Gotteshäuser für die in Deutschland lebenden Russen. Die wohl jüngste wird voraussichtlich die russisch-orthodoxe Kirche in Magdeburg sein, für die 2002 der Grundstein gelegt wurde.

Wenn Sie je die Gelegenheit haben, dann besuchen Sie einen orthodoxen Gottesdienst! Er wird in den prunkvoll ausgestatteten Kirchen sehr feierlich zelebriert. Die Gesänge der in Gemeindekirchen meistens gemischten Chöre sind erhaben und ergreifend. In den Klöstern singen entweder reine Männerchöre mit ihren warmen, tiefen Bässen oder Frauenchöre mit den charakteristischen hohen Stimmlagen. *In den 90er Jahren des 20. Jahrhunderts* (в 90ые гóды XX вéка, в девянóстые гóды двадцáтого вéка) hatten die russisch-orthodoxen Kirchen erstmals seit vielen Jahren wieder größeren Zulauf; in Russland im Gefolge der Demokratisierung des Landes und der neuen Gedanken- und Religionsfreiheit, in Deutschland durch die wachsende Zahl Russisch sprechender Einwanderer. A. Danilow schreibt in seinem Beitrag „Der Glaube in Russland" von einem enorm anwachsenden Strom Gläubiger. Während sich 1988 noch 90% der Bevölkerung als *Atheisten* (атеисты) bezeichneten, bekannten sich 1989 in Umfragen bereits 20% und 1995 sogar 50% als *Orthodoxe, Rechtgläubige* (правосла́вные). Wenn Sie Russland vor der Perestroika und danach vergleichen können, dann bleibt Ihnen nicht verborgen, dass jetzt viel mehr Menschen in die Kirchen strömen, nicht nur alte. Auch die über sieben Jahrzehnte vernachlässigten Klöster blühen wieder auf. Es fließt heute wieder mehr Geld in die Gotteshäuser. Die einfachen Menschen sind es, die manchmal den letzten Rubel für die Erhaltung ihrer Kirche aufbringen. Hilfe kommt aber auch vom Staat und von reichen Unternehmern. Nennenswerte finanzielle Unterstützung erhalten allerdings vor allem die mehr als 10 000 russisch-orthodoxen Gemeinden, in geringerem Maße auch die islamischen (mehr als 1600), die römisch-katholischen (fast 1500) und die jüdischen Religionsgemeinschaften (nur wenig mehr als 100).[35]

Russische *Gelehrte* (учёные) und *Wissenschaftler* (учёные; für beide deutsche Wörter dieselbe russische Entsprechung) kamen über die Jahrhunderte immer wieder auch nach Deutschland: zum Studium, zum Disput und zur Zerstreuung.

So zum Beispiel *Michail Wassiljewitsch Lomonossov* (Михаи́л Васи́льевич Ломоно́сов, 1711-1764). Der geniale *Universalgelehrte* (учёный энциклопеди́ст) studierte *Mitte des 18. Jahrhunderts* (в середи́не XУIII в., в середи́не восемна́дцатого ве́ка) Bergbau und Metallurgie an der Bergakademie in Freiberg (Sachsen) sowie westliche Philosophie und Naturwissenschaften an der Universität in Marburg, wo er auch seine spätere Ehefrau kennen lernte. Er reformierte die russische Schriftsprache, verfasste ein Werk *über die Geschichte Russlands* (об исто́рии Росси́и) und wirkte maßgeblich an der Gründung der ersten russischen Universität mit. Seit ihrer Gründung im Jahr 1953 trägt *die Moskauer*

35 Dr. Andrej Danilow, Glaube in Russland. Internetveröffentlichung: www.geocities.com/Vienna/Choir/5481/RUSSLAND.html

Staatliche Universität (Моско́вский Госуда́рственный Университе́т) seinen Namen.

Der berühmteste russische Dichter ist Михаи́л Серге́евич Пу́шкин (*Michail Sergejewitsch Puschkin*, 1799-1837). Bitte sprechen Sie das «у́» in seinem Familiennamen etwas länger aus, nicht wie im Wort „husch!", sondern etwa so wie im deutschen Verb „er wusch", also P“uu“schkin. Die kurze Aussprache des Vokals klingt für russische Ohren ausgesprochen hässlich.

Puschkin (Urenkel Hannibals, des Mohren Peters des Großen) fand eine begeisterte Rezeption in Deutschland schon zu Lebzeiten. Im Jahre 1999 wurde überall, *wo man Russisch lernt* (где изуча́ют ру́сский язы́к) und *wo Literatur hoch geschätzt wird* (где высоко́ це́нят литерату́ру), des 200. Geburtstages des russischen Nationaldichters gedacht. Deutsche und russische Kulturinstitute, Universitäten und Schulen, selbstverständlich auch das „Russische Haus der Wissenschaft und Kultur" in Berlin, zeigten *interessante Ausstellungen* (интере́сные вы́ставки) und veranstalteten Aufführungen, Lesungen und Wettbewerbe.

Natürlich würdigten das Puschkinjubiläum auch die *Internationale Assoziation der Lehrkräfte für Russische Sprache und Literatur* (russische Abkürzung: МАПРЯ́Л), der Russischlehrerverband in Deutschland, der Fachverband für Moderne Fremdsprachen (FMF) und – um nur eine der in Deutschland erscheinenden russischsprachigen Publikationen zu nennen – die gemeinsam mit jungen Leuten und für junge Leute geschriebene *Zeitschrift „Po svetu"* (журна́л «По све́ту»), aus der jeder an russischer Sprache und Kultur Interessierte immer wieder Anregungen entnehmen kann.

Sie kennen die «По све́ту» nicht? Aber Sie kennen vielleicht verschiedene Zeitschriften für Englisch- oder Französischlernende unterschiedlicher Altersstufen und Vorkenntnisse. Die «По све́ту» (das heißt: „*Durch die Welt*") ist das alles in einem. Sie führt Sie durch die Welt Russlands und des Russischen. Und nicht nur das. Sie enthält außerdem regelmäßig Beiträge *in Polnisch und Tschechisch* (на по́льском и че́шском языка́х) sowie ab und zu Artikel über Russlanddeutsche. Ob Anfänger oder fortgeschrittener Lerner, hier erfahren Sie Interessantes. Eine gute Adresse – außer Ihrer Buchhandlung um die Ecke – ist außerdem die Webseite www.russisch.com. Hier können Sie russischsprachige Literatur oder auch ein Keyboard mit deutscher und russischer Tastatur für Ihren PC bestellen. Tageszeitungen und – in geringerem Umfang – auch Zeitschriften in russischer Sprache hat der Kiosk auf jedem größeren Bahnhof im Angebot.

Sie merken schon, von Puschkin, mit dem ich auf der vorigen Seite begonnen habe, war bis jetzt noch nicht viel die Rede. Und hieße das nicht vielleicht „Eulen nach Athen tragen"? Sie wissen doch sicher viel über ihn und haben ihn vielleicht gelesen! Aber *kennen Sie Puschkins „Märchen vom Zaren Saltan*" (вы знáете «Скáзку о царé Салтáне» Пýшкина) auf Russisch?

So fängt das Märchen an:

Три девúцы под окнóм	*Drei Mädchen am Fenster*
Пря́ли пóздно вéчером.	*Waren beim Spinnen spät abends.*
«Кáбы я былá царúца,» -	*„Wäre eine Zarin ich",*
Говорúт однá девúца, –	*spricht das eine Mädchen:*
«То на весь крещённый мир	*„für die ganze Christenwelt sodann*
Приготóвила б я пир.» (...)	*würde ich ein Festmahl geben." (...)*

Sie kennen doch bestimmt auch Puschkins Verstragödie „*Boris Godunow*" («Борúс Годунóв»), die *Modest Petrowitsch Mussorgski* (Модéст Петрóвич Мýсоргский, 1839-1881) zu einer heute gern gespielten Oper vertonte.

Des Dichters anerkannt größtes Werk ist jedoch der Versroman „*Eugen Onegin*" («Евгéний Онéгин»), nach dessen Vorlage Tschaikowski die gleichnamige Oper schrieb, die 1879 in Moskau uraufgeführt wurde. Ich werde gleich noch einmal auf ihn zurückkommen. Für den bedeutenden Literaturkritiker Wissarion Grigorewitsch Belinski (1811-1848) war „Eugen Onegin" eine „*Enzyklopädie des russischen Lebens*" («энциклопéдия рýсской жúзни»).

Erzählungen wie „*Die Hauptmannstochter*" («Капитáнская дóчка»), „*Pique Dame*" («Пúковая дáма»), aber auch seine *Poe-*

me (поэ́мы) und *Gedichte* (стихотворе́ния) machten Puschkin frühzeitig auch in Deutschland bekannt. Einem solchen „Goethe" der russischen Nationalliteratur kann dieses Büchlein einfach nicht gerecht werden.

Erst unlängst habe ich jedoch etwas gelesen, das ich Ihnen nicht vorenthalten möchte: Einige von Puschkins Nachfahren leben heute in Wiesbaden. Dort wohnt z. B. eine *Ururenkelin* (праправну́чка) Puschkins. Sie ist zugleich die *Urenkelin des Zaren Alexander II.* (правну́чка царя́ Алекса́ндра II, sprich: второ́го), jenes Zaren, der 1861 nach preußischem Vorbild die Leibeigenschaft in Russland abgeschafft hat. Denn bis zur Mitte des 19. Jahrhunderts war Russland ein rückständiger Agrarstaat gewesen, in dem die Leibeigenen die große Mehrheit der Bevölkerung bildeten. Die Information über die Verwandtschaft Puschkins habe ich übrigens der Zeitschrift «По све́ту» („*Po svetu*") entnommen. *Es lohnt sich sie zu lesen!* (Сто́ит чита́ть его́!)

Nota bene: Das его́ (*ihn* oder *es*) im Satz Сто́ит чита́ть его́! ist kein Versehen von mir. Ich lese **sie**, nämlich **die** Zeitschrift; aber im Russischen ist das dem Französischen entlehnte Wort журна́л männlich, deshalb muss es heißen: я чита́ю **его́** – ich lese „**ihn**". Auch ist das Verb ст**о́**ит (*es lohnt sich*, auf dem Vokal „o" betont) bitte nicht zu verwechseln mit сто**и́**т (*er, sie, es steht*), das den Akzent auf der zweiten Silbe hat. Ein weiterer Hinweis darauf, wie notwendig es ist auf die richtige Betonung zu achten.

Der gerade erwähnte große Symphoniker *Pjotr Iljitsch Tschaikowski* (Пётр Ильи́ч Чайко́вский, 1840-1893) darf nicht kurz abgetan werden. Dafür ist er zu berühmt durch seine Opern, Ballettmusiken und Symphonien. Zunächst: Bitte achten Sie auf die richtige russische Aussprache seines Familiennamens [ʧɪj'ķɔfskɪj]!

Ich mag seine Musik wirklich sehr. *Am meisten liebe ich die Symphonie Nr. 4 in F-Moll.* (Бо́льше всего́ я люблю́ симфо́нию № 4 фа мино́р.) Mir ist es egal: War er *homosexuell* (гомосексуа́льный) oder *hat er Suizid verübt* (совершо́ил ли[36] он самоуби́йство?)

36 Das kleine Wörtchen ли (wörtlich: *ob*) wird oft in Fragen verwendet, die nicht mit einem Fragewort eingeleitet werden, z.B. *Kommt sie oder nicht?* (Придёт ли она́ и́ли нет?).

ство)? Das alles ist nebensächlich. *Seine Musik ist unsterblich.* (Его́ му́зыка бессме́ртна.) Selbst wenn Sie *klassischen Tanz* (класси́ческий та́нец) und *Ballett* (бале́т) nicht besonders mögen, die wunderbare Musik des Balletts „*Schwanensee*" («Лебеди́ное о́зеро») wird Ihnen gefallen. Sie werden hoffentlich nicht gerade in eine Aufführung geraten, bei der *die Tänzerinnen* (танцо́рки) mollig sind. Kein Scherz!

Vor einiger Zeit setzte das Moskauer *Bolschoi-Theater* (Большо́й теа́тр) eine seiner Primaballerinen auf die Straße. Die Intendanz begründete lapidar: zu groß, zu schwer, zu viel Eis geschleckt. Die Tanzpartner „verheben sich" an ihr. Erst der Rechtsanwalt verhalf ihr zurück zum Theater, aber auf die Bühne? Und ob das dem Theater hilft, seine einst unbestritten höchste Qualität wieder zu erlangen? Zumindest bei den Operninszenierungen setzen einige Kunstliebhaber heute das Petersburger Marjinski-Theater an die erste Stelle unter den russischen Bühnen.

Die mehr als fünfzig großen und kleinen Bühnen der Hauptstadt ziehen immer sehr viele Besucher an. Die großen Häuser sind traditionell Repertoiretheater. Sie leben von genialen Inszenierungen klassischer Meisterwerke, die sie über Jahre, manchmal sogar über Jahrzehnte hinweg im Programm haben. „Schwanensee" wird beispielsweise seit seiner Uraufführung im Jahr 1877 fast ohne Unterbrechung am Bolschoi-Theater aufgeführt! Keine Bange, die Tänzer und Tänzerinnen haben inzwischen gewechselt.

Zu Sowjetzeiten war es sehr schwierig, eine der begehrten Eintrittskarten zu erstehen. Heute ist das angesichts der gestiegenen Preise viel leichter. Die sinkenden Subventionen und die damit verbundenen höheren Eintrittspreise haben seit den 90er Jahren des 20. Jahrhunderts dazu geführt, dass die Bühnen zunehmend von Sponsoren abhängen und versuchen mit Musicals, Shows und Spektakeln Besucher anzulocken. Über das Programm können Sie sich unter www.afisha.ru informieren. Ein Besuch lohnt sich in jedem Fall.

Bei mancher der exzellenten Aufführungen stehen aber auch heute noch begeisterte Opern- und Ballettliebhaber vor den großen Häusern und fragen die herbeiströmenden Besucher begierig: «У вас есть ли́шний биле́т? Ли́шний есть?» („*Haben Sie eine Eintrittskarte übrig?*") Wenn sie dann eine Karte ergattern, sind sie überglücklich.

Bevor wir uns den Text auf einer Eintrittskarte für die Sankt Petersburger Oper ansehen, noch eine weitere Anmerkung zur Theaterwelt. Nicht weit weg vom Moskauer Bolschoi-Theater (большо́й – *groß*) steht das nicht minder berühmte Ма́лый теа́тр, also das *Kleine Theater*. Es ist aber nur architektonisch kleiner. Hier finden große Aufführungen vor allem der russischen dramatischen Literatur statt. Besonders interessant ist, dass dieses Schauspielhaus großen Wert legt auf die der Entstehungszeit des jeweiligen Stücks angepasste originalgetreue Aussprache des Russischen. Hier hören Sie also Puschkin wie zu Puschkins Zeiten und Gorki wie zur Zeit der ersten Hälfte des 20. Jahrhunderts, aber natürlich auch zeitgenössische moderne Stücke in der russischen Gegenwartssprache.

Doch nun der Text eines Tickets für die Oper in Sankt Petersburg, wie es 2003 aussah. Den farbigen Hintergrund mit einem Foto vom alten Interieur des Opernhauses kann ich hier leider nicht wiedergeben. Aber das wahre Aussehen dieser berühmten Spielstätte kann Ihnen ohnehin niemand hinreichend beschreiben oder ausmalen. Sie sollten diese bezaubernde Stadt, in der das Opernhaus zwar ein großes Erlebnis ist, aber beileibe nicht das einzige, unbedingt selbst besuchen!

Vielleicht haben Sie ja einmal das Vergnügen, in der Petersburger Oper „Eugen Onegin" zu sehen. Bestimmt kennen Sie die bewegende Arie des Fürsten Gremin, eine der bekanntesten Opernarien überhaupt. Die für mich musikalisch und inhaltlich schönste Zeile darin lautet:

«Любви́ все во́зрасты поко́рны.»

(А. С. Пушкин: Евгений Онегин, Роман в стихах. Глава восьмая, XXIX – *A. S. Puschkin: Eugen Onegin, Roman in Versen. Kapitel 8, XXIX*)

Die Übersetzung des Beginns dieser oft gesungenen Strophe nimmt im Deutschen zwei Zeilen in Anspruch:

„*Ein jeder kennt die Lieb auf Erden,*
ein jeder muss ihr Sklave werden."

АДМИНИСТРАЦИЯ САНКТ-ПЕТЕРБУРГА КОМИТЕТ КУЛЬТУРЫ
Государственное учреждение

САНКТ-ПЕТЕРБУРГСКИЙ ГОСУДАРСТВЕННЫЙ АКАДЕМИЧЕСКИЙ

ТЕАТР ОПЕРЫ И БАЛЕТА
ИМ. М. П. МУСОРГСКОГО

Пл. Искусств, 1 **тел. 318-19-78**

ПАРТЕР ВЕЧЕР
Ряд 3 Место 16

ЛЕВАЯ СТОРОНА
19 марта

Цена 100 руб. **000027**

Леге́нда *(Legende)*

АДМИНИСТРАЦИЯх САНКТ-ПЕТЕРБУРГА КОМИТЕТ КУЛЬТУРЫ *Stadtverwaltung Sankt Petersburg, Dezernat für Kultur*

Государственное учреждение *Staatliche Einrichtung*

САНКТ-ПЕТЕРБУРГСКИЙ ГОСУДАРСТВЕННЫЙ АКАДЕМИЧЕСКИЙ
ТЕАТР ОПЕРЫ И БАЛЕТА ИМ. М. П. МУСОРГСКОГО
Sankt Petersburger Staatliches Akademisches Opern- und Ballett-theater „M. P. Mussorgski“

Пл. Искусств, 1
Platz der Künste 1

тел. 318-19-78
Tel. 318-19-78

ПАРТЕР Parterre
Ряд 3 Reihe 3

ВЕЧЕР *Abend(vorstellung)*
Место 16 *Platz 16*

ЛЕВАЯ СТОРОНА *Linke Seite*

19 марта *19. März*

Ein unvergleichlicher Bass, der auch mit der Interpretation von Tschaikowskis Musik weltberühmt wurde, war *Fjodor Iwanowitsch Schaljapin* (Фёдор Ивáнович Шаля́пин, 1873-1938). *Er hat in aller Welt Gastspiele gegeben.* (Он гастроли́ровал во всём ми́ре.) Die letzte Formulierung ist ein hübsches Beispiel dafür, wie ein deutsches Substantiv, *die Gastrolle* (гастрóли; im Russischen im Plural gebraucht), entlehnt und in der russischen Sprache sogar zu einem Verb wurde: гастроли́ровать (*ein Gastspiel geben*). Schaljapin trat auf als Gremin in „Eugen Onegin", als Boris Godunow und in vielen anderen Rollen in der Mailänder Scala, an der Metropolitan Opera in New York, im Londoner Covent Garden und auch wiederholt in Deutschland. Nach der kommunistischen Machtübernahme emigrierte er enttäuscht nach Frankreich, wo er bis zu seinem Tode lebte.

Deutschland (Гермáния) war *neben Frankreich und der Schweiz* (ря́дом с Фрáнцией и Швейцáрией) vor allem im 19. Jahrhundert ein beliebtes Ziel für Erholungssuchende in Bädern und Kurorten. Es ist deshalb nicht verwunderlich, dass das deutsche Wort *Kurort* (mit veränderter Betonung) in das Russische übernommen wurde: курóрт. Berühmte russische Schriftsteller wie *Gogol* (Гóголь), *Tolstoi* (Толстóй), *Dostojewski* (Достоéвский) weilten nicht nur aus gesundheitlichen Gründen gern *in Europa* (в Еврóпе). Selbst die Zaren hielten sich nicht selten in Deutschland auf. *Zar Alexander I.* (царь Алексáндр I, sprich: пéрвый), Onkel des späteren Zaren Alexander II., hat gar ein „Andenken" besonderer Art in Deutschland hinterlassen. Anlässlich eines Besuchs des Zaren ließ nämlich König Friedrich Wilhelm III. 1805 ihm zu Ehren den früheren Berliner „Ochsenmarkt" in „Alexanderplatz" umbenennen. Hätten Sie's gewusst?

Die Intelligenz Russlands zog es nach Europa aber vor allem wegen des freien Geists, der nach den bürgerlichen Revolutionen in Frankreich und Deutschland herrschte und auch auf andere Länder ausstrahlte. Die führenden Köpfe Europas unterstützten spontan den so genannten *Dekabristenaufstand* (восстáние декабри́стов), eine bewaffnete Erhebung progressiver russischer Offiziere gegen das autokratische Zarenregime im Dezember 1825. Декабри́сты (*De-*

kabristen) wurden die Teilnehmer des Aufstands nach dem Monat ihrer Erhebung genannt: дека́брь – *Dezember*. *Der Putsch* (путч) wurde blutig niedergeschlagen. *Viele wurden verhaftet* (мно́гие бы́ли аресто́ваны), fünf Dekabristen *wurden hingerichtet* (бы́ли ка́знены), 120 *wurden nach Sibirien verbannt* (бы́ли со́сланы в Сиби́рь).

Schon lange zuvor, *im 17. / 18. Jahrhundert* (sprich: в семна́дцатом / восемна́дцатом века́х), hatten ernst zu nehmende *Bauernaufstände* (восста́ния кресть́ян) *die Autokratie*, *die Selbstherrschaft des Zaren* (самодержа́вие царя́) stürzen wollen.

Vor weiteren Ausführungen zu den Bauernkriegen sei rasch eine Sprachklippe erklärt. Sie haben möglicherweise gestutzt bei der obigen Zeitangabe. Das russische Wort für „Jahrhundert" wurde nämlich im 6. Fall Plural gebraucht (века́х), die beiden Zahlwörter aber im Präpositiv Singular. Das hat seine Richtigkeit. Bei der Aufzählung von zwei und mehr Adjektiven, die verschiedenen Substantiven zugeordnet sind, werden diese in der Mehrzahl verwendet. Ich sage auf Deutsch: *ein rotes und ein blaues Haus* (es geht um zwei Häuser). Auf Russisch heißt das: красный и голубо́й дома́. Дома́ ist der 1. Fall Mehrzahl; die wörtliche Übersetzung würde deshalb lauten: *ein rotes und ein blaues Häuser*. Das ist logisch, denn es sind ja mehrere Häuser. Im Unterschied dazu übersetzt man *„ein rotes und blaues Haus"* (nur eines, aber zweifarbig) ins Russische: кра́сный и голубо́й дом (дом ist Nominativ Singular). По́няли? (*Haben Sie verstanden?*)

Im Zusammenhang mit der Zarin Katharina II. hatte ich ihn bereits erwähnt. Nun noch einmal zurück zu *Jemeljan Pugatschow* (Емеля́н Пугачёв). Dieser *Bauernsohn* (сын крестья́нина) versammelte 1772 und in den Jahren darauf ein riesiges Heer aufständischer Bauern um sich, gab sich als der kurz zuvor ermordete Zar Peter III. aus und versuchte die Zarin gewaltsam zu stürzen. Die Regentin brauchte drei Jahre, um der Lage Herr zu werden. Sie ließ den aufständischen Hochstapler ohne Erbarmen hinrichten: *er wurde geköpft* (отруби́ли ему́ го́лову, wörtlich: *ihm wurde der Kopf abgeschlagen*).

Das 20. Jahrhundert begann in Russland ebenfalls unruhig. Eine kurze revolutionäre Episode im Jahre 1905, die so genannte *Februarrevolution* (Февра́льская револю́ция), in deren Folge Zar Nikolaus II. gezwungen worden war, die Gründung einer vom Volk gewählten Vertretung, der Duma, zu gestatten, leitete eine lange Zeit revolutionärer und kriegerischer Ereignisse ein. Der verlustreiche Krieg Russlands mit Japan 1904/1905, *der 1. Weltkrieg* (пе́рвая мирова́я война́) und die sich anschließenden Jahre schrecklicher wirtschaftlicher Misere und einer katastrophalen Lage des russischen Volkes bereiteten schließlich den Boden für die revolutionäre Erhebung. Im November 1917 (*nach neuem Kalender* – по но́вому календарю́) wurde *die Oktoberrevolution* (Октя́брьская револю́ция) zum Fanal für einen lange währenden und viele Opfer fordernden Bürgerkrieg. Zu dieser Zeit wurde das Parlament, *die Staatsduma* (Госуда́рственная ду́ма), dominiert von den linken Kräften unter der Führung W. I. Lenins. Sie hatten die politische Mehrheit und wurden deshalb *Bolschewiki* genannt (большевики́, endbetont; abgeleitet vom Adjektiv большо́й – *groß* bzw. dessen Komparativ бо́льший – *größer*, *mehr*). Die gemäßigte Gegenpartei, deren Spitzenfunktionär *Lew Dawydowitsch Trotzki* (Лев Давы́дович Тро́цкий) war, nannte man im politischen Jargon *die Minderheitspolitiker*, *die Menschewiki* (меньшевики́, endbetont; abgeleitet vom Adjektiv ме́ньший – *weniger*, *minder*). Die eingedeutschten Formen Bolschewiki und Menschewiki (die falsche deutsche Betonung ist hier unterstrichen) übernehmen irrtümlicherweise die Betonung vom jeweiligen russischen bzw. deutschen Singular: большеви́к, меньшеви́к. Mit der Oktoberrevolution begann die reichlich 70-jährige *Diktatur des Proletariats* (диктату́ра пролетариа́та); zuerst unter Lenins Führung, seit 1924 unter Stalin, später unter Chruschtschow, Breschnew, über weitere Staatspräsidenten und Generalsekretäre der KPdSU bis hin zu Michail Gorbatschow, dem letzten Staatsoberhaupt der Sowjetunion.

Lassen Sie uns zum Abschluss dieses Kapitels noch ein wenig mehr über Namen plaudern. Welches sind die häufigsten russischen Vornamen? Was hat Hans mit Iwan zu tun? Ein wenig über

Völkernamen, wie die Deutschen in Russland bezeichnet werden und woher einige der russischen Familiennamen kommen.

Welche Vornamen sind heute in Russland modern? Viele junge Eltern geben ihren Kindern die folgenden sehr häufigen Vornamen.

Же́нские имена́ ***(Weibliche Vornamen)***

Ната́лья, Еле́на, Мари́на, Татья́на, Ири́на
(Natalja, Jelena, Marina, Tatjana, Irina)

Мужски́е имена́ ***(Männliche Vornamen)***

Алекса́ндр, Серге́й, Андре́й, Ви́ктор, Ю́рий, Дани́л, Ники́та
(Alexandr, Sergej, Andrej, Viktor, Juri, Danil, Nikita)

Der früher häufigste Vorname Ива́н (*Iwan*) ist aber immer noch sehr gebräuchlich. Er ist wie John, Jean, Jan, Juan und unser Hans vom biblischen Täufer Johannes (Hebräisch: *Gott ist gnädig*) abgeleitet.

Da Sie Russisch lernen oder bereits erlernt haben, werden Sie natürlich klar unterscheiden zwischen dem russischen Vornamen Ива́н (mit betontem [a]) und der während der Nazizeit und noch lange danach abschätzig gebrauchten Bezeichnung der Russen als „Iwan" (fälschlicherweise auf der ersten Silbe betont). Derartige pejorative, d. h. abwertende Bezeichnungen anderer Völker finden sich wahrscheinlich in allen Sprachen. Denken Sie nur an solche herabsetzenden Wörter wie „Polacken" (für Polen) oder „Fidschis" (für Vietnamesen oder Asiaten allgemein), aber auch an die englische umgangssprachliche Bezeichnung für Deutsche: „Jerries", abgeleitet von „Germans". Auch das Russische ist hier nicht „feiner". Der Zweite Weltkrieg ließ die Völker der Sowjetunion einen alten Spitznamen und späteres Schimpfwort für die Deutschen wieder ausgraben: фри́цы (*die Fritzen*), zu dem das neue, hasserfüllte фаши́сты (*die Faschisten*) hinzukam. Nach dem Krieg konnte man russische Kinder in ihren Kriegsspielen, bei denen der „Rotarmist" stets gegen den „Faschisten" zu kämpfen hatte, beide Wörter noch lange gebrauchen hören. Einerseits sehr wohl verständlich. Andererseits hatten Russlanddeutsche seit Jahrhunderten in friedlicher Nachbarschaft mit den Russen gelebt. Aber auch ihnen erging es während der Naziherrschaft schlecht. Sie wurden als Faschisten, Spione und Volksfeinde beschimpft, verfolgt, umgesiedelt und umgebracht. Auch vor der Machtergreifung der Nazis, während der schrecklichen Hungersnöte in der jungen Sowjetunion Anfang der 1930er Jahre, wurde den Russlanddeutschen schon die Annahme von Hilfspaketen aus Deutschland verwehrt.

Doch zurück zum Ивáн (*Iwan*). Eher humorvoll-spöttisch gemeint, jedoch nicht wirklich wissenschaftlich nachgewiesen, ist der folgende Spruch über die früher häufigsten russischen Namen: In Moskau leben 100 000 Einwohner mit dem Vornamen Ивáн (*Iwan*), mehr als 10 000 Männer mit dem Vor- und Vatersnamen Ивáн Ивáнович (*Iwan Iwanowitsch*) und immer noch 1000 mit dem vollständig identischen Namen Ивáн Ивáнович Ивано́в (*Iwan Iwanowitsch Iwanow*).

Имя ***Vorname***	**Отчество** ***Vatersname***	**Фамилия** ***Familienname***
Ивáн	Ивáнович	Ивано́в

Exakt belegt sind dagegen zum Beispiel 1 908 Personen mit dem Familiennamen Ивано́в (*Iwanow*) für das Jahr 1910 in Sankt Petersburg (Unbegaun). In der russischen Umgangssprache spielen die häufigen Personennamen eine ähnliche Rolle wie „Müller, Meier, Schulze" in Deutschland. Übrigens: „Müller, Meier, Schulze" ist eine häufig gebrauchte Wendung. Statistisch exakt sind jedoch die folgenden deutschen Familiennamen als die häufigsten ermittelt worden: Müller, Schmidt, Schneider, Fischer, Meyer („Schmidt" und „Meyer" in jeweils mehreren Schreibweisen). Die „Schulzes" (ebenfalls in verschiedenen Schreibvarianten) folgen erst auf Rang 32.[37]

Auch Schriftsteller bedienen sich des Allerweltsnamens Ивáн Ивáнович Ивано́в, um den Mann auf der Straße zu charakterisieren. Der jüdisch-russische Nobelpreisträger *Boris Pasternak* (Бори́с Пастернáк, 1890-1960) erfand z. B. in seinem keineswegs systemkonformen und deshalb von sowjetischen Verlagen abge-

37 Angabe der Gesellschaft für deutsche Sprache e.V., Wiesbaden. Internetadresse: www.gfds.de .

lehnten Roman „Doktor Schiwago“ («До́ктор Жива́го») die Gestalt des *Iwan Iwanowitsch* (Ива́н Ива́нович).

Die oben zitierte Zahl der Träger des Familiennamens Iwanow im vorrevolutionären Sankt Petersburg stammt wie die folgenden Angaben aus dem Buch des russischen Autoren B. O. Unbegaun «Ру́сские фами́лии» („*Russische Familiennamen*“; zitiert nach www.imena.org), das eine Liste der 100 häufigsten Familiennamen in Sankt Petersburg enthält. Fast zu erwarten ist, dass deutsche Familiennamen noch heute zu den häufigeren in Sankt Petersburg zählen: Шмидт / Шмит, Ми́ллер, Шульц / Шу́льце (*Schmidt / Schmit, Müller, Schulz / Schulze*). Peter I. hatte seinerzeit mit Wohlbedacht viele Deutsche in seine Stadt geholt, denn sie waren als geschickte Handwerker und hervorragende Gelehrte geschätzt.

Der interessierte Laie kann beim Lesen der Liste der russischen Familiennamen feststellen, dass sehr viele von Vornamen abstammen. Ein Grund dafür bestand darin, dass die ursprünglichen Rufnamen (heute Vornamen) nicht mehr ausreichten zur Unterscheidung der wachsenden Zahl von Menschen, die auf engem urbanen Raum zusammenlebten.

So wurde dem Rufnamen eines Kindes der Name des Vaters angefügt. Um diesen wiederum vom Vornamen zu unterscheiden, bedurfte es der sprachlichen Differenzierung, im Russischen unter anderem durch die Suffixe -ов bzw. -ев. Hier einige Beispiele.

***Vorname* – Имя**	***Familienname* – Фами́лия**
Ива́н	Ивано́в
Васи́лий	Васи́льев
Пётр	Петро́в
Михаи́л	Миха́йлов
Фёдор	Фёдоров
Я́ков	Я́ковлев
Андре́й	Андре́ев
Алексе́й	Алексе́ев
Алекса́ндр	Алекса́ндров

Die oben aufgeführten zehn Namen gehören zu den 14 häufigsten russischen Familiennamen.

Von Tieren abgeleitete Familiennamen bilden eine weitere große Gruppe. Auch hierfür einige Beispiele:

Бы́ков	бык	*Stier*
Волко́в	волк	*Wolf*
Воро́нин	во́рон	*Krähe*
Гу́сев	гусь	*Gans*
За́йцев	за́яц	*Hase*
Козло́в	козёл	*Ziegenbock*
Ле́бедев	ле́бедь	*Schwan*
Орло́в	орёл	*Adler*
Со́колов	со́кол	*Falke*
Соловьёв	солове́й	*Nachtigall*

Angesichts tausender Menschen mit gleichem Namen verstehen wir, dass es die wohl *mehr als zehn Millionen Einwohner Moskaus*[38] (бо́лее десяти́ миллио́нов жи́телей Москвы́) bestimmt nicht immer leicht haben sich bzw. ihre Namen auseinander zu halten.

Da mögen sich *die Moskauer* (москвичи́) nur teilweise damit trösten, dass *die Hauptstadt* (столи́ца) und ihr Name Москва́ (*Moskau*) oft als Namensgeber gewürdigt werden. Zitiert seien nur der *Hauptstadtwodka* (во́дка «Столи́чная») oder der sibirientaugliche Autotyp *Moskwitsch* («Москви́ч»; bitte im Unterschied zum Deutschen auf der zweiten Silbe betonen), dessen Motor selbst bei 20 Grad Frost spielend startet – mit der handbetriebenen Anlasserkurbel!

38 Die offizielle Einwohnerzahl Moskau liegt bei neun Millionen. Inoffiziell rechnet man jedoch mit mehr als zehn, vielleicht sogar mit bis zu zwölf Millionen Einwohnern. Viele Zuzügler lassen sich nicht registrieren bzw. leben illegal in der Hauptstadt. Unter www.moskau.ru finden Sie eine breite Palette von Informationen über die Hauptstadt, in Russisch und in Englisch.

Ebenfalls ein sehr häufiger Familienname in Russland ist *Smirnov* (Смирнóв). Er ist abgeleitet von мир. Dieses Wort bezeichnete ursprünglich die *Dorfgemeinde*, nahm später die Bedeutung *Frieden* an und heißt heute auch *Welt*. Eine lange, interessante Wortgeschichte. Gar nicht russisch, dafür umso lustiger klingen demgegenüber solch seltene Familiennamen wie «Е», «Ю» oder «О». Diese Vokale allein sind tatsächlich der ganze Familienname! Nicht ungewöhnlich, weil auch in anderen Ländern üblich, ist die Namensgebung nach bekannten und berühmten Personen. Джак Лóндон (*Jack London*) und Ивáн Грóзный (*Iwan Grosny*) sind auf diese Weise noch immer unter uns.

Zum Schluss (наконéц) der Versuch einer Antwort auf die alte Frage: War *Iwan der Schreckliche* (Ивáн Грóзный) wirklich so schrecklich? Früher wurde der Beiname dieses Zaren «Грóзный» stets mit „*schrecklich*" übersetzt, heute, aus der bisweilen verklärenden Sicht der Nachwelt, wird er mitunter auch als „der Gestrenge" wiedergegeben. Грóзный bedeutet laut Wörterbuch tatsächlich nicht im höchsten Maße „schrecklich" oder „gewalttätig", sondern *stark, streng, gewaltig, gewaltsam.*

Lesen wir zur Abwechslung einmal im Buch „Reise durch Russland" von Alexandre Dumas: „Eine Handschrift des Zaren Nikolaus, datiert vom 17. März 1808, ist in der Eremitage ausgestellt und enthält folgende Zeilen:

> *„Zar Iwan Wassiljewitsch IV. war streng und jähzornig, weswegen er der Schreckliche genannt wurde. Indessen war er gerecht und tapfer, belohnte Verdienste großmütig und trug ganz besonders zur Wohlfahrt und Entwicklung seines Landes bei.*
> *Nikolaus"*

Allerdings war Nikolaus zwölf Jahre alt, als er dies schrieb.

Mit eiserner Hand schmiedete Iwan IV. (1530-1584) im 16. Jahrhundert die vielen kleinen Fürstentümer, die die Eroberung der Kiewer Rus durch die Mongolen im Jahr 1240 für mehr als 200

Jahre hinterlassen hatte, wieder zu einem starken russischen Zentralstaat zusammen. Insofern hat dieser Zar eine überragende historische Rolle gespielt. Andererseits erdolchte der extrem misstrauische Monarch im Verlaufe seiner siebenunddreißig Jahre währenden Schreckensherrschaft mit eigener Hand zum Beispiel den Bojaren Obolenski, wegen Majestätsbeleidigung, wie es hieß. Auch befahl er, Hunderte von Einwohnern Nowgorods brutal hinzuschlachten, weil er den Eindruck hatte, dass sich die Stadt gegen ihn aufgelehnt hätte. Zu Dutzenden ließ er Bojaren wegen Ungehorsams in Moskau an den Galgen hängen oder in siedendem Wasser kochen, zwang Untergebene zu Bruder- und Vatermord und erschlug in einem Wutanfall schließlich seinen ältesten Sohn. Wie steht es also mit seinem Beinamen? *Urteilen Sie selbst!* (Суди́те са́ми!)

Zum Nachtisch – На десерт (7)

Entschuldigen Sie bitte, wo …?

In einem fremden Land müssen sich Besucher oft nach etwas erkundigen. Nun möchte ich nicht zu jener Sorte Menschen gehören, die dadurch auffallen, dass sie ungeniert und manchmal geradezu arrogant eine Verkäuferin oder einen Passanten unvermittelt auf Deutsch ansprechen in der Erwartung, dass sie ja jeder verstehen muss. Vielmehr legen wir uns in meiner Familie für jedes Land, das wir besuchen, einige Wendungen zurecht. Das erleichtert die Kommunikation wesentlich.

Stellen Sie sich vor, eine Touristin steht auf dem Roten Platz in Moskau, blickt auf die hohe Kremlmauer und stellt einem vorübergehenden jungen Mann einige Fragen. Hören wir ihrem kurzen Gespräch zu!

Извините, пожалуйста, где находится ГУМ?	*Entschuldigen Sie bitte, wo befindet sich das GUM?*
Вот он. Вы сто́йте перед ним.	*Da ist es. Sie stehen davor.*
А это мавзолей?	*Und das ist das Mausoleum?*
Да, но он сегодня закрыт.	*Ja, aber es ist heute geschlossen.*
Скажите, пожалуйста, где гостиница «Россия»?	*Sagen Sie bitte, wo ist das Hotel „Rossija"?*
Это недалеко. Идите направо.	*Nicht weit. Gehen Sie nach rechts.*
За храмом Василия Блаженного вы увидите гостиницу.	*Hinter der Basiliuskathedrale sehen Sie schon das Hotel.*
А Исторический музей?	*Und das Historische Museum?*
Он там, налево.	*Das ist dort links.*
Сто́ит посмотреть его.	*Es lohnt sich es sich anzusehen.*
А как пройти к станции метро?	*Und wie komme ich zur Metrostation?*
Она тоже недалеко.	*Die ist auch nicht weit weg.*
Пять минут ходьбы.	*Fünf Minuten zu Fuß.*
Идите налево, потом прямо через переход.	*Gehen Sie nach links, dann geradeaus durch die Unterführung.*
Улица Горького далеко отсюда?	*Ist die Gorkistraße weit weg von hier?*

Да, лучше возьмите такси.	*Ja, Sie nehmen besser ein Taxi.*
Большое спасибо!	*Vielen Dank!*
Не за что. До свидания!	*Gern geschehen.* *Auf Wiedersehen!*

Sie sehen, für die einfachste Frage reichen drei Worte aus: Где? (*Wo?*) + находится (*befindet sich*) + die Bezeichnung dessen, was Sie suchen. Aber es geht noch kürzer! Auf Deutsch sagen wir auch „Wo ist das und das?" Die Kopula „ist" wird im Russischen meist nicht gebraucht. „*Wo ist das Mausoleum?*" heißt deshalb kurz und bündig: «Где мавзолей?» und „*Wo ist das Bolschoi-Theater?*" fragt man auf Russisch: «Где Большой театр?»

Natürlich sollte ein Gast des Landes nicht gar zu kurz angebunden sein. Ein freundliches Wort zur Begrüßung stellt den ersten Kontakt her: «Здравствуйте!», «Добрый день!» (beides bedeutet „*Guten Tag!*"; siehe auch Seite 39), «Извините, пожалуйста!» („*Entschuldigen Sie bitte!*"), «Девушка!» („*Fräulein!*"), «Молодой человек!» („*Junger Mann!*"; zu diesen beiden Worten siehe auch die Seiten 153 bis 155), «Скажите, пожалуйста, как пройти к ...!» („*Sagen Sie bitte, wie komme ich zum / zur ...!*"; nach der Präposition к folgt der Dativ), «Покажите мне, пожалуйста, ...!» („*Zeigen Sie mir bitte ...!*"; mit dem 4. Fall des erfragten Substantivs).

Wörter und Wendungen, die Ihnen helfen eine Auskunft zu verstehen

Adverbien: прямо (*geradeaus*), налево (*links*), направо (*rechts*), далеко (*weit*), недалеко (*nicht weit weg*), близко (*nahe*), пешком (*zu Fuß*).

Präpositionen: перед (*vor*), за (*hinter*; in diesem Zusammenhang meistens mit dem Instrumental, dem 5. Fall gebraucht), рядом с (*neben*; nur mit dem Instrumental), в (*in*), на (*auf*). Die beiden letzten Präpositionen werden mit dem 4. Fall verwendet, nämlich in der Antwort auf die Frage „Wohin?", oder mit dem 6. Fall, auf die Frage „Wo?". Beispiele: перед вокзалом (*vor dem Bahnhof*), за школой (*hinter der Schule*), рядом с музеем (*neben dem Mu-*

seum), в парк (*in den Park*), в парке (*im Park*), на улицу (*auf die Straße*), на улице (*auf der Straße*).
Verben: Идите прямо! (*Gehen Sie geradeaus!*), Возьмите такси! (*Nehmen Sie ein Taxi!*), Едите автобусом / на трамвае! (*Fahren Sie mit dem Bus / mit der Straßenbahn!*).

Zur Bezeichnung der Linien von Bus, Straßenbahn und O-Bus verwendet die russische Sprache die Ordnungszahlwörter (siehe Seite 120). „*Ich fahre mit dem Bus Nr. 4*" heißt auf Russisch: «Я еду на четвёртом автобусе». Sie benötigen hier also den Präpositiv des Ordnungszahlworts mit der Endung -ом oder -ем und natürlich den passenden 6. Fall der Bezeichnung für das Transportmittel, der hier immer auf -е endet. Alsdann, gute Fahrt!

Kapitel 8 – Глава восьмая

„Was weiß ich? Nichts weiß ich.“ «Что знаю я? Я ничего не знаю.»

Der da bekannte nichts zu wissen, war *Jewgeni Alexandrowitsch Jewtuschenko*, geb. 1933 (Евге́ний Алекса́ндрович Евтуше́нко, р. 1933). Die Überschrift zu diesem Kapitel ist seinem Gedicht «Глубо́кий снег» („*Tiefer Schnee*“) entnommen. Geschrieben hat es der wegen seiner freiheitlichen Gesinnung und der Kritik am sowjetischen Antisemitismus von der Kommunistischen Partei ungeliebte und zeitweise verbotene Dichter in tiefer Verzweiflung über den desolaten Zustand der Welt, in der er lebte. Er zweifelte und verzweifelte an so manchem Geschehen in der jungen Sowjetunion. Mit seiner humanen und ästhetischen Lyrik und Prosa versuchte Jewtuschenko seine Mitmenschen wachzurütteln, zu bilden und zu erziehen.

In kommunistischen Zeiten wurde das Bildungsideal nach W. I. Lenin oft mit diesen Worten zitiert: Учи́ться, учи́ться, учи́ться! *Lernen, lernen, nochmals lernen!* – so die gängige Übersetzung in der DDR. Das Adverb „nochmals“ im Deutschen glättete den Rhythmus. So wurde *das Zitat* (цита́та) – politisch gewollt und literarisch aufgeputzt – bald *ein geflügeltes Wort* (крыла́тое сло́во). Früher allgegenwärtig, ist diese Losung heute bei den meisten Jugendlichen in Russland in Vergessenheit geraten, obwohl die Idee des lebenslangen Lernens an sich natürlich nicht von der Hand zu weisen ist. PISA, die internationale Studie zur Untersuchung von Schülerleistungen[39], hat bewiesen, wie aktuell das Thema in vielen Ländern ist. Auch in Russland, das wie Deutschland nur im unteren Drittel der Rangskala landete, wurde *PISA* heiß diskutiert. Auf Russisch heißt das Programm ПМОО – Програ́мма междунаро́дной оце́нки обуа́ющихся, wörtlich: *Programm der internationalen Einschätzung von Schülern.*

39 PISA (Programme for International Student Assessment), eine über zehn Jahre angelegte und mehr als dreißig Länder umfassende Schulleistungsstudie, die von der Organisation für wirtschaftliche Zusammenarbeit und Entwicklung (OECD) ab 2 000 durchgeführt wurde. Deutschland lag bei den ersten Ergebnissen z.T. weit unter dem OECD-Durchschnitt.

Die Russische Föderation (Росси́йская Федера́ция) nahm sich bald nach ihrer Gründung im Jahr 1991 auch des Bildungssystems an. *Eine Wende im Bildungssystem* (переворо́т в систе́ме образова́ния) braucht aber verständlicherweise viel Zeit. Schnell wie die Pilze schossen dagegen *Privatschulen* (ча́стные шко́лы) aus dem Boden. Allein in Moskau listet das föderative *Ministerium für Bildung* (министе́рство образова́ния oder kurz: минобразова́ния) auf seiner offiziellen Webseite für das Jahr 2003 etwa 250 Privatschulen auf; eine Zahl, die seit ein paar Jahren stagniert. *Neureiche* (но́вые ру́сские) und Familien mit mittlerem Einkommen gibt es inzwischen in jeder größeren Stadt in nicht geringer Zahl, sodass die Privatschulen ähnlich denen in westlichen Ländern hohe Schulgebühren verlangen können und trotzdem immer ausreichend Bewerber haben. Wer sein Kind eine solche Eliteschule besuchen lassen will, der muss tief in die Tasche greifen. Die Ausbildung kostet *300 bis 1 200 Dollar* (от трёхсо́т до ты́сячи двухсо́т до́лларов) – *im Monat* (в ме́сяц)!

Vor allem in größeren Städten wurden nach der Auflösung der Sowjetunion alte Schulnamen wieder aufgegriffen und westliche Schulformen neu eingeführt: лице́й, гимна́зия, ко́лледж (*Lyzeum, Gymnasium, College*), vor allem für Privatschulen nach westlichem Vorbild.

Ein prominentes Beispiel für eine Privatschule ist die in zaristischen Zeiten entstandene, in der Sowjetunion als Suworow-Militärschule fortgeführte und nach der Perestroika wieder eröffnete Moskauer Kadettenschule. Ihr wortgewaltiger vollständiger Name lautet: Пе́рвый Моско́вский Вели́кого Кня́зя Дми́трия Донско́го Каде́тский Ко́рпус (*Erstes Moskauer Kadettenkorps „Großfürst Dmitri Donskoj*"). Bereits 1993 wurden die ersten *Kadetten* (каде́ты) aufgenommen. Seit 1995 ist die Schule eine staatlich anerkannte Bildungsstätte, die das Reifezeugnis und auch Berufsabschlüsse vergeben kann. *Eltern* (роди́тели) schicken ihre Söhne schon im Alter von zehn Jahren auf diese Zuchtanstalt. Viele dieser Eltern sind selbst военнослу́жащие (*Militärangehörige*) und wollen ihren Kindern eine ebensolche Zucht und Ordnung, strenge Erziehung und gediegene Ausbildung zuteil werden lassen. Andere wollen offenbar vermeiden, dass ihre Söhne Straßenkinder werden und stecken sie aus diesem Grund zu den Kadetten. Teil dieser Ausbildung sind außer den für alle Schulen verbindlichen Lehrinhalten für diese Altersstufen eine umfangreiche, harte *Militärausbildung* (вое́нная подгото́вка) sowie diverse *Kurse und Arbeitsgemeinschaften* (ку́рсы и кружки́ / клу́бы). Zu den an der „Kadette" unterrichteten Fächern gehören *die Pflichtfremdsprachen* (обяза́тельные иностра́нные языки́): *Englisch* (англи́йский язы́к), *Französisch* (францу́зский язы́к) und *Latein* (лати́нский язы́к) sowie *Fächer* (предме́ты) wie *Karate* (карате́), *Fechten* (фехтова́ние) und *klassischer Tanz* (auf Russisch im Plural: класси́ческие та́нцы). Dieses *einerseits* (с одно́й стороны́) militärisch-rigide, aber *andererseits* (с друго́й стороны́) auch sehr traditionsbewusste und exzellente allgemein bildende Programm der Schule findet großen Zuspruch.

In russischen Schulen werden die Grundwerte der Erziehung traditionell hoch geachtet: *Ordnung* (поря́док), *Disziplin* (дисципли́на) und *Leistung* (успева́емость). Die Schüler sind freilich nicht anders als in anderen Ländern. Es gibt *laute* (шу́мные), *rauflustige* (дра́чливые), *unverschämte* (на́глые), aber auch *stille* (ти́хие), *bescheidene* (скро́мные), *höfliche* (ве́жливые) Mädchen und Jungen. Es gibt *fleißige* (приле́жные) und *faule* (лени́вые) unter ihnen.

Die kleinen Mädchen werden von Erwachsenen де́вочки gerufen, де́вушки dagegen *die größeren Mädchen. Einen Jungen* spricht man mit ма́льчик an. *Ein kleiner Junge* hört auf мальчи́шка. Diese Anrede, мальчи́шка, passt ebenfalls gut auf einen unerfahrenen, unernsten jungen Mann, sozusagen „ein Jungchen". Де́вушка hingegen entspricht auch der deutschen Anrede „*junge Frau*", ungeachtet ihres Alters, z. B. in Geschäften. Dass der Gebrauch dieser Bezeichnungen noch viel komplizierter ist als hier verkürzt beschrieben, möge der Beginn des Gedichts „*April*" («Апре́ль») verdeutlichen, das *Bella Achatowna Achmadulina, geb. 1937* (Бе́лла Аха́товна Ахмаду́лина, р. 1937) im Jahr 1959 geschrieben hat:

Вот де́вочки – им хо́чется любо́вь.
Вот ма́льчики – им хо́чется в похо́ды.

Meine Übersetzung:
Da sind die Mädchen – sie wollen Liebe.
Da sind die Jungen – sie zieht es in die Ferne.

Hier geht es nicht mehr um die „kleinen" Mädchen und Buben. Die Wörter де́вочки und ма́льчики beziehen sich in diesem Gedicht auf junge Erwachsene und ihre Sturm- und Drangzeit.

Das Substantiv тётя (*Tante*) bezeichnet – wie im Deutschen – in der Kindersprache neben dem Verwandtschaftsgrad auch jede andere erwachsene, weibliche Person. Ба́бушка (*Großmutter*) ist sowohl eine Verwandtschaftsbezeichnung als auch die umgangssprachliche, nicht in jeder Situation passende Bezeichnung für eine ältere Frau. In der Familie umschmeicheln die ganz Kleinen ihre ба́бушка (*Großmutter, Oma*) liebevoll бабу́ся oder бабу́ля (beide: *Omi*) und duzen sie auch meist. Sobald die Kinder jedoch größer werden, war bis vor kurzem auch das respektvolle Siezen eine althergebrachte Tradition. Wenige Jahre vor dem Beginn der Perestroika erzählte mir eine junge Russin, dass auch in ihrer Familie die Kinder, bis sie *volljährig* (совершеннoле́тние) waren, ihre Eltern und Großeltern mit „Sie" anredeten. Bei den Türken und anderen orientalischen Völkern ist dieser Brauch ganz selbstverständlich.

Ein kleiner Absatz über die Entstehung von Wörtern sei hier eingeschoben. Die Ausgangsform für die oben genannten Bezeichnungen der Großmutter ist das Substantiv ба́ба. Sie kennen das Wort möglicherweise aus dem Märchen von der Hexe *Baba Jaga* (Ба́ба Яга́ [ˈbabə jɪˈga], bitte die Betonung beachten!). Dieses Wort ба́ба entwickelte sich aus den ersten, gelallten Silben der Babys. Weitere auf Lallworte zurückgehende Substantive sind im Russischen z. B. па́па, ма́ма, дя́дя, тётя, ня́ня, де́ти (*Papa, Mama, Onkel, Tante, Amme, Kinder*). In anderen Sprachen bildeten sich solche Wörter auf dieselbe Art heraus. Durch Lautnachahmung (Onomatopöie) entstanden auch Kuckuck, Kikeriki, schwirren, watscheln, zischen oder die kindlichen Wörter für Auto, Ente und Hund: Tutut, Gackgack, Wauwau. Beispiele für russische Verben, die durch Lautmalerei gebildet wurden, sind мяу́кать (*miauen*), кукаре́кать (*krähen*), бу́лькать (*plätschern*). Soviel in Kürze über einige onomatopoetische Wörter unter den Bezeichnungen für Tiere, Sachen und Menschen.

Ein junger Mann wird in der russischen Alltagssprache mit молодо́й челове́к angeredet. Aber auch hier sieht – wie bei де́вушка – niemand so genau auf das Alter des Angesprochenen. Ungeachtet der wörtlichen Übersetzung *junger „Mensch"* ist mit молодо́й челове́к allerdings stets nur *ein junger „Mann"* gemeint. Ein Hinweis auf die Zeiten des Patriarchats. Mit челове́к (*Mensch*) war früher, in urslawischen Zeiten wahrscheinlich ausschließlich der „erwachsene, wehrhafte Mann" gemeint. Anders als übrigens das deutsche Wort „Mensch", das bereits in althochdeutscher Zeit neben „Mann" und „Menschheit" auch „das Mädchen, die Magd" bezeichnete. Daher vielleicht heute die umgangssprachliche, dialektale Rede von einer Frau als „das Mensch", Plural: „die Menscher", wie ich es z. B. in Thüringen gehört habe.

Ein weiterer Begriff für den *jungen Mann* ist ю́ноша (*Bursche* von 17-25; das aus dem Gebrauch gekommene Wort *Jüngling* träfe hier gut zu). Ein drittes Wort für das junge starke Geschlecht ist па́рень. Dieses Substantiv kann aber auch – bei der Beschreibung des Charakters – jeden anderen jüngeren oder älteren Mann bezeichnen: Он хоро́ший па́рень. (*Er ist ein guter Kerl.*) *Der Freund, der junge Mann*, mit dem *ein Mädchen* (де́вушка) geht, ist also ihr па́рень. Wenn es ernster wird, dann ist er ihr *Liebster, Geliebter* – люби́мый. Sie wendet sich ihm zu mit мой люби́мый – *mein Liebster*. Und er beginnt in diesem Stadium ihrer Liebe seine Briefe mit den zärtlichen Worten: Люби́мая моя́! (*Meine Herzallerliebste!*). Nach der Briefanrede folgt wie im Deutschen (im Gegensatz zum Komma im Englischen, das sich allerdings auch hierzulande durchzusetzen beginnt) im Russischen in der Regel ein Ausrufezeichen.

Der Großvater hört auf das Diminutivum де́душка – wenn er denn noch hören kann oder will. Die Grundform дед (ebenfalls aus einem kindlichen Lallwort entstanden) kennen Sie längst, nämlich vom Дед Моро́з, den wir mit *Väterchen Frost* übersetzen, der aber eigentlich „*Groß*"*väterchen Frost* ist.

Wenn Russen in nachlässiger Weise erwachsene Personen ansprechen, deren Namen sie nicht kennen, benutzen sie auch die Substantive мужчи́на (*Mann*) und же́нщина (*Frau*), z. B.: «Мужчи́на, помоги́те мне, пожа́луйста!» (etwa: „*He, junger Mensch, helfen Sie mir, bitte!*"). Der Gebrauch beschränkt sich jedoch auf die einfache Umgangssprache und ist Ihnen weniger zu empfehlen.

Wir hatten das Kapitel mit dem Thema Bildung und Schule begonnen und wollen nun daran anknüpfen.

Die staatliche Bildung und Erziehung (госуда́рственное образова́ние) beginnt in Russland mit der Krippe und dem Kindergarten. *In die Krippe gibt man Kinder bis zu drei Jahren.* (В я́сли отдаю́т дете́й до трёх лет.) Das Wort *Krippe* ist ein Pluraletantum, das heißt ein immer nur in der Mehrzahl gebrauchtes Wort. *Unser Kolja ist heute in der Krippe* heißt darum: На́ш Ко́ля сего́дня в я́слях, mit der Endung des Präpositiv Plural: в я́слях. Wenn sie etwas älter sind, etwa ab dem 3. Lebensjahr, heißt es dann: *Unsere Kinder gehen schon in den Kindergarten.* (На́ши де́ти уже́ хо́дят в де́тский сад.) In Sowjetzeiten waren beide Einrichtungen kostenlos. Diese Zeiten sind vorbei. *Im Alter von sechs oder sieben Jahren* (в во́зрасте шести́ или семи́ лет) *kommen die Kinder in die Schule* (де́ти иду́т в шко́лу). Auch in Russland gibt es indes Bestrebungen, den Schulbeginn noch weiter nach vorn zu verlegen und die Kleinen bereits mit fünf Jahren aus dem Haus zu geben. Dann wäre allerdings wieder ein Jahr unbeschwerter Kindheit und Umsorgtheit in der Familie für die Kinder verloren!

Das Kind heißt auf Russisch ребёнок. Im Plural gibt es dafür zwei Formen. *Kinder* im frühen Schulalter sind де́ти; für größere *Kinder* oder in der burschikosen Anrede Erwachsener mit „Na, Kinder?" gebraucht man meist das Wort ребя́та, welches der eigentliche Plural von ребёнок ist. *Die Kinder gehen zur Schule* heißt auf Russisch entweder wie oben: де́ти **иду́т** в шко́лу oder де́ти **хо́дят** в шко́лу. Warum diese verschiedenen Verben für „gehen“? Hierzu finden Sie mehr auf den Seiten 243ff.

Eines Tages, wenn die Kinder dann herangewachsen sind, *gehen sie auf eine Hochschule*: Они́ поступа́ют в вуз. Auch zum Verb in dieser Wendung muss etwas mehr gesagt werden.

Das Verbenpaar поступа́ть und поступи́ть bedeutet *eintreten*, wird aber auch zur Bezeichnung des Beginnens einer Tätigkeit verwendet, zum Beispiel: поступа́ть / поступи́ть в вуз – *sich an einer Hochschule immatrikulieren lassen*, поступа́ть / поступи́ть на рабо́ту – *eine Arbeit aufnehmen*.

Ich habe gerade zu jedem deutschen Verb zwei russische Pendants angeführt. Warum? Nehmen wir ein Beispiel. Ihr russischer Bekannter sagt zu Ihnen: «Вчера́ я отдыха́л на мо́ре.» Sie kennen die einzelnen Worte: Вчера́ (*gestern*), я (*ich*), отдыха́ть (*sich erholen*), на мо́ре (*am Meer*). Aber was können Sie der Äußerung wirklich entnehmen? War der Mann nun am Meer um sich zu erholen? Oder ist er erholt zurückgekommen?

Um etwas tiefer in dieses Problem einzudringen, zunächst noch zwei Sätze:
Вчера́ Макси́м чита́л пять часо́в.
К ве́черу он прочита́л кни́гу.

Übersetzung (перевод):
Gestern hat Maxim fünf Stunden lang gelesen.
Am Abend hatte er das Buch ausgelesen.

Die Tätigkeit ist in beiden Sätzen identisch: lesen. Die Verben чита́л und прочита́л besitzen also die gleiche Bedeutung. Trotzdem drücken sie verschiedene Nuancen der Handlung aus. Denn aus der adverbialen Ergänzung bzw. der Vorsilbe des Verbs in der deutschen Übersetzung wird deutlich: Im ersten Satz geht es um den Prozess des Lesens und um seine Dauer. Im zweiten jedoch um das Ergebnis der Handlung: Maxim hat das Buch fertig gelesen. Hier handelt es sich demnach um das Ende, um das Abgeschlossensein der Tätigkeit.

In diesem Sinn wird прочита́ть als der abgeschlossene, *der vollendete Aspekt des Verbs* (соверше́нный вид глаго́ла) bezeichnet. Leider beschreibt der gebräuchliche deutsche Terminus die Sachlage nur zum Teil (es gibt aber keinen besseren). Das Verb прочитáть gibt nämlich auch eine Handlung in ihrer Gesamtheit wieder, vom Anfang bis zum Ende, also die zeitliche Begrenztheit der Handlung oder die ganze Tätigkeit „vollkommen" (insofern trifft der russische Terminus eher zu, denn совершéнный bedeutet unter anderem *vollkommen*). Schematisch lässt sich das so verdeutlichen:

Begrenzte Handlung – Vollendeter Aspekt

Zur Erläuterung: Derjenige, der etwas sagt oder schreibt (der Produzent der Sprache, hier als Auge dargestellt), überblickt die

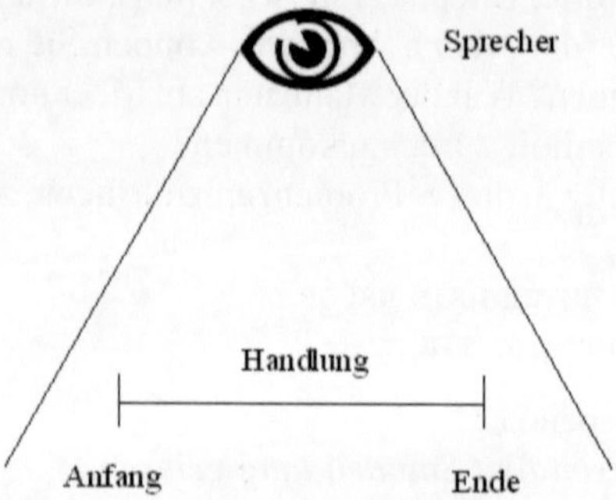

Handlung in ihrer Gänze. Diese Sichtweise, diesen „Aspekt" teilt er dem Hörer durch das vollendete Verb mit: он прочитáл кни́гу (er hat das Buch ausgelesen). Der Hörer weiß deshalb allein schon durch den vollendeten Aspekt des Verbs, dass Maxim nun das ganze Buch gelesen hat. Im Deutschen drücken wir diesen Tatbestand durch Hinzufügen von „fertig" oder mit dem Präfix „aus-"gelesen aus. Weitere Beispiele: Врач сказáл, что я здорóв. (*Der Arzt hat gesagt, dass ich gesund bin.*), Роди́тели послáли дóчке большýю посы́лку. (*Die Eltern haben ein großes Paket an ihre Tochter geschickt.*) In beiden Sätzen geht es um eine abgeschlossene Handlung: Der Arzt hat eine einmalige Aussage getroffen; die Eltern haben ein Paket für ihre Tochter aufgegeben oder es ist schon bei ihr angekommen.

Der vollendete Aspekt kann nur in der Vergangenheit (Präteritum) und in der Zukunft (Futur) verwendet werden. Eine vollkommen überschaubare Handlung, mit Anfang und/oder Ende, ist im gegenwärtigen Moment nicht darstellbar. Es gibt deshalb keine Formen des Präsens von vollendeten Verben.

Zwei weitere Beispiele, die die Anwendung und Bedeutung der vollendeten Aspekte im Präteritum und im Futur zeigen:

Вчера́ Степа́н написа́л письмо́ Еле́не.
Gestern hat Stepan Jelena einen Brief geschrieben.

Ско́ро она́ ему́ напи́шет отве́т.
Bald wird sie ihm die Antwort schreiben.

Den Verfasser dieser Sätze interessiert weniger die bloße Tätigkeit des Schreibens, vielmehr möchte er durch die Wahl des vollendeten Aspekts in beiden Sätzen ausdrücken, dass der Brief wirklich abgefasst wurde (Präteritum) bzw. fertig geschrieben werden wird (Futur).

Der unvollendete Aspekt des Verbs (несоверше́нный вид глаго́ла) beschreibt

- eine Handlung, die gerade abläuft, d. h. der Sprecher möchte, dass sich der Zuhörer in die ablaufende Handlung versetzen kann, z. B. Я пишу́ кни́гу. (*Ich schreibe gerade an einem Buch.*), До́ктор говори́л с пацие́нтом. (*Der Doktor sprach mit dem Patienten.*), Де́ти бу́дут сиде́ть на полу́ и слу́шать му́зыку. (*Die Kinder werden auf dem Fußboden sitzen und der Musik zuhören.*)

Diese Sichtweise auf eine im Ablauf begriffene Handlung, bei der der Anfang oder das Ende außerhalb des Interesses des Sprechers liegen und deshalb nicht ausgedrückt werden sollen, wird folgendermaßen dargestellt:

Ablaufende Handlung – Unvollendeter Aspekt

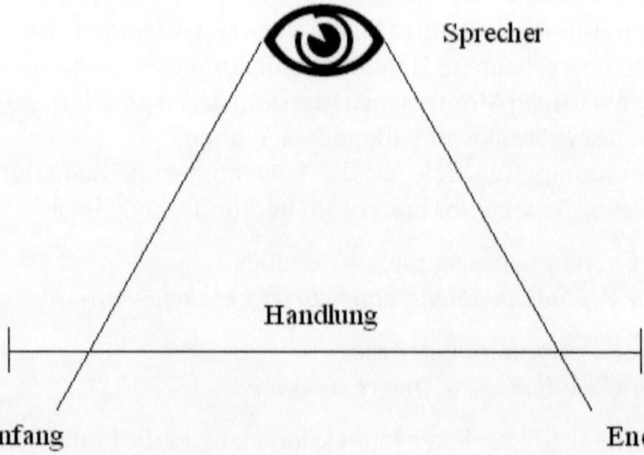

- eine Handlung, die sich mehrere Male wiederholt. Auch in dieser Bedeutung kann das unvollendete Verb im Präsens, im Präteritum oder im Futur eingesetzt werden.

Hierfür ebenfalls einige Beispiele:
Оле́г ча́сто расска́зывает шу́тки. (*Oleg erzählt oft Witze.*). Когда́ Татья́на была́ студе́нткой, она́ ка́ждый ме́сяц получа́ла посы́лку от роди́телей. (*Als Tatjana Studentin war, erhielt sie jeden Monat ein Paket von ihren Eltern.*) Ты всегда́ бу́дешь помога́ть мне? (*Wirst du mir immer helfen?*)

Die Sichtweise des Sprechers sieht dann so aus: Die einzelnen Akte der Handlung in dieser Darstellung bedeuten Wiederholungen ein und derselben Handlung, die jeweils für sich gesehen natürlich einen Anfang und ein Ende haben können.

Wenn zum Beispiel ein Mädchen ihrem Liebsten jeden Tag einen Brief schreibt, dann ist die Handlung des Briefeschreibens natürlich jedes Mal in sich abgeschlossen, aber die tägliche Wiederholung wird durch den unvollendeten Aspekt des Verbs als ein sich wiederholender Vorgang ohne zeitliche Begrenzung wiedergegeben.

Wiederholte Handlung – Unvollendeter Aspekt

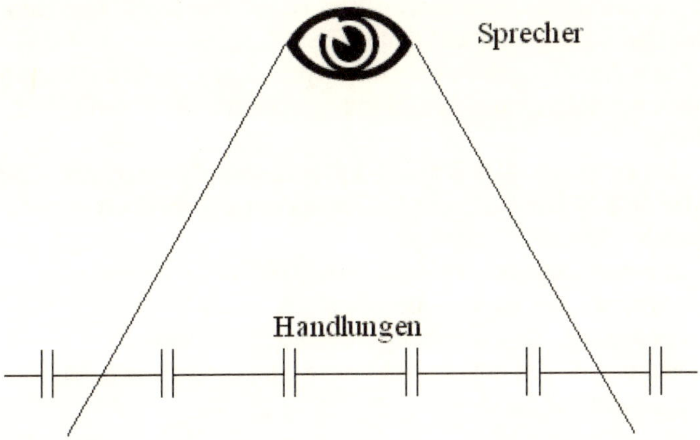

Können Sie die Frage von oben jetzt beantworten? Was teilt Ihnen Ihr Bekannter mit dem Satz «Вчерá я отдыхáл на мóре.» wirklich mit? Sie können das kleine Problem nur lösen, wenn Sie wissen (oder im Wörterbuch nachgesehen haben), dass das Verb отдыхáть unvollendet ist, der vollendete Aspekt lautet: отдохнýть (*sich erholen*). Die Lösung: Da das unvollendete Verb den Ablauf einer Handlung ausdrückt, nicht aber deren Ergebnis, hat Ihr Bekannter lediglich berichtet, was er gestern gemacht hat. Ob es tatsächlich eine Erholung für ihn war, das hätte er Ihnen nur mit dem vollendeten Aspekt mitteilen können.

Schließen wir unseren kleinen Ausflug in das Reich der russischen Verben mit einer weiteren kleinen Quizfrage ab. Erster Preis: Etwas besser wissen als andere! Nehmen wir an, Sie wissen, dass *essen* auf Russisch durch das Verbenpaar есть (unvollendeter Aspekt) und съесть (vollendeter Aspekt) wiedergegeben wird. Den Satz „*Sascha hat eine Melone gegessen.*“ können wir – wenn der Kontext nicht näher bestimmt ist – so übersetzen:

Сáша ел арбýз. oder Сáша съел арбýз.

Was im deutschen Satz nicht ausgesprochen wird und eines erläuternden Kontexts bedürfte, kommt in den russischen Übersetzungen deutlich zum Ausdruck. Was ist es? Viel Spaß beim Knobeln! Die Lösung steht auf Seite 176.

Nach diesem Umweg über die Aspekte der russischen Verben wollen wir noch einmal zum Bildungssystem in Russland zurückkehren.

In allen rund 64 000 Schulen der Russischen Föderation gilt die fünfstufige Notenskala. Die Lehrerinnen und Lehrer erteilen die folgenden *Zensuren* (отмéтки):
5 – пятёрка[40], das ist отли́чно (*ausgezeichnet, sehr gut*),
4 – четвёрка, das ist хорошó (*gut*),
3 – трóйка, das ist удовлетвори́тельно (*befriedigend*),
2 – двóйка, das ist неудовлетвори́тельно (*unbefriedigend*),
1 – едини́ца („*Eins*").

Die beiden unteren Noten, die „2" und die „1" bedeuten für die betroffenen Schüler неуспéх (*Misserfolg*), das entspricht unseren Noten *mangelhaft* bzw. *ungenügend,* also sitzen geblieben. Die Lehrkräfte versichern aber unermüdlich, es gebe die „1" praktisch überhaupt nicht. Wozu auch? Bereits eine „2" auf dem Zeugnis bedeutet „nicht versetzt". *Zehn Klassen* (дéсять клáссов) sind gemäß der Schulpflicht zu besuchen. *In der 11. Klasse* (в оди́ннадцатом клáссе) *legen die Schüler und Schülerinnen Abschlussprüfungen ab* (ученики́ и учени́цы сдаю́т выпускны́е экзáмены) und *erhalten ein Reifezeugnis* (получáют аттестáт зрéлости).

Das russische Schulsystem ist zweigliedrig. Es gibt *die Grundschule* und *die Mittelschule* (начáльная шкóла und срéдняя шкóла). Der Begriff вы́сшая шкóла (wörtlich: „*höhere Schule*") entspricht sprachlich und inhaltlich der deutschen *Hochschule*. Срéдняя шкóла (*Mittelschule*) heißen traditionell noch die meisten russischen Schulen, die zum Abschluss mit dem Abitur in der 11. Klasse führen. Seit den 1990er Jahren diskutiert jedoch das

40 Diese Zahlwörter sind zugleich die Namen der Ziffern 1 bis 5. Die Ziffer 4 heißt z.B. четвёрка, die Eins - едини́ца.

минобразова́ния (*Ministerium für Bildung*; siehe oben) über die Einführung eines Abschlusses mit der Hochschulreife im 12. Schuljahr, mit der die Schule an europäische bzw. angelsächsische Abschlüsse angepasst würde. Aber es wird wohl noch einige Jahre dauern, bis der Übergang zur Zwölfklassenschule vollzogen werden kann.

Bedenken äußern beispielsweise hohe Vertreter des Militärs. Sie möchten die jungen Leute möglichst frühzeitig einberufen können. Am liebsten würden sie die Jungen schon in der Schule auf den Wehrdienst vorbereiten. Die zu diesem Zweck vom Verteidigungsausschuss der Duma 2003 eingebrachte Gesetzesvorlage, nach der *die militärische Ausbildung* (вое́нная подгото́вка) wieder in den Schulen eingeführt und die elfjährige Schule beibehalten werden soll, hat bezeichnenderweise in der 450köpfigen Duma nur 42 Gegenstimmen gefunden. Im Jahr 1939 hatte Stalin schon einmal den vormilitärischen Unterricht eingeführt, zum Schutz des Sozialismus. 1993 war er wenigstens in ein fakultatives Fach umgewandelt worden. Wütend protestierten deshalb *die Abgeordneten der Staatsduma* (депута́ты Госуда́рственной ду́мы) im demokratischen Flügel, als dieser Beschluss nun 2003 wieder rückgängig gemacht wurde.

Die А́рмия Росси́и (*Armee Russlands*, in der Nachfolge der „Roten Armee“) kann junge Männer mit 18 Jahren zum Dienst für 18 Monate bzw. bei der Flotte für zwei Jahre einziehen. *Präsident Putin* (президе́нт Пу́тин) hat 2003 allerdings den Startschuss gegeben für die in Russland erstmalige Einführung eines Zivilersatzdiensts. Die bürokratische Umsetzung des Gesetzes rief aber schon 2004 wachsame Journalisten auf den Plan, die die unverfrorene Bestechlichkeit der Beamten in den Kommissionen für die Zulassung der jungen Männer zum Zivildienst anprangerten.

Ich kenne viele Kinder und Erwachsene in Russland, die fleißig fremde Sprachen lernen, auch wenn sie nicht – wie die Beschäftigten in Ungarn viele Jahre lang – für die Beherrschung von Fremdsprachen einen Lohnzuschlag erhalten. *Die erste Fremdsprache* (пе́рвый иностра́нный язы́к) ist in der Schule in der Regel *Englisch* (англи́йский язы́к). Eine *zweite Fremdsprache* (второ́й иностра́нный язы́к), die von Schulkindern sehr häufig gewählt wird, ist Deutsch. Aber natürlich können auch Französisch und andere Fremdsprachen gelernt werden. Es gibt viele Städte, in denen schon die Grundschüler ab der 1. oder 2. Klasse *Deutsch* (неме́цкий язы́к) oder – je nach dem Nachbarland – *Finnisch* (фи́нский язы́к), *Polnisch* (по́льский язы́к), *Chinesisch* (кита́йский язы́к) oder *andere Sprachen lernen* (изуча́ют други́е языки́). Der Website der deutschen Botschaft in Moskau ist zu entnehmen, dass im Schuljahr 2000/2001 von allen russischen Schulkindern *mehr als 3,5 Millionen* (бо́лее трёх с полови́ной миллио́на, wörtlich: *mehr als drei mit der Hälfte einer Million*) Deutsch lernten. Keine Statistik hat dagegen erfasst, wie viele Millionen Russen die deutsche Sprache mehr oder weniger kennen: weil sie sie in der Schule gelernt haben, für die Unterhaltung von Geschäftsbeziehungen brauchen oder – die Älteren – sie noch vom Krieg und der Nachkriegszeit her kennen. Präsident Putin überraschte seine Gastgeber bei seinem Besuch in Deutschland mit seinem ausgezeichneten Deutsch, das er während seiner fünfjährigen KGB-Tätigkeit[41] in Dresden erlernt hat.

In der Russischen Föderation wachsen viele Kinder zweisprachig auf. Ein gutes Beispiel ist die Millionenstadt *Ufa* (Уфа́), *Hauptstadt der Republik Baschkortostan* (столи́ца Респу́блики Башкортоста́н), früher Baschkirien. Sie ist seit mehreren Jahrzehnten Partnerstadt der mitteldeutschen Stadt Halle an der Saale. In Ufa bin ich oft multinationalen Familien begegnet. Zum Beispiel: Der Vater, nennen wir ihn Рави́ль Абду́ллович (*Ravil Abdullowitsch*), ist Tatare, die Mutter, lassen wir sie О́льга Петро́вна (*Olga Petrowna*) heißen, ist Russin. Ihre Kinder sind bilingual, sowohl der Sprache nach als auch durch ihre Namen. Die Tochter heißt Людми́ла (*Ljudmila*), der Sohn trägt den arabisch-muslimischen Namen seines Großvaters: Абду́л (*Abdul*; was „Gottesknecht“ bedeutet, ebenso wie der deutsche Name Gottschalk).

In Baschkortostan beherrschen fast alle Menschen mehrere Sprachen. Russisch ist als Nationalsprache Pflicht. Außerdem *ler-*

41 KGB – auf Russisch: КГБ (Комите́т госуда́рственной безопа́сности) – Komitee für Staatssicherheit.

nen die Kinder (дéти ýчат) je nach ihrer Herkunft *Tatarisch* (татáрский язы́к) oder *Baschkirisch* (башки́рский язы́к). Nicht zu vergessen ein oder zwei westeuropäische oder auch weitere asiatische Sprachen.

Eine Hochschule (вы́сшее учéбное заведéние, kurz: вуз) ist das Traumziel vieler strebsamer junger Leute. Eine erfolgreiche Hoch- oder Fachschulausbildung ist ein möglicher Garant für einen Arbeitsplatz und für guten Lohn. Das Abiturzeugnis ist *die Hochschulzugangsberechtigung* (прáво на поступлéние в вуз). Das ist jedoch erst der Anfang. Alle желáющие (*Bewerber*, *Interessenten*, wörtlich: *die Wünschenden*) müssen eine schwere *Aufnahmeprüfung* (вступи́тельный экзáмен) hinter sich bringen. Diese *Aufnahmeprüfungen*, auch кóнкурсные экзáмены oder kurz кóнкурсы (*Wettbewerbe*) genannt, arten in der Regel in einen heißen Wettkampf um die begehrten Studienplätze aus. Ehrgeizige *Absolventen* (выпускники́) von Mittelschulen, Gymnasien oder Lyzeen nehmen deshalb Nachhilfe, wenn es sich ihre Eltern leisten können. Dieser zweite Bildungsmarkt ist in Russland seit langem ein milliardenschweres Unternehmen, wie in anderen Ländern, z. B. Japan und Deutschland, ebenfalls.

Die beiden Vorzeigeuniversitäten Russlands, Magneten auch für zahlreiche ausländische Studenten, sind die МГУ (Москóвский Госудáрственный Университéт им. М. В. Ломонóсова), auf Deutsch: *MGU – Moskauer Staatliche Universität (namens) „M. W. Lomonossow“*), und die Staatliche Universität in Sankt Petersburg. Über sie später mehr.

Die МГУ (*MGU*) wurde im Jahre 1953 erbaut. Sie ist damit erheblich jünger als die Petersburger Universität. Das Hauptgebäude der MGU steht auf der höchsten Erhebung im Moskauer Gebiet (das im osteuropäischen Tiefland liegt), *etwa 80 m über dem Meeresspiegel* (приблизи́тельно вóсемьдесят мéтров над ýровнем мóря). Das ca. 240 m, mit Turm und Mast sogar mehr als 300 m hohe Gebäude ist *eine der so genannten „sieben Schwestern“* (однá из так называ́емых «семи́ сестёр»).

In diesem Zusammenhang zur Architektur einige Worte: Die sieben den amerikanischen Wolkenkratzern nachempfundenen

Hochhäuser in Moskau werden von den Stadtführern nach wie vor als Highlights einer Stadtrundfahrt gepriesen. *Westliche Architekten* (за́падные архите́кторы) bezeichnen den *Baustil der Stalinära* (архитекту́рный стиль ста́линской э́ры) als „Zuckerbäckerstil". Die „sieben Schwestern" sind prominente Beispiele dafür. Er verrät sich durch überreiche, aber funktionslose Verzierungen an Fassaden, durch Säulen und vor allem durch immer höher hinaufstrebende Türme und Türmchen. *Nach dem Tode Stalins* (по́сле сме́рти Ста́лина), *Mitte der 1950er Jahre* (в середи́не пятидеся́тых годо́в), übte *Nikita Sergejewitsch Chruschtschow* (Ники́та Серге́евич Хрущёв) harsche Kritik an diesem Baustil und forcierte stattdessen die industrielle *Plattenbauweise* (спо́соб крупнопане́льного строи́тельства), die vor allem wegen der kurzen Bauzeiten zunächst tatsächlich die leidige Wohnungsnot etwas linderte und sich trotz ihrer Eintönigkeit und Unpersönlichkeit rasch in den übrigen Ostblockstaaten ausbreitete.

Der *Austausch von Erfahrungen und Unterrichtsmaterialien* (обме́н о́пытом и уче́бными посо́биями) zwischen russischen und deutschen Schulen und Hochschulen ist seit vielen Jahren für beide Seiten ein wesentlicher Bestandteil ihrer Arbeit. Viele russische Schulen *nehmen Kontakte auf* (устана́вливают конта́кты) mit Schulen *rund um die Welt* (по всему́ ми́ру). In Deutschland hatten im Jahr 2000 *etwa 400 Schulen* (о́коло четырёхсо́т школ) einen *Schüleraustausch* (обме́н шко́льниками) mit russischen Partnern. Auf deutscher Seite wird er z. B. vom Deutschen Akademischen Austauschdienst (DAAD) und dem Pädagogischen Austauschdienst (PAD) in Bonn gefördert und unterstützt. Auf russischer Seite steht den Schulen unter anderem das Moskauer *Goethe-Institut* (Институ́т им. Гёте) zur Seite. Wenn es die Zeit zulässt und es das Institut ermöglichen kann, kommt zum Besuch der Partnerschule irgendwo in Russland sogar noch eine hochinteressante *Stadtrundfahrt durch Moskau* (пое́здка по го́роду Москве́) hinzu. *Eine Mitarbeiterin des Instituts* (сотру́дница институ́та) erzählt dabei den jungen Besuchern in Russisch, wenn nötig auch in fast akzentfreiem Deutsch, gern von ihrer Stadt.

Institutionen, Vereine und Verbände Deutschlands und Russlands helfen den interessierten Schulen *bei der Vorbereitung und Durchführung der gegenseitigen Besuche* (при подгото́вке и проведе́нии взаи́мных визи́тов) und vor allem bei der Gewinnung von Sponsoren. Das Wort *Sponsor* (спо́нсор) hat lawinenartig in der Russischen Föderation an Bedeutung gewonnen, ebenso der scheinbar allmächtige *Dollar* (до́ллар). Die staatlichen Institutionen beider Staaten unterstützen *die gegenseitigen wirtschaftlichen und kulturellen Beziehungen* (экономи́ческие и культу́рные взаимоотноше́ния) finanziell und ideell.

Zur russischen Schulpartnerschaft gehört oft auch *ein Vertrag* (догово́р). Das Substantiv догово́р enthält die Wurzel -гово́р-, die Sie vielleicht vom Verb говори́ть (*sprechen*) her kennen. Das Wort bedeutet demzufolge ursprünglich *Unterredung, Absprache*. Aber kein Vertrag ohne штамп. Was in Russland Bestand haben soll, benötigt den fast schon sprichwörtlichen, oft als bürokratisch belächelten *Stempel* (штамп). Das russische Wort dafür zeigt deutlich seine deutsche Herkunft.

Zum üblichen Ritual gegenseitiger Aufmerksamkeiten bei Besuchen gehört es, dass beispielsweise *Gäste aus Ufa* (го́сти из го́рода Уфы́) *im Rathaus* (в ра́туше) der deutschen Stadt empfangen werden. *Der Bürgermeister* oder *die Bürgermeisterin* (бургоми́стр; für dieses Amt existiert keine weibliche Bezeichnung in der russischen Sprache) *gibt einen offiziellen Empfang* (устра́ивает официа́льный приём). Und umgekehrt lassen es sich die russische *Zeitung* (газе́та) und *die Stadtverwaltung* (городска́я администра́ция) nicht nehmen, die von weither angereisten deutschen Gäste zu würdigen. Beide politischen Seiten wissen den Kulturaustausch als einen Nebeneffekt oder als Vorstufe lebenswichtiger Handelsbeziehungen zu schätzen.

Das Thema dieses Kapitels wäre unvollständig behandelt, wollten wir nicht auch diejenigen näher betrachten, die es zum Lernen und Lehren braucht, die Lerner und Lehrer.

- *Die Lernenden* oder, so der fachwissenschaftliche Terminus, *die Lerner* (уча́щиеся) werden in der Schule ученики́ oder шко́льники (*Schüler*), in der Hochschule студе́нты (*Studenten*) genannt.

- Ihre Partner in der Schule sind *der Lehrer und die Lehrerin* (учи́тель и учи́тельница). Bemerkenswert ist dabei die zweifache Bedeutung des maskulinen Substantivs: Es meint die in einer Schule angestellte Lehrkraft, wird aber – seltener – auch in der hehren Bedeutung von *Autorität, Lehrer der Nation* gebraucht und hat dann sogar eine eigene Pluralform (siehe Seite 213f.). Die weibliche Form der Berufsbezeichnung entbehrt dieser übertragenen Bedeutung.
- In Hochschulen, Universitäten und Colleges unterrichten *Hochschullehrer und Hochschullehrerinnen* (преподава́тели и преподава́тельницы; diese Wörter können aber auch auf Schullehrer angewendet werden).
- Wenn die Hochschullehrer promovieren, dann sind sie *Doktoren und Professoren* bzw. *Doktorinnen und Professorinnen* (in beiden Geschlechtern: доктора́ и профессора́). Etwas mehr zu den akademischen Graden konnten Sie auf der Seite 73 finden.

Im letzten Absatz merken Sie deutlich, wie auch bei den russischen Termini aus Bildung und Wissenschaft Reste der patriarchalischen Geschichte der Menschheit zu Tage treten. Den Fremdwörtern до́ктор, профе́ссор fehlen eigene Möglichkeiten der Wortbildung zur Bezeichnung der weiblichen Kollegen. Die Bildung же́нщина-профе́ссор (*Frau Professor*) ist so umständlich, dass sie wenig verwendet wird. Möglich wäre es, das Suffix -ша anzuhängen, aber das erzeugt das umgangssprachliche, im Studentenjargon angesiedelte und im Russischen salopp oder sogar abfällig klingende Substantiv профе́ссорша (*Professorin*), im Gegensatz zu den Berufsbezeichnungen секрета́рша (*Sekretärin*), касси́рша (*Kassiererin*) und anderen, die sich allgemein durchgesetzt haben.

Eine zweite Anmerkung: Den männlichen Substantiven до́ктор, профе́ссор und учи́тель (*Doktor*, *Professor* und *Lehrer*) ist unter anderem gemein, dass sie den Plural nicht in der „normalen“ Weise bilden. Das in Anführungszeichen gesetzte Adjektiv deutet an, dass dies natürlich nicht die Ausdrucksweise eines Fachmanns ist. Denn der weiß, dass es sich hier um ein für den Sprachwissenschaftler kostbares Relikt aus den Anfangszeiten der russischen Sprache handelt.

Tatsächlich entspricht die Mehrzahl -a/-я (siehe den letzten Punkt auf der vorigen Seite) nicht der von uns im Nominativ Plural männlicher Substantive erwarteten Endung -ы oder -и. Hinzu kommt, dass diese Endungen -á/-я́ prinzipiell betont werden, wodurch sich auch die Aussprache eines Worts ändert. Nehmen wir das oben in anderem Zusammenhang schon gebrauchte Beispiel „*Doktor*": Singular до́ктор ['dɔktər], Plural доктора́ [dəkta'ra]. Es ist also in jedem Fall besser diese Formen zu beherrschen.

Die Endung -a bzw. -я haben diese Wörter einem sehr alten Deklinationstyp entlehnt, der heute nur noch in Resten existiert: dem Dual. Wer einmal Latein gelernt hat, dem kommt das Wort „Dual" bekannt vor. Am Ende von Kapitel 9 gehe ich näher auf dieses interessante Phänomen ein. Die Ausbreitung der Endung -a bzw. -я auch auf moderne Wörter der russischen Sprache der Gegenwart ist regional mehr oder weniger verbreitet und eine Folge von Bestrebungen der Sprachökonomie. Die Sprecher jeder Sprache tendieren dazu, ihr Idiom möglichst zu vereinfachen und die Anzahl der Ausnahmen zu reduzieren.

Außer den Lernenden gehören zum Lernen die verschiedenen Lernmittel: *Bücher* (кни́ги), *Radio* (ра́дио), *Fernsehen* (телеви́дение), *DVD* (DVD; selbst in russischen Texten in lateinischen Buchstaben), *CD* (компа́ктный диск oder ebenfalls englisch: CD), *der PC* (персона́льный компью́тер) und viele andere.

Die Lehrbücher (уче́бники) sind in Russland immer noch geprägt durch den anspruchsvollen Text. Die wirtschaftlichen Verhältnisse lassen kostspieliges *Hochglanzpapier* (особогля́нцевая бума́га), *Illustrationen und Fotos* (иллюстра́ции и фотогра́фии) sowie die in deutschen Publikationen manchmal überhand nehmenden spielerischen Elemente in den russischen Lehrbüchern noch nicht zu.

Wer Russisch lernt und über die Anfänge der Touristensprache hinauskommen möchte, braucht mehr als nur *ein Gesprächsbuch* (разгово́рник), wie sie für fast alle Sprachen in bester bis schlechtester Qualität angeboten werden. Nachdem Sie sich ein Lehrbuch angeschafft haben, halten Sie Ausschau nach einem guten Wörterbuch für die russische Sprache!

Welches Wörterbuch (какóй словáрь) Sie kaufen sollen? *Welches Buch ich Ihnen empfehle?* (Какýю кнúгу я вам рекомендýю?) Angesichts des überreichen Angebots an Wörterbüchern und der harten Konkurrenz auf diesem Markt fällt mir *eine Empfehlung* (рекомендáция) schwer.

Lassen Sie mich Ihnen einige empfehlenswerte Bücher aufzählen! Apropos, zählen! Wenn Ihnen jetzt ein russischer Muttersprachler die Bücher an den Fingern seiner Hand abzählen wollte, mit welchem Finger begänne er wohl? Sie vermuten wahrscheinlich, mit dem Daumen, der bedeutet „*erstens*", dann der Zeigefinger („*zweitens*") usw.

Nicht so der Russe. Er schaut in seine flache linke Hand, knickt mit der rechten Hand den linken kleinen Finger um und zählt: «во-пéрвых» („*erstens*"), dann den Ringfinger («во-вторы́х» – „*zweitens*"), den Mittelfinger («в-трéтьих» – „*drittens*"), den Zeigefinger («в-четвёртых» – „*viertens*") und tippt zuletzt auf den Daumen bzw. zeigt seine offene Handfläche («в-пя́тых» – „*fünftens*").

Nun aber meine Hinweise und Empfehlungen:

I. *Zweisprachige Wörterbücher* (Двуязы́чные словарú)

- Sie brauchen auf jeden Fall ein zweisprachiges *Wörterbuch russisch-deutsch / deutsch-russisch* (рýсско-немéцкий / немéцко-рýсский словáрь).
- Wenn Sie Russisch über eine längere Zeit lernen wollen und es zur mündlichen oder schriftlichen Kommunikation benötigen, schadet es nicht, mit einem kleinen Wörterbuch (ungefähr 50 000 bis 80 000 Wörter) anzufangen und später ein größeres nachzukaufen.
- Mini-Wörterbücher (ca. 5 000 Wörter) enthalten angesichts des aktiven Wortschatzes eines gebildeten Mitteleuropäers von 10 000-20 000 Wörtern zu wenige Vokabeln und – besonders nachteilig – fast gar keine Erläuterungen, Beispiele oder Wendungen. Davon rate ich Ihnen aus guter Erfahrung ab. Sie sind vielleicht zum raschen Nachschlagen während der Reise, aber keineswegs zum Lernen geeignet.

- Achten Sie beim Kauf darauf, dass zu den einzelnen Stichwörtern *Erklärungen* (объясне́ния), *Wortverbindungen* (словосочета́ния), *Beispiele* (приме́ры), *die Aussprache* (произноше́ние) *und andere Informationen* (и други́е информа́ции) gegeben werden.
- Wörterbücher für Besserwisser sollten auch einen Anhang enthalten, z. B. mit Maßen und Gewichten, geografischen Bezeichnungen, Personennamen, Ländernamen, grammatischen Übersichten oder ähnlichen Angaben. Wenn Sie erst einmal ins Stöbern kommen, dann werden Sie staunen, wie vielfältig und vielseitig Wörterbücher sein können. Vergessen Sie bei dieser Gelegenheit auch nicht die Antiquariate und Trödelmärkte, in Russland wie auch daheim bei Ihnen. *Antiquarische Bücher* (антиква́рные кни́ги) und *Trödelmärkte* (толку́чки) sind in Russland ebensolche Schatzgruben wie in anderen Ländern. Achtung! Auch hier lauert ein „falscher Freund". Антиквариа́т ist nicht das „Antiquariat", in dem man gebrauchte Bücher kaufen kann, sondern der Sammelbegriff für *Antiquitäten*. Übrigens, die schönsten und teuersten Antiquitätengeschäfte finden Sie in Moskau auf dem berühmten Arbat, dem einstigen Viertel der Künstler und Schriftsteller. Allerdings ist in Russland *der Export von Antiquitäten verboten* (вы́воз антиквариа́та запрещён). Vorsicht ist also geboten!
- Kaufen Sie Ihr Wörterbuch zweckgebunden! Ein für die Benutzung in der Volkshochschule oder in der Schule bestimmtes Wörterbuch ist höchstwahrscheinlich wenig geeignet für die Übersetzung von Fachtexten. Für Studienzwecke benötigen Sie zu Anfang ein umfangreiches erklärendes Wörterbuch, ein so genanntes Lernwörterbuch.

II. *Einsprachige Wörterbücher* (Одноязы́чные словари́)

- Ein einsprachiges Wörterbuch setzt höhere Maßstäbe und verlangt mehr vom Benutzer. Es bietet allerdings auch mehr als das zweisprachige. Es stellt ein ideales Hilfsmittel bei der Produktion fremdsprachiger Schrifttexte dar, enthält Erklärungen und Definitionen in der Zielsprache, eine Vielzahl russischer Beispiele und anderes mehr.

- Bereits nach vier, fünf Lernjahren kann die Benutzung eines einsprachigen Wörterbuchs sinnvoll sein. Viele Schulen benutzen das folgende Wörterbuch: В. Быков, Учебный толковый словарь (*W. Bykow, Einsprachiges erklärendes Wörterbuch Russisch.)*.
- 1990 erstmalig erschienen und seit 1994 beim Verlag Langenscheidt mit Copyright abgedruckt ist ein Werk, das ebenfalls schon ab der 10./11. Klasse eingesetzt werden kann, aber vor allem in den Leistungskursen der Kursstufe sinnvoll einsetzbar ist: В. В. Лопатин, Л. Е. Лопатина, Русский толковый словарь. (*W. W. Lopatin, L. E. Lopatina, Russisches Lernwörterbuch.*) Wie der deutsche Untertitel „Einsprachiges Lernwörterbuch Russisch" schon verrät, ist es eigens für jene gemacht, die die russische Sprache erlernen wollen. Wenn Sie sich für Ihr Russischstudium mehr vorgenommen haben, finden Sie in diesem Buch sehr viele Antworten und Anregungen.
- Nach einiger Beschäftigung mit der russischen Sprache wird Ihnen auch das folgende einsprachige Wörterbuch sehr hilfreich sein: С. И. Ожегов, Словарь русского языка (*S. I. Oshegow, Wörterbuch der russischen Sprache*). Es enthält eine umfangreiche Auflistung und Beschreibung der häufigsten russischen Wörter. Es eignet sich *für Schüler in der Oberstufe* (для шко́льников ста́рших кла́ссов, also eigentlich: *Schüler der älteren Klassen*) sowie *für Studenten* (для студе́нтов), vor allem aber für Lehrkräfte sowie für jeden anderen, der tief in die Sprache eindringen möchte.
- Die Aufzählung von Wörterbüchern wäre unvollständig, wenn der „Duden" bzw. der „Grimm" der russischen Sprache unerwähnt bliebe: Владимир Иванович Даль (*Wladimir Iwanowitsch Dal*). Im Jahr 1832, also noch zu Lebzeiten A. S. Puschkins, gab der studierte Mediziner und passionierte Sprachforscher eine umfangreiche *Sammlung russischer Märchen* heraus (сбо́рник ру́сских ска́зок). *Als Mitglied der Petersburger Akademie der Wissenschaften* (как член Петербу́ргской Акаде́мии нау́к) veröffentlichte Dal 1863 die «Посло́вицы ру́сского наро́да» („*Sprichwörter des russi-*

schen Volkes“). Als er 1872 starb, hinterließ er – neben vielen weiteren Schriften – das vierbändige, für seine Zeit außerordentlich umfassende „*Erklärende Wörterbuch der russischen Sprache*“ («Толковый словарь русского языка»).

Verweilen wir noch ein wenig beim Buch. Dass wir in russischer Sprache gedruckte Bücher lesen können, verdanken wir einem gewissen Ива́н Фёдоров Москви́тин (*Iwan Fjodorow, der Moskauer*, etwa 1510-1583). Meist wird er nur als Ива́н Фёдоров zitiert, denn der Brauch, sich Familiennamen zuzulegen, war gerade erst im Entstehen begriffen. *Er war es, der* … (Э́то ыл он, кто …) im Jahr 1564 Johannes Gutenbergs Erfindung aufgriff und das erste datierte Buch in Russland druckte, die *Apostel*geschichte «Апосто́л». Iwan Fjodorow druckte auch die erste Bibel in Russisch.

Die bedeutendsten Bibliotheken Russlands sind die Moskauer *Russische Staatliche Bibliothek* (Росси́йская Госуда́рственная Библиоте́ка), kurz РГБ (*RGB*), und die Russische Staatliche Bibliothek in St. Petersburg. Beide Bibliotheken bergen neben vielen anderen Kostbarkeiten auch Frühdrucke aus der Hand bzw. aus der Zeit Fjodorows sowie *Inkunabeln*[42] (инкуна́булы) aus anderen Ländern. In der Moskauer Staatsbibliothek, d. h. *in der ehemaligen Lenin-Bibliothek* (в бы́вшей библиоте́ке им. В. И. Ле́нина), welche 1862 *von N. P. Rumjanzew gegründet worden war* (была́ осно́вана Н. П. Румя́нцевым), sind diese Buchschätze *im Buchmuseum* (в Музе́е книг) oder *in Ausstellungen* (на вы́ставках) zu bewundern. Der Riesenbestand von ca. 43 Millionen Einheiten bildet eine einzigartige Präsenzbibliothek, welche in der Regel nicht für die Ausleihe vorgesehen sind. Bücher zum Ausleihen gibt es in den vielen öffentlichen allgemeinen und speziellen Bibliotheken.

Mit Vollendung des 18. Lebensjahres dürfen *Einheimische* (соотéчественники) und *Ausländer* (иностра́нцы) die Staatsbibliothek benutzen. Zuvor jedoch erhält *der Leser* (чита́тель) oder *die Leserin* (чита́тельница) *einen Leserausweis mit Foto* (чита́тельский биле́т с фотогра́фией). Für die Ausstellung des Leserausweises benötigen ли́ца с вы́сшим образова́нием (*Perso-*

42 Inkunabel: Erstdruck vor 1500, auch Wiegendruck genannt.

nen mit Hochschulbildung) und ли́ца без вы́сшего образова́ния (*Personen ohne Hochschulbildung*) unterschiedlich viele Papiere. Nur **ein** *Dokument* (докуме́нт) allein genügt nicht. Das ist eben Teil der russischen Bürokratie. Um das «Ва́ши докуме́нты, пожа́луйста!» (etwa: „*Ihre Papiere, bitte!*") kommt niemand in ganz Russland herum. *Warum?* (Почему́?) Bitte fragen Sie mich nicht! Die Hauptsache, es heißt möglichst oft: «Ва́ши докуме́нты, пожа́луйста!»

Die Benutzung der 18 Lesesäle der Moskauer Staatsbibliothek ist *ein kostenloser Service* (беспла́тная услу́га). *In den Lesesälen* (в чита́льных за́лах) können Sie sechs Tage in der Woche in aller Ruhe arbeiten. *Professoren* (профессора́), *Akademiemitglieder* (акаде́мики) und *Ausländer* (иностра́нцы) haben einen eigens für sie reservierten Lesesaal. Die verschiedenen Fachgebiete verfügen ebenfalls über eigene Säle.

An erster Stelle in der Nutzung steht allerdings zunehmend der «Зал Интерне́т и электро́нных докуме́нтов» (*der Saal „Internet und elektronische Medien*"). Denn natürlich verfügt die Bibliothek auch über einen modernen *elektronischen Katalog* (электро́нный катало́г) mit all seinen Möglichkeiten der nationalen und internationalen Nutzung.

Im Jahr 2003 hing ein zusätzlich angebrachtes Schild am Eingang zur Moskauer Staatsbibliothek. Um Ihnen wieder einige Vokabeln näher zu bringen, wollen wir es uns anschauen.

Es beginnt mit den Worten:
Während der Instandsetzungsarbeiten ist die Bibliothek geöffnet

> В связи с реконструкцией библиотека открыта
>
> понедельник – пятница 09:00 – 20:00
> суббота 09:00 – 19:00
> воскресенье выходной день
>
> Последний понедельник месяца – санитарный день.

Erkennen Sie die Wochentage? Aufgeführt sind: понеде́льник – пя́тница (*Montag – Freitag*); суббо́та (*Samstag / Sonnabend*). *Am Sonntag* (в воскресе́нье) ist die Bibliothek geschlossen. Das Wort выходно́й день haben wir bereits kennen gelernt. Es bedeutet eigentlich *Ausgehtag*, denn die Arbeitnehmer haben dann ihren *freien Tag*. *Am letzten Montag im Monat* (в после́дний понеде́льник ме́сяца) ist санита́рный день (*Sanitärtag*). Da ist Großreinemachen angesagt, inklusive der in öffentlichen Einrichtungen oft nur allzu nötigen Schädlingsbekämpfung. Die ungeliebten kleinen тарака́ны (*Küchenschaben*) gibt es nicht nur in Großküchen und Studentenwohnheimen.

Mehr als 6 000 Leser (бо́лее шести́ ты́сяч чита́телей) nutzen die Moskauer Staatsbibliothek im Tagesdurchschnitt. Sie können aber selbstverständlich auch *die kostenpflichtigen Dienstleistungen* (пла́тные услу́ги) der Bibliothek in Anspruch nehmen. Dann werden Ihnen z. B. *die elektronischen Kataloge* (электро́нные катало́ги) *auf CD-ROM* (на ди́ске, на CD-ROM) zugestellt.

Wenn Sie die Staatsbibliothek in Moskau besuchen oder benutzen wollen, brauchen Sie nicht aus dem Zentrum heraus zu fahren. Sie befindet sich *nicht weit weg vom Kreml* (недалеко́ от Кремля́). *Sie fahren mit der Metro bis zur Station „W. I. Lenin-Bibliothek"*. (Вы е́дете на метро́ до ста́нции «Библиоте́ка им. В. И. Ле́нина».) Dann müssen Sie nicht einmal durch den перехо́д gehen.

Mit перехо́д wird nicht nur der markierte *Übergang* bezeichnet, sondern auch eine *Straßenunterführung*. Kommen Sie lieber nicht auf die Idee, eine vermeintliche „Abkürzung" über die Straße zu nehmen! Unweigerlich würde *ein Polizist* (милиционе́р) Sie mit schrillem Pfiff zur Ordnung rufen. Es kommt dem Besucher zwar manchmal so vor, als ob die Moskauer Fußgänger und Autofahrer überhaupt keine Verkehrszeichen kennen, aber auch in Russland ist Bußgeld nicht gerade unbekannt. Und wer möchte schon ausprobieren, ob der Milizionär bestechlich ist?

Man hört ja allerhand. So sollen auch die гаишники (*Mitarbeiter der Staatlichen Autoinspektion*; nach der Abkürzung für *Staatliche Autoinspektion* – ГАИ) nichts dagegen haben ihr Gehalt unerlaubt aufzubessern. Wenn sie z. B. einen Fahrer erwischen, der deutlich über dem in der Stadt geltenden Tempolimit von 60 km/h fährt, oder einen Anfänger, der außerhalb der Stadt weit über den für ihn erlaubten 70 km/h dahinbraust, dann kann sich der ertappte Sünder überlegen, ob er die hohe Strafe entrichtet oder lieber ein weniger hohes Bestechungsgeld in Kauf nimmt. Korruption ist ein allgegenwärtiges Übel.

Mit den Stichworten „Auto“, „Verkehr“ sind wir bereits beim nächsten Thema angelangt, nämlich der Frage: Wie kommt man in Russland voran?

Bevor Sie jedoch zum nächsten Kapitel umblättern, hier die Auflösung der Quizfrage von Seite 162. Sie erinnern sich? Ich hatte gefragt, was in der einfachen deutschen Übersetzung der beiden folgenden Sätze nicht zum Ausdruck kommt, aber im Russischen dem Eingeweihten sehr klar ist. Was ist das? Welcher grammatische und semantische (bedeutungsmäßige) Unterschied besteht zwischen den beiden kurzen Sätzen: «Са́ша ел арбу́з.» und «Са́ша съел арбу́з.»?

Die Antwort lautet: Der Satz «Са́ша ел арбу́з.» beschreibt die Tätigkeit; der kleine Sascha war beim Essen: „*Sascha war dabei eine Melone zu essen.*“ oder „*Sascha hat Melone gegessen.*“

Der Satz «Са́ша съел арбу́з.» dagegen ist die präzise Feststellung des Ergebnisses, dass Sascha die ganze Melone im Bauch hat: „*Sascha hat die Melone aufgegessen.*“

Kommen wir zum Schluss! Mit einem Poeten hat dieses Kapitel begonnen. Mit einem Dichter, dem die Mündigkeit und Bildung seiner Mitmenschen ebenfalls sehr am Herzen lag, wollen wir es beschließen.

Besonders an heißen Tagen ist eine Scheibe Melone sehr willkommen. Souvenir aus Lindenholz.

Michail Michailowitsch Soschtschenko (1895-1958) war sehr beliebt wegen seiner humoristisch-satirischen Erzählungen über das Alltagsleben in der Sowjetunion. Sein Ziel war die Befreiung der russischen Literatur von politischer Bevormundung. In der Kurzgeschichte «Агитáтор» („*Der Agitator*“; in neueren Übersetzungen auch „*Die Kuh im Propeller*“) stellt er am Beispiel von Kossonossow den dümmlichen kommunistischen Agitator bloß, der ohne Sinn und Verstand aufs Land ging, um den Bauern Geld für die Anschaffung von Agrarflugzeugen abzuschwatzen.

Hier ein kleiner Auszug daraus, der Ihnen noch mehr Lust auf Soschtschenkos köstliche Satiren machen soll.

(...) „Also, so ist das, das Flugwesen, Genossen Bauern! Da ihr ein, naja, na Gott naja, ungebildetes Volk seid, werde ich euch etwas von der Politik erzählen. Hier, sagen wir mal, ist Deutschland und dort vielleicht Frankreich. Hier Russland und da – naja, überhaupt...“

„Worüber redest du eigentlich, Väterchen?“ fragten die Bauern.

„Worüber?“ erwiderte Kossonossow empört, „über das Flugwesen natürlich! Blüht halt sehr auf, das Flugwesen! Hier ist also Russland und hier ist China.“

Die Bauern hörten finster zu. „Halt dich nicht auf!“ rief jemand von hinten. „Red´ weiter!“

„Ich halt´ mich ja gar nicht auf?“, sagte Kossonossow eingeschüchtert. „Ich red´ ja über das Flugwesen. Es entwickelt sich bei uns, Genossen Bauern, nichts dagegen zu sagen, was wahr ist, ist wahr!“

„Hm, etwas unverständlich“, rief der Vorsitzende. „Sie, Genosse, müssen etwas volkstümlicher sprechen, bitte, dass Sie die Masse auch versteht!“

Kossonossow trat näher an den Haufen der Bauern heran, setzte verlegen das eine Bein etwas vor und begann von neuem: „Also, Genossen Bauern, man baut Flugzeuge bei uns. Und nachher – ssst – fliegt man! In der Luft sozusagen!“

Nun, mancher natürlich hält sich oben nicht gut, bums, saust er runter wie der Fliegergenosse Jeremilkin, rauffliegen tat er ganz gut und dann bums, krach, ein nasser Fleck blieb übrig!"

„Ist doch kein Vogel schließlich“, sagten weise die Bauern.

„Eben, das sag´ ich auch!“ sagte Kossonossow, erfreut über die Anteil-

nahme. „Natürlich kein Vogel! Ein Vogel, wenn der herunterfällt, nun ja, er schüttelt sich und los weiter.
Anders beim Menschen. War da noch so ein anderer Flieger. Der fiel auf einen Baum und hing da wie ein Äpfelchen. Hat sich natürlich erschreckt, der Arme, es war zum Kranklachen!
Ja, ja, ja, Verschiedenes passiert so! Da ist einmal eine Kuh bei uns in den Propeller gekommen! Ritsch, ratsch, weg war sie! Auch Hunde!"
„Und Pferde?" fragten ängstlich die Bauern. „Auch Pferde, Väterchen?"
(...)

Den Ausgang der Geschichte werde ich nicht vorwegnehmen. Nur eines noch. Natürlich wählte Soschtschenko für den „Helden" dieser Geschichte einen sprechenden Namen: Косоносов, also *Schiefnase*. Die Geschichte ist wirklich zum Schieflachen. Sie zu lesen ist ein Vergnügen. Oder, noch besser, Sie hören sie sich - in unnachahmlicher Weise vorgetragen von Manfred Krug - von der im Handel erhältlichen CD an.

Zum Nachtisch – На десерт (8)

Die russischen Substantive weisen – wie die anderen slawischen Sprachen auch – eine Besonderheit im 5. Fall, dem Instrumental, auf. Beginnen wir mit unserer Muttersprache: Wenn ich ausdrücken möchte, womit ich eine Tätigkeit ausgeführt habe, dann verwende ich eine Wortverbindung, die sich aus der Präposition „mit" und dem jeweiligen Substantiv zusammensetzt. Die russische Sprache benutzt hierzu eine Spezialfunktion des 5. Falls. Schauen wir uns einige Beispiele an:

Он открывает дверь ключом.	*Er öffnet die Tür mit dem Schlüssel.*
Вы гладите утюгом?	*Bügeln Sie mit dem Bügeleisen?*
Я рисую цветными карандашами.	*Ich zeichne mit Buntstiften.*
Она пишет ручкой.	*Sie schreibt mit dem Füller.*
Мы летаем самолётом.	*Wir fliegen mit dem Flugzeug.*
Они едут трамваем.	*Sie fahren mit der Straßenbahn.*

Wie Sie sehen, übernimmt der russische Instrumental die Funktion ein Instrument zu bezeichnen (Nomen est omen!), genauer gesagt, ein Werkzeug oder anderes Gerät, auch ein Transportmittel. Ersetzen Sie in der folgenden Übung den in Klammern angegebenen 1. Fall durch den 5. Fall!

Президент подписывает (ручка).	*Der Präsident signiert mit Füller.*
Учитель пишет (мел).	*Der Lehrer schreibt mit Kreide.*
Он едет (автомашина) домой.	*Er fährt mit dem Auto nach Hause.*
Мы едем (поезд) в Сибирь.	*Wir fahren mit dem Zug nach Sibirien.*
Девочка рисует (краски).	*Das Mädchen malt mit Farben.*
Петя играет белыми (фигуры).	*Petja spielt mit den weißen Figuren.*

Der Satz „*Petja spielt mit den weißen Figuren.*“ verdient unsere besondere Aufmerksamkeit. In diesem Satz werden die Schachfiguren als Instrument verstanden, deshalb der Gebrauch des Instrumentals. Das Musikinstrument hingegen wird nicht in diese Kategorie eingereiht. Wir sagen ja auch nicht: mit der Geige spielen (was etwas anderes bedeuten würde), sondern auf ihr. Das Spielen von Instrumenten wird ausgedrückt mit der **Präposition** «на» und dem **Präpositiv** des Substantivs: играть на органе, аккордеоне, баяне, балалайке, гитаре, скрипке, трубке, валторне (*Orgel, Akkordeon, Bajan, Balalaika, Gitarre, Geige, Trompete, Waldhorn spielen*). Hierzu siehe auch Kapitel 7, Seite 121.

Die Formen des Substantivs im Singular

Stellen Sie sich bitte einmal die Deklination der Substantive als ein Haus vor! Jeder Kasus ist in einer „Einzimmerwohnung“ untergebracht, jeweils ein „Pärchen“ von harter und weicher Endung. Das sieht vereinfacht so aus.

Deklination der Substantive

männlich	sächlich	weiblich
-Ø*	-о / -е	-а / -я
-а / -я	-а / -я	-ы / -и
-у / -ю	-у / -ю	-е
-Ø / -а / -я	-о / -е	-у / -ю
-ом / -ем	-ом / -ем	-ой / -ей
-е	-е	-е

* Das Zeichen Ø für Null gibt eine endungslose Form an.

Als Merkhilfe fassen wir jetzt diejenigen Formen in einer „Mehrzimmerwohnung“ zusammen, die mehrfach als Endung eines Kasus vorkommen:

Deklination der Substantive

männlich	sächlich	weiblich
-Ø	-о / -е	-а / -я
-а / -я		-ы / -и
-у / -ю		-е
-Ø / -а / -я*	-о / -е	-у / -ю
-ом / -ем		-ой / -ей / -ью
-е		

* Die Genitivform -а/-я erscheint im Akkusativ nur bei männlichen Bezeichnungen von Personen und Tieren.

Wir sehen, dass männliche und sächliche Substantive mehrere Formen gemeinsam haben. Im 6. Fall weisen sogar alle drei Geschlechter dieselbe Endung auf. Außerdem enden der Präpositiv und der Dativ der weiblichen Substantive beide auf -e. Schon wird es leichter das Paradigma zu erlernen!

Unberücksichtigt bleiben hier die so genannte i-Deklination und die Reste der u-Deklination (zu beiden siehe Seite 254f.). Und falls Sie den Plural vermissen, der kommt im nächsten „Nachtisch" auf Seite 214f.

Kapitel 9 – Глава девятая

„Durchtreten, bitte!“

«Проходи́те, пожа́луйста!» („*Bitte durchtreten!*“) – das hören *die Passagiere der Autobusse, Oberleitungsbusse und Straßenbahnen* (пассажи́ры авто́бусов, тролле́йбусов и трамва́ев) *morgens und abends* (у́тром и ве́чером), vor allem *in den Spitzenzeiten* (в часы́ пик). Dann sind *die öffentlichen Verkehrsmittel* (обще́ственные тра́нспортные сре́дства) in jeder Großstadt „Großkampfplätze“. Die Ellenbogen sind in diesem Moment nützliche Fortbewegungsmittel. Da ist es durchaus angebracht, wenn *der Fahrer* (води́тель), der oft noch mitfahrende *Schaffner* (конду́ктор) oder *ein Passagier* (пассажи́р) energisch durch den Wagen rufen: «Проходи́те, пожа́луйста!»

Das Anfang des 20. Jahrhunderts in die russische Sprache übernommene Lehnwort авто́бус (*Autobus*) ist ein sprachlicher Zwitter. Es besteht aus der griechischen Vorsilbe αὐτός [au'tos] – „selbst“ und dem zweiten Teil des muskelbetriebenen „Omnibus“, der mit seinen sprichwörtlichen ein oder zwei Pferdestärken in der Zeit des rasanten technologischen Fortschritts rasch aus der Mode kam. Das Wort „omnibus“ wiederum ist der Dativ Plural des lateinischen Worts „omnis“ – „jeder“. Demzufolge ist „Autobus“ die gelungene Bezeichnung eines Gefährts, das von „selbst“ (nämlich mit Benzin) fährt und „für jedermann“ da und erschwinglich ist. Die Wanderung dieses Worts aus dem Französischen, wo es zuerst auftaucht, über Deutsch und Polnisch in das Russische ist eine spannende Geschichte. Für Russischlernende interessant ist außerdem die lautliche Verwandlung des griechischen αὐτό- [au'to-] zu авто- ['aftə-], in einigen Wörtern zusätzlich mit Betonungswandel im Russischen. Dieses Phänomen wiederholt sich in vielen Fremdwörtern der russischen Sprache mit diesem Präfix: автомаши́на (*Auto, Wagen*), автомоби́ль (*Automobil*), автоно́мия (*Autonomie*), а́втор (*Autor*), авторите́т (*Autorität*). Sie können mit diesem Wissen mühelos das russische Wort für „Automat“ selbst bilden und aussprechen:

_ _ _ _ _ _ _ _

(jeder Strich stellt einen Buchstaben dar).[43]

Befassen wir uns nun mit dem троллéйбус (*Oberleitungsbus, O-Bus*). Dieses Verkehrsmittel war zuerst 1882 in Berlin getestet worden. Im Jahr 1931 wurde dafür in den USA das Wort „trolleybus" geprägt. Schon kurze Zeit später tauchten der Begriff und das Transportmittel auch in der damaligen Sowjetunion auf. Heute ist der троллéйбус in Russland ein beliebtes Verkehrsmittel. Das Wort *Trolleybus* (in der Schweiz noch heute benutzt) wird im Deutschen wie im Englischen auf der ersten Silbe betont. Im Russischen dagegen liegt der Akzent ausschließlich auf der zweiten Silbe: [tra'ļejbus]. Im zweiten Teil des Worts hat der „Trolleybus" dieselbe Sprachgeschichte (aus dem Lateinischen) wie oben beschrieben. Der erste Teil (trolley) ist der englische terminus technicus für die Stromabnehmerrolle dieses an freihängenden elektrischen Oberleitungen fahrenden Verkehrsmittels.

O-Bus, Omnibus und Straßenbahn waren im kommunistischen Sowjetstaat sehr stark gestützt und deshalb fast umsonst. Daran hat sich nach der Perestroika vorerst nur wenig geändert. Im Vergleich mit westlichen Preisen sind die Verkehrsmittel spottbillig. Aber auch auf diesem Gebiet ist mit zunehmender Privatisierung und Modernisierung ein erheblicher Preisanstieg zu verzeichnen.

Auf dem kleinen Fahrschein der Petersburger Oberleitungsbusse, den man nach dem Bezahlen vom Automaten abreißt, steht kurz und bündig:

Санкт-Петербург

931928, Троллейбус
Цена 6 руб.
сер. ВЛ, 12-2003

(*Sankt Petersburg, die Fahrscheinnummer, Trolleybus, Preis 6 Rubel, Seriennummer WL, Monat-Jahr*).

43 Das Wort heißt natürlich: автомáт.

Unseren Großeltern war das Wort „Tram“ oder „Trambahn“ für die *Straßenbahn* noch sehr geläufig. Die seit 1825 belegte englische Bezeichnung „tramway“ (für auf Schienen fahrende Gefährte) stand für das russische Lehnwort unverändert Pate: трамвáй (im Unterschied zum Englischen auf der zweiten Silbe betont). Wie zu den Zeiten, als nur relativ wenige private PKW auf den Straßen der Sowjetunion fuhren, ist die Straßenbahn in Russland auch heute noch eines der beliebtesten Fortbewegungsmittel in den Städten. Obwohl sich alle Wartenden geduldig *in die Schlange einreihen* (встаю́т в óчередь), ist Drängeln und Drücken und Schieben beim Ein- und Aussteigen ein unvermeidliches Ritual. Im Straßenverkehr ist es aus mit der ansonsten stoischen Ruhe des „russischen Bären“. Ab und zu *hören Sie einen Fluch* (вы слы́шите прокля́тие), den ich hier lieber nicht wiedergeben möchte. Dann seien Sie nicht verwundert, wenn eine resolute ältere Dame den Betreffenden, es ist meist ein Mann, scharf zurechtweist.

Wohlbehalten im Wageninneren angelangt, orientieren Sie sich rechtzeitig Richtung Ausgang! Alle tun das. Wenn Sie sich aber nicht vom Platz rühren, werden Sie gefragt: «Вы выхóдите?» („*Steigen Sie aus?*“) Falls Sie nicht wissen, ob Sie gleich dort sind, wo Sie hin wollen, fragen Sie: «Как назывáется слéдующая останóвка?» („*Wie heißt die nächste Haltestelle?*“) Das Wort останóвка wird auf die Haltestelle von Straßenbahn und Bus angewendet. Bei Eisenbahn und Metro heißt es dagegen стáнция (*die Station*).

In der oben beschriebenen Situation sind leicht zwei russische Adjektive zu verwechseln: слéдующий und ближáйший. Als ich, noch Student, in einer Stadt einmal nicht recht wusste wie weiter, fragte ich einen gleichaltrigen jungen Mann: «Где слéдующая стáнция метрó?» (gleichbedeutend mit: „*Wo ist die darauffolgende U-Bahnstation?*“) Er schaute mich zunächst etwas irritiert an, verstand aber schließlich doch was ich meinte: «… ближáйшая стáнция метрó?» („*… die nächstgelegene U-Bahnstation?*“) und half mir weiter.

Das Missverständnis rührte daher, dass beide Wörter „*nächster*“ bedeuten. Das Wort слéдующий meint den *nächsten* in einer

Reihenfolge, also z. B. die U-Bahnstation, die als nächste folgt. Demgegenüber bezeichnet ближáйший den *nächstgelegenen* Ort, beispielsweise den in nächster Nähe gelegenen Haltepunkt. Auch in dieser Situation können Sie Ihre Englischkenntnisse anwenden. Die Wörter „next" und „nearest" sind gleichermaßen in ihrer Bedeutung differenziert, und ähnlich ist es auch im Französischen.

In Bussen und Bahnen gilt es gewisse Vorschriften für das Entrichten des Fahrgelds zu beachten. Handelt es sich um sehr lange Fahrzeuge, geht das so: Hinten oder in der Mitte eines Busses *steigen die Fahrgäste ein* (пассажи́ры вхóдят). Vorn beim Fahrer *steigen sie aus* (они́ выхóдят) und *bezahlen* (плáтят). In anderen Wagen läuft eine Schaffnerin durch den Wagen und kassiert. Wenn Sie aber einmal einsteigen und weder *der Fahrer* (води́тель) noch *der Schaffner* (кондýктор) kassieren das Fahrgeld – was tun Sie dann? In manchen Bussen funktioniert noch das ganz alte System. Stellen Sie sich vor, Sie sind der Fahrgast! Sie steigen ein und müssen eigentlich nach vorn laufen um zu bezahlen. Aber der *Fahrkartenautomat* (билéтная кáсса) ist versperrt durch zwei in molligwarme Wolltücher eingewickelte alte Muttchen *mit schweren Einkaufstaschen* (с тяжёлыми хозя́йственными сýмками), einen Zeitung lesenden jungen Mann *mit Brille* (в очкáх), drei kichernde Mädchen *in braunen Schuluniformen* (в кори́чневых шкóльных фóрмах) und noch ein Dutzend Passagiere. *Was dann?* (Что тогдá?)

Sehr einfach, Sie zücken Ihr Kleingeld, legen es Ihrem rundlichen Nachbarn in die Hand, der seelenruhig seine Sonnenblumenkerne kaut, und fordern ihn freundlich auf: «Передáйте, пожáлуйста!» („*Bitte weiterreichen!*") – *das ist alles* (это всё). Nun läuft alles wie am Schnürchen ab. Der Rundliche drückt die Münzen der Oma in die Hand, diese reicht sie dem Zeitungsleser weiter mit der Entschuldigung: «Извини́те, пожáлуйста!» („*Entschuldigen Sie bitte!*"), damit er überhaupt aufblickt, und so von einem zum anderen, bis der Letzte für Sie bezahlt und *das Ticket* (билéт) entnimmt. Dann spult sich das Ganze rückwärts noch einmal ab. Mit fast unheimlicher Sicherheit verschwinden weder Geld noch Ticket. Binnen kurzem halten Sie *Ihre Fahrkarte* (ваш билéт) in Ihren Händen. Das ist auch gut so! Denn *ein Schwarzfahrer*, im Volksmund humorvoll зáяц (*Hase*), im offiziellen Sprachgebrauch trocken безбилéтный пассажи́р („*fahrscheinloser*“ *Fahrgast*) genannt, hat, wenn er erwischt wird, tief in die Tasche zu greifen. Und das, obwohl das Fahren in den überfüllten, klapprigen und im Winter kalten Bussen manchmal wahrlich kein Vergnügen ist.

Da ist *eine Fahrt mit dem Taxi* (поéздка на такси́) angenehmer, wenn auch im Preis um ein Vielfaches höher, vor allem, wenn der Fahrer Sie als Ausländer erkennt. Billiger und trotzdem bequem kommen Sie, wenn Sie ein маршрýтное такси́ (*Routentaxi*) nehmen, so genannt, weil diese Kleinbusse die Busrouten abfahren und nach Bedarf halten.

Als Taxifahren noch erschwinglich war, wohnte ich einmal ein paar Tage im mit 6 000 Betten größten Hotel Moskaus „*Rossija*“ («Росси́я»). Was für einen herrlichen Blick man von hier auf den Roten Platz mit dem Kreml hat! Den Kreml sollte sowieso kein Moskaureisender auslassen. Mir imponierte dort unter vielen anderen Sehenswürdigkeiten vor allem die zu ebener Erde aufgestellte, riesige *Zarenglocke* (царь-колокóл). Ein Prospekt des Glockenmuseums in Apolda nennt sie „die berühmteste Glocke des 18. Jahrhunderts“. Dass sie die größte und schwerste Glocke der Welt ist, hören Sie ohnehin von jedem Stadtführer. Und natürlich die Geschichte, wie es wegen ihres unerhörten Gewichts beim Versuch, sie in den Glockenstuhl zu hieven, zu jenem Unfall kam, bei dem ein fast mannsgroßes Stück aus der Glocke herausgebrochen war. Aus diesem Grund konnte die Glocke auch noch nie zum Klingen gebracht werden.

Eines Tages wollte ich also *vom Hotel „Rossija“ zur Gorki-Straße* (от гости́ницы «Росси́я» до ýлицы Гóрького) fahren. Mich lockte dorthin *das Denkmal für Juri Dolgoruki* (пáмятник Ю́рию Долгорýкому), der *Moskau im Jahr 1147 gegründet hat* (основал Москву в 1147 году). Ich winkte einem Taxi, das auch prompt hielt. Es war ein angemeldetes Taxi, keines jener Privatautos, die immer gern einen Fahrgast mitnehmen, um ein paar Rubel nebenbei zu verdienen, die so genannten чáстники (*Privatiers, „wilde“ Taxis*).

Unterwegs zeigte mir der redselige Fahrer diese und jene Sehenswürdigkeit seiner Stadt und erzählte mir viel Interessantes. Als wir am Ziel waren, zeigte das Taxameter einen Rubel an. Der Fahrer würdigte es indes keines Blicks. Stattdessen entspann sich der folgende kurze Wortwechsel:

Води́тель *– der Taxichauffeur*
Я *– ich*

Я: Ско́лько с меня́? (*Wie viel bekommen Sie von mir?*)
Води́тель: Вы ру́сский? (*Sind Sie Russe?*)
Я: Нет, я не́мец. Я из Герма́нии. (*Nein, ich bin Deutscher. Ich komme aus Deutschland.*)
Води́тель: Да́йте рубль! Лу́чше два. (*Geben Sie einen Rubel! Besser zwei.*)
Я: Ла́дно. Вот вам два рубля́! (*Na gut. Da haben Sie zwei Rubel!*)
Води́тель: Спаси́бо вам большо́е! (*Haben Sie vielen Dank!*)

War er nun unverschämt oder geschäftstüchtig? Ich dachte mir, mit seiner kleinen „Stadtführung" hatte er sich *die Rubelchen* (ру́блики) doch redlich verdient, oder?

Apropos, Rubelchen. *Der Rubel* (рубль) ist in Russland bekannt seit dem 12. Jahrhundert. Das Verb руби́ть, eines der schätzungsweise 20 000 Verben der russischen Sprache, bedeutet *hauen, hacken*. Рубль hieß ursprünglich das von der Silberwährung *Griwna* (гри́вна) abgehackte Stück Edelmetall. Erst 200 - 300 Jahre später kamen geprägte Silbermünzen dieses Namens in Umlauf. So die allgemein akzeptierte Deutung. Eine weniger bekannte Theorie stellt das Wort in Zusammenhang mit der indischen Rupie. Diese Münzbezeichnung stammt ursprünglich aus dem Arabischen und bedeutet „ein Viertel". Das entsprach früher exakt dem anteiligen Wert des Rubels an der Griwna.

Die ersten russischen *Münzen* (моне́ты) waren aber weder der Rubel noch die Kopeke. Der Großfürst von Kiew, *Jaroslaw der Weise* (Яросла́в Му́дрый, 978-1054), veranlasste die Prägung der ersten Münzen. Das russische Wort моне́та (*Münze*) stammt, wie das deutsche, aus dem Lateinischen. „Monēta" war im alten Rom der Beiname der Götterkönigin Juno, die den Römern in den Pyrrhuskriegen Geld im Überfluss versprochen haben soll, wenn sie einen gerechten Krieg führen würden. Im Laufe der Zeit wurde „monēta“ zur Bezeichnung für die Münzstätte und noch später für die einzelne Münze. Ins Russische gelangte dieses Wort – auf dem Umweg über die polnische Sprache – aus Deutschland, wo es bekanntlich unentwegt „monetäre“ Probleme und umgangssprachlich ebenfalls das Wort „Moneten“ gibt.

Die Jubiläumsprägung der Ein-Rubel-Münze zum 100. Geburtstag Lenins sah so aus:

Der Gebrauch des Worts *Kopeke* (копéйка) soll auf den jungen Iwan IV. (16. Jahrhundert) zurückgehen. Die Wappenseite dieser ursprünglich silbernen Münze zeigte einen Reiter mit einem Speer. *Speer* heißt auf Russisch копьë. Daher die zunächst volkstümliche Bezeichnung dieser Münze als копéйка [ka'p,ejkə]. *100 Kopeken* (сто копéек) sind ein Rubel. Das Dezimalsystem wurde, viel früher als z. B. im insularen Großbritannien, wo dies erst im 20. Jahrhundert geschah, bereits Anfang des 14. Jahrhunderts auf das russische Währungssystem übertragen. Aus dem Rubel wurden damals 100 Denga geschlagen.[44] Der Plural der Münzbezeichnung „Denga“ stand Pate für die moderne russische Vokabel дéньги (*Geld*).

44 Das Verb „schlagen“ bezieht sich auf die früher übliche Praxis, Edelmetallblöcke mit Geldeswert in kleinere Stücke zu zerschlagen.

Eines der größten und später bitter bereuten Geldgeschäfte, die das alte Russland je getätigt hat, war der Verkauf Alaskas. *Alexander II.* (Алекса́ндр II) *verkaufte Alaska* (про́дал Аля́ску) im Jahr 1867 an die Vereinigten Staaten von Amerika für – heute sagen wir „nur" – 7,2 Millionen US-Dollar. Davor hatte Alaska seit seiner Entdeckung 1741 durch Vitus Bering zu Russland gehört. Reste der russischen Besiedlung, zum Beispiel *die russisch-orthodoxe Kirche* (ру́сская правосла́вная це́рковь) in der früheren Hauptstadt Alaskas, Sitka, zeugen noch von der russischen Geschichte Nordamerikas.

Russland und Amerika, die zuweilen so weit entfernt voneinander zu sein scheinen, trennt geografisch nur die schmale *Beringstraße* (Бе́рингов проли́в) von etwa achtzig Kilometern Breite. Sie ist nach dem eben erwähnten dänischen Seefahrer Vitus Bering (1680-1741) benannt, der sie als erster erkundet hat. Übrigens, *schlagen Sie einmal im Lexikon nach!* (Посмотри́те в энциклопе́дии!) Höchstwahrscheinlich enthält *die Enzyklopädie* (энциклопе́дия) ein Foto, das gar nicht ihn abbildet. Wissenschaftler haben erst kürzlich festgestellt, dass das bisher bekannte Bild in Wahrheit *einen Onkel Berings zeigt* (пока́зывает дя́дю Бе́ринга).

Nun zum russischen Geld im 20. Jahrhundert! In der Sowjetunion war der Wechselkurs des Rubels über viele Jahrzehnte künstlich, nämlich staatlich verordnet, stabil gehalten worden.[45] Nach dem Einsetzen der Perestroika verfiel der Rubel bis 1997/98 inflationär. Im Jahr 1997 wurde 1 US-Dollar mit durchschnittlich 5 787 Rubeln gehandelt. Im Jahr darauf erfolgte die jähe Aufwertung. Ein Dollar war nun etwa 10 Rubel wert. Im Jahr 2004 lag *der Wechselkurs* (валю́тный курс oder auch – aus dem Deutschen entlehnt – ве́ксельный курс) bei etwa 29 Rubel für den Dollar. Entsprechend begehrt war *in den 1990er Jahren* (в 90ые годы, sprich: в девяно́стые го́ды) die amerikanische *Währung* (валю́та), und ist es noch heute. Die Schwarzmarktkurse la-

45 Der Feingoldgehalt des Rubels wurde 1961 mit 0,987412 g festgelegt. Dem Rubel wurde ein Kurswert von 4 Rubel gleich 1 US-Dollar zugewiesen. Ende 1988 wurde 1 Rubel mit 2,9266 DM an der Börse gehandelt.

gen nicht selten um ein Mehrfaches über den offiziell gehandelten Werten.

Doch zurück zu den Verkehrsmitteln in Russland! Wer Moskau besucht und die метрó (*die U-Bahn)* nicht gesehen hat, der war nicht wirklich in Moskau. Obwohl nicht nur die Hauptstadt wunderschöne U-Bahnstationen besitzt, sondern auch *Nowosibirsk* (Новосиби́рск) und Sankt Petersburg, das ohnehin als der ewige Konkurrent Moskaus gilt. Diese Rivalitäten zwischen den „beiden Hauptstädten" bekommt der Kurzzeittourist freilich kaum zu spüren. *Die Moskauer* (москвичи́) und *die Petersburger* (петербу́ржцы) machen einander vieles streitig: wer die modernere Stadt und die bessere Oper habe, wo es sich besser lebe, in welcher Stadt die schöneren U-Bahnstationen seien u. a. m.

Unstrittig ist, dass der Bau der ersten Metro 1938 in Moskau begann. Sie ist demzufolge die älteste U-Bahn in Russland. *Der Architekt* (архитéктор) Alexander Duschkin gestaltete jede einzelne Metrostation ganz nach dem Wunsch Stalins als „proletarisch-patriotischen Palast", bewusst im künstlerischen Gegensatz zu den bürgerlichen Vorbildern, z. B. den im Jugendstil errichteten Eingängen der Pariser Metro.

Das eben zitierte Wort *Palast* (дворéц) ist im russischen Sprachgebrauch ein häufig verwendeter Euphemismus, unter anderem zur Beschreibung von Metrostationen. Mit diesem Wort hat es im Russischen seine besondere Bewandtnis. Das Substantiv двор (*Hof*) wurde mit Hilfe des Suffixes -éц auf eine höhere Stufe gehoben: дворéц (*der „Hof"*, *Palast*). Die Revolution von 1917 hatte *das Winter-Palais* (Зи́мний дворéц) des Zaren und *die Paläste der Fürsten und Bojaren* (дворцы́ князéй и бояр) als die verhassten Symbole der zaristischen Ausbeutung und Unterdrückung erstürmt. Trotzdem (oder gerade deswegen?) hatten die Kommunisten das Bestreben, in den mehr als siebzig Jahren ihrer Herrschaft immer wieder neue „Paläste" zu errichten. Das sprachlich eher unscheinbar daherkommende *Kultur„haus*" (eine wörtliche Lehnübersetzung aus dem Russischen: дом культу́ры) hatte seinen protzigeren großen Bruder: Дворéц культу́ры (*Kulturpalast*). Auch in der DDR, in Berlin, gab es ihn: *den Palast der*

Republik (auf Russisch: Двоpéц респýблики), dessen Abriss 2005 beschlossen wurde.

Das künstlerische Design der U-Bahn„paläste“, von den Einheimischen und vielen Touristen bewundert, wird wahrscheinlich nicht immer Ihren Geschmack treffen, vor allem an jenen Orten, wo kommunistisches Pathos die künstlerische Gestaltung allzu deutlich dominiert. Chacun à son goût, also *jeder nach seinem Geschmack* (кáждый по своемý вкýсу). Hat denn Architektur die Verpflichtung allen zu gefallen?

Immerhin sind die 150 Metrostationen in Moskau unbestreitbar Zeugen ihrer Zeit und wohl wert betrachtet zu werden. Sie bestechen durch ihre kühle Eleganz aus Marmor, Granit, Kupfer und Stahl. Die Menschen sind durchaus zu Recht stolz auf die 240 km lange U-Bahnstrecke mit ihren technischen und architektonischen Denkmalen. Ob die Metro gefällt oder nicht, acht Millionen Menschen benutzen sie täglich fast rund um die Uhr *von 05:30 bis 01:00 Uhr* (с половúны шестóго до чáса нóчи). Im Laufe der Jahre hat ein U-Bahnticket schon *von fünf Kopeken* (от пятú копéек) in der Nachkriegszeit *bis zweitausend Rubel* (до двух ты́сяч рублéй) vor der Aufwertung des Rubels gekostet. Manches hat sich in all den Jahren nicht verändert. So die Anweisung auf den Dutzende von Metern in die Tiefe führenden Rolltreppen: Находя́сь на эскалáторе, стóйте спрáва, проходúте слéва! (*Wenn Sie sich auf der Rolltreppe befinden, stehen Sie rechts, gehen Sie links vorbei!*) Ein Wort, das Sie sich leicht einprägen können: эскалáтор (*die Rolltreppe*, vgl. engl. escalator und dt. eskalieren). Abgesehen vom Gedränge, fährt man mit der Metro ganz bequem und stets sehr pünktlich. *Der Linienfahrplan der Moskauer Metro* (схéма лúний москóвского метрополитéна) ist leicht zu lesen. Ebenso die Fahrscheine. So sieht in Moskau ein едúный билéт (*ein Monatssammelfahrschein* für Metro, Bus und Straßenbahn, auch kurz едúный genannt) für Schüler und Studenten aus:

Единый

СТОИМОСТЬ 240 рублей

Н⁰ БИЛЕТА 0123456789

1. Билет для проезда в метро, автобусе и трамвае в черте Москвы.
2. В автобусах 300-х и 400-х маршрутов билет недействителен.

Ich kann Ihnen nur empfehlen: Fahren Sie einmal mit der метро́ (*U-Bahn*) und schauen Sie sich die дворцы́ (*Paläste*) selbst an!

Дворцы́ – *die Paläste*. Bevor Sie nachschlagen: дво**рц**ы́ – *das ist kein Druckfehler* (это не опеча́тка). Das **-é-** von двор**é**ц ist nicht vergessen worden. Es ist ein so genanntes „flüchtiges -e-". Dieser und andere Laute „flohen" sozusagen immer dann beleidigt aus einem Wort, wenn sie beim Aussprechen eines Worts von den Sprechern vernachlässigt wurden. Genau das geschah aber in altrussischer Zeit regelmäßig. Denn nur der Nominativ und Akkusativ Singular waren auf dem **-é- betont**. In allen anderen Kasus wurde aus dem einst klangvollen **-é-** in двор**é**ц ein kaum noch vernehmbarer **unbetonter** Laut, weil diese Fälle die Betonung auf die Endungen legten. Was ist das doch für eine gemeine Hintansetzung des volltönenden **-é-**! Da kann man doch gleich ganz verschwinden! Genau das hat der Vokal „e" im Laufe der Jahrhunderte in vielen Wörtern der russischen Sprache denn auch getan.

Der hier lax beschriebene Vorgang der Sprachentwicklung hat ebenso wie viele andere bedeutsame Veränderungen in den Sprachen der Welt etwas mit Sprachökonomie zu tun. Die Benutzer jeder Sprache wollen möglichst schnell und einfach miteinander kommunizieren.

Einem ähnlichen „Abschleifen" unterlag der noch im 19. Jahrhundert geläufige und häufige Laut «ъ». Er wurde am Ende jedes hart auslautenden männlichen Substantivs nicht nur geschrieben, sondern auch gesprochen, aber immer undeutlicher, schwächer und kürzer. So war es nur natürlich, dass dieser Buchstabe als Laut schließlich ganz aufgegeben wurde und seit der Reform von 1917/1918 nur noch in wenigen Wörtern als ein Zeichen für die Härte eines Konsonanten geschrieben wird, eben als *Härtezeichen* (твёрдый знак).

Ich besitze ein kleines Büchlein, das 1887 herausgegeben wurde. Schon der lange Titel lässt erkennen, dass es lange vor der Reform gedruckt worden sein muss. Mehr noch aber der Gebrauch der alten Schriftzeichen. Die unterstrichenen Buchstaben gehören der alten Rechtschreibung an.

«Русско-нѣмецкiй карманный словарь, заключающiй въ себѣ всѣ слова, необходимыя въ разговорѣ, (…)»

(„*Russisch-deutsches Taschenwörterbuch, in sich enthaltend alle Wörter, die benötigt werden im Gespräch, (…)*“, im Original hat der vollständige Titel noch einige Zeilen mehr).

Zum Vergleich die Fassung in modernem Russisch:

«Русско-немецкий карманный словарь, заключающий в себе все слова, необходимые в разговоре, (…)».

Der Erscheinungsort war *Leipzig* (Лейпцигъ, heute ebenfalls ohne das Härtezeichen geschrieben).

Auch andere Länder als Deutschland haben und hatten, wie man sieht, ihre Rechtschreibreform. Schon Zar Peter I. veranlasste eine Sprachreform. Sie wurde unter maßgeblicher Mitwirkung Lomonossows 1708 - 1710 durchgeführt. Zweihundert Jahre später wurde unter der wissenschaftlichen Leitung der russischen Linguisten F. F. Fortunatow und A. A. Schachmatow eine zweite Reform der russischen Sprache vorbereitet, die ihre Umsetzung in einem Dekret der jungen Sowjetmacht fand. Декрéт о введéнии нóвой орфогрáфии (*Dekret über die Einführung einer neuen Rechtschreibung*), so hieß das 1917/1918 beschlossene Reformgesetz. Beide Reformen waren Akte unmittelbarer Rechtsgewalt. Der Zar erließ einen укáз (*Ukas*; *Anordnung*), die kommunistischen Herrscher *ein Dekret* (декрéт).

Da ich in diesem Buch wiederholt auch auf das Schicksal der Russlanddeutschen eingehe, an dieser Stelle folgende Anmerkung: In den 20er Jahren des 20. Jahrhunderts gab es in Russland den Versuch einer Reform auch ihrer Schriftsprache. Beispielsweise sollten alle Wörter (wie im Russischen) klein geschrieben und Fremdwörter wie „Physik“ phonetisch geschrieben werden, also z. B. „füsik“. Es blieb jedoch glücklicherweise bei diesem politisch motivierten Versuch, die Russlanddeutschen auch schriftsprachlich von ihrem Mutterland zu trennen.

Weiter zur Schriftsprache des Russischen!

Sie erkennen an jedem russischen Schriftstück sehr schnell, ob es vor oder nach der Revolution gedruckt wurde. Vergleichen Sie die Schreibweise vor und nach der Rechtschreibreform von 1917/1918 am Beispiel des Härtezeichens!

vor 1918	**Deutsch**	**nach 1918**
сынъ	*Sohn*	сын
туфъ	*Tuffstein*	туф
холодъ	*Kälte*	холод

Das Härtezeichen fristet heute nur noch ein kümmerliches Dasein in wenigen Worten, zum Beispiel in den Substantiven: объём (*Umfang*), отъéзд (*Abfahrt*) oder einigen Verben: разъясни́ть (*erläutern*), съéхаться (*zusammenkommen*; wovon das Substantiv съезд z. B. in der Wortverbindung съезд пáртии – *der Parteitag* abgeleitet ist). Nur in vereinzelten Fällen verursacht das Härtezeichen einen Bedeutungsunterschied: сесть (*sich setzen*), съесть (*aufessen*).

Ein anderes sprachliches Schicksal ereilte *das Weichheitszeichen*. Es heißt auf Russisch мя́гкий знак (wörtlich: *weiches Zeichen*). Da das Adjektiv in dieser Wortverbindung eine Besonderheit aufweist, sei ein kurzer Hinweis auf die Aussprache gestattet. Normalerweise sprechen wir das russische «г» so aus wie das deutsche „g“. Mit zwei Ausnahmen: Im Genitiv Singular männlicher und sächlicher Adjektive und in einigen Worten vor dem Konsonanten -k- .

- „Ausnahme“ Nr. 1: Im Genitiv der männlichen und sächlichen Adjektive. Man wünscht jemandem zum Beispiel Вс**его́** до́бр**ого**! (*Alles Gute!*) und Счастли́в**ого** пути́! (*Glückliche Reise!*). Die Aussprache: [fʂɪ'vɔ 'dɔbrəvə], [ʃʧɪs'ʝivəvə pu'ʈi]. Warum hier überhaupt der Genitiv steht (und nicht der Akkusativ wie im deutschen „Guten Tag!"), erfahren Sie im Kapitel 10.

- Die zweite „Ausnahme": Das «г» vor dem «к» im Wort мя́гкий (und anderen Worten und Wortverbindungen) wird ungefähr wie „ch" [x] in „Dach" ausgesprochen, aber stimmhaft und dunkler. Ein ch-Laut statt „g" wird auch in deutschen Landen gesprochen, beispielsweise im sächsischen Dialekt: Sa[ch]e m[o]l! (*Sage mal!*). Oder ein klassisches Exempel. Die Germanisten sehen es als einen trivialen Dialektismus Goethes an, dass Gretchen vor dem Bild der mater dolorosa im Zwinger in seinem hessischen, Frankfurter Dialekt beten lässt, wobei sie das „g" in „neige" wie ein stimmhaftes „ch" ausspricht, sodass sich in der nächsten Zeile „Schmerzensreiche" darauf reimt:

Ach neige,
Du Schmerzenreiche,
Dein Antlitz gnädig meiner Not!

Das Wort „Ausnahme" steht oben übrigens in Anführungszeichen, weil es sich streng genommen natürlich um Folgen der Sprachentwicklung handelt.

Ganz gleich, ob Sie Russisch nur oberflächlich oder tiefgründiger erlernen, ja überhaupt, mit welcher Sprache Sie sich beschäftigen – die Kenntnis schon einiger Phänomene der Sprachentwicklung erleichtert Ihnen das Verständnis grammatischer und lexikalischer Erscheinungen wesentlich.

Kommen wir zu einer weiteren Art der Fortbewegung, dem Fliegen!

Mit dem Flugzeug zu reisen kann in Russland zu einem Erlebnis der ganz besonderen Art werden. Zum Beispiel während einer komfortablen Reise mit der ТУ 154 (*TU 154*). Ihr Konstrukteur, Алексе́й Андре́евич Ту́полев (*Alexej Andrejewitsch Tupoljew*, geb. 1925), hatte auch gemeinsam mit seinem nicht minder berühmten Vater, Andrej Nikolajewitsch Tupolew (1888 - 1972), auch die TU 144, das erste Überschallflugzeug für die zivile Luftfahrt, entworfen. Das bequeme *Flugzeug* (самолёт) bringt Sie sicher die ca. 2 000 km *von Berlin nach Moskau* (из Берли́на в Москву́). Auch wenn Sie vielleicht etwas von russischer Schlampigkeit oder mangelnder Wartung gehört haben sollten – verlassen Sie sich getrost auf die technische Robustheit der Flugzeuge, die ausgezeichnete Ausbildung der russischen Piloten und ihren Sinn fürs Praktische. In etwa drei Stunden landen Sie (von Frankfurt aus) pünktlich *auf dem Flughafen Scheremetjewo* (в аэропорту́ Шереме́тьево, в Шереме́тьевском аэропорту́). Gemeint ist hier Scheremetjewo 2, der Auslandsflughafen, denn Scheremetjevo 1 ist den Inlandsflügen vorbehalten.

Vergewissern Sie sich lieber vorher, ob Sie ein gültiges Visum besitzen. Für das Wort *Visum* (ви́за) verwendet das Russische den Plural des lateinischen Worts „visum". *Mein Visum* heißt auf Russisch моя́ ви́за, *unsere Visa* – на́ши ви́зы. Interessanterweise setzt sich aber auch im Deutschen, obwohl grammatisch inkorrekt, der Plural allmählich durch. Vielleicht unter dem Einfluss des Englischen oder Französischen? Immer mehr Menschen sagen: „Ich brauche noch ein Visa." (statt „Visum"). Wenn Sie nach Russland reisen wollen, muss Ihr Reisepass mindestens noch drei Monate gültig sein. Im Kapitel 8 haben Sie bereits vom „Zauberwort" докуме́нт (*Dokument*) gelesen. Der па́спорт (*Ausweis, Pass*) ist ebenfalls solch ein докуме́нт.

Wenn Sie einen Weiterflug im Inland gebucht haben, ist der Shuttlebus empfehlenswert. Er bringt Sie schnell und preiswert zu einem der beiden anderen Airports, zum Beispiel *zum Flughafen Wnukowo* (в аэропо́рт Вну́ково), dem dritten Flughafen in Moskau. Vermeiden Sie hier ein Taxi zu nehmen. Es sei denn, Sie möchten schnell viel Geld loswerden. Die Fahrer wissen, dass Sie ja doch dorthin müssen und lassen sich nicht aufs Feilschen ein, sondern machen gepfefferte Preise.

Es kann allerdings passieren, dass Sie einmal mit dem Anschlussflug Pech haben. Dann warten Sie unter Umständen länger als Ihnen lieb ist auf die nächste Maschine. Mehrere tausend Kilometer weiter, *in Mittelasien* (в Сре́дней А́зии), *im Kaukasus oder im Ural* (на Кавка́зе и́ли на Ура́ле) oder *in Wladiwostok* (во

Владивостóке), ist das Wetter vielleicht extrem anders. Kälte und Eis, Sandsturm in der Wüste oder andere Wetterunbilden könnten Ihren Flug verzögern. Um die gewaltigen meteorologischen Unterschiede in Russland zu verdeutlichen, hier der folgende Bericht:

Es war im März. Minus zwanzig Grad Kälte und Schneesturm. Berge von Schnee säumten die Straßen. Das Flugzeug musste vor dem Start erst enteist werden. Bei diesem Wetter *bin ich in Moskau losgeflogen* (я вы́летел из Москвы́). Als *ich in Samarkand ankam* (я прилетéл в Самаркáнд, auf Russisch sagt man hier „*angeflogen kam*"), fegte ein beißender Sandsturm aus den Wüsten Karakum und Kysylkum in die Stadt. Sommerliche dreißig Grad Hitze ließen die Menschen in dünner Kleidung gehen oder lieber im Schatten sitzen. (Aber – wie Sie im Kapitel 5 gelesen haben – wurde es dann sehr hübsch.)

Sie sehen, es kann viel dazwischen kommen bei einem Flug durch Russland. Deshalb mein Rat: Wenn es nicht gleich weitergeht – Sie können doch nichts dagegen tun. Nicht gleich unruhig werden! Was den Griechen ihr „σιγά-σιγά" [si'ga-si'ga] und den Briten das „Let's wait and see.", das ist den Russen das Beruhigungsmittel: Посмóтрим! (*Schauen wir mal!*)

Einen unvorhergesehenen Zwischenstopp von mehr als zwölf Stunden hatten wir einmal in Moskau mit einer Schülergruppe beim Flug nach Ufa. Der Flughafen war unfreundlich und kalt. Das Restaurant hatte nicht geöffnet. Nach draußen zu gehen war auch nicht ratsam. Dort lungerten *Drogendealer* (ди́леры) schon an den Eingängen. Auch wenn *die Polizei* (мили́ция) immer präsent ist, Vorsicht ist geboten. Da tröstete uns die Auskunft, der Flughafen würde demnächst völlig neu ausgebaut, nur wenig.

Lassen Sie mich Ihnen lieber eine vergnüglichere Geschichte erzählen.

Es war ein Inlandflug. *Die Entfernung* (расстоя́ние) war nach russischen Maßstäben nicht groß: 800 km. Wer in seinem Land die Kilometer nach Tausenden zählt, der rechnet in anderen Dimensionen. Russland erstreckt sich über rund 4 000 km von Nord nach Süd und 10 000 km in der Ost-West-Richtung. Elf Zeitzonen überfliegen Sie allein auf dem Territorium Russlands, wenn Sie nach

Japan fliegen. Also *fliegen wir mal* (давáйте полетúм) schnell zum Markt in die 500 km entfernte Großstadt! Das Passagierflugzeug hat eine recht bescheidene Größe. Die „fliegende Kiste" hat nur Raum für eine Handvoll Passagiere, von denen *fast jeder Fluggast* (почтú кáждый пассажúр) mehr als nur *einen schweren Koffer* (тяжёлый чемодáн) oder *eine riesige Kiste* (огрóмный я́щик) als „Handgepäck" mit sich führt.

Schon beim Einsteigen komme ich ins Staunen. Dort schleppt ein rüstiger, älterer *Bauer* (крестья́нин) mit seinem Sohn einen gewaltigen Karton, anscheinend *einen Fernseher* (телевúзор). Da huckt eine dralle *Bäuerin* (крестья́нка) ihren Tragekorb voller Gemüse auf. Einen Laderaum scheint es nicht zu geben. Alles wird über den Köpfen, zwischen den Beinen und im Gang verstaut. Was ist das? Ich höre ein Gackern und Krähen. *In den Körben* (в корзúнах) flattern *Hühner* (кýры). *Die Bauern wollen sie auf dem Markt verkaufen* (крестья́не хотя́т продáть их на ры́нке). Ich sitze neben einem schwarz gekleideten Mann. Er ist nicht in Trauer. Einfache *schwarze Anzüge* (чёрные костю́мы) sind eine gängige Männerkleidung. *Mein Nachbar* (мой сосéд) hat eine nagelneue *Aktentasche* (портфéль) auf den Knien. Immer mehr Reisende haben jetzt auch *einen Laptop* (портатúвный компью́тер) auf dem Schoß. Vielleicht ist mein Nachbar *Geschäftsmann* (бизнесмéн). *Er liest Zeitung.* (Он читáет газéту.) Ob auf langen oder kurzen Strecken – viele Menschen lesen in den öffentlichen Verkehrsmitteln. Sie nutzen die Zeit. Carpe diem. Im Russischen heißt es: Дéлу врéмя, а потéхе час. (etwa: *Jede Sache braucht ihre Zeit, aber auch die Muße braucht eine Stunde.*)

Wir starten! Rasch gewinnt die Maschine an Fahrt. Wir werden in die Rückenlehne gedrückt. Die Motoren dröhnen. Doch das Geschnatter von Mensch und Tier ist fast genauso laut. Schließlich haben wir die erforderliche Höhe erreicht, fliegen relativ ruhig dahin und lassen die Landschaft unter uns vorübergleiten. Plötzlich ein Schrei, ein Gezeter und lautes Gackern. Das Flugzeug ist in ein „Luftloch" gefallen, und nun sind die Hühner los! Aufgeregt flattern sie zwischen den Menschen umher. Diese haben ihre Ruhe jedoch schnell wieder gefunden. Das Schauspiel sind sie anscheinend gewöhnt. Gelassen, wie ein Bauer seine entlaufene Kuh in den Hof zurücktreibt, fangen einige die Hühner ein, packen sie an den Flügeln und setzen sie in ihren Korb zurück. Ausflug beendet.

Unser Flug war es bald auch. Auf dem Markt habe ich die Hühner nicht noch einmal gesehen. Ob sie schon verkauft oder im Topf waren? – Das war eine Geschichte, ja. Aber wiederum eine wahre. Und noch heute gibt es solche Kurzflugrouten mit kleinen Maschinen. Probieren Sie es selbst, wenn Sie Spaß am Abenteuer haben!

Ein ärgerliches Hindernis beim Fliegen innerhalb Russlands ist der Umstand, dass *die Flugtickets vorbestellt werden müssen* (на́до зара́нее зака́зывать авиабиле́ты), und zwar möglichst wochen- oder monatelang vorher. *Die Nachfrage* (спрос) ist fast immer größer als *das Angebot* (предложе́ние). Das ist heute trotz der größeren Anzahl von Firmen, die Inlandsflüge anbieten, und ungeachtet der gestiegenen Preise noch nicht anders. Nur in der Business Class ist oft Platz. Denn wer kann sich die in Russland schon leisten?

Ein kurzer lexikologischer Ausflug zum letzten russischen Wort des vorangegangenen Absatzes. Das Substantiv пред-лож-ен-ие besteht aus der Vorsilbe пред- (vgl. die Präposition перед – *vor*), der Wurzel -лож- (sie bedeutet wie ihre lautlichen Verwandten -леж-, -лаг-, -лог- „*legen*" oder „*liegen*"), dem Suffix -ен- und der Endung -ие. Die Wurzel -лож- ist sehr „produktiv", wie das *die Russisten* (руси́сты) ebenso wie die anderen Sprachwissenschaftler nennen. Die Kenntnis nur einiger häufiger Wurzeln ebnet Ihnen deshalb den Weg zum Verständnis von Hunderten verwandter Wörter. Auch Sie können sie zum Teil mühelos selbst bilden.

Wie gesagt, -лож- ist eine sehr produktive *Wurzel* (ко́рень; dieses Wort bezeichnet auch die Wurzel eines Baums oder Zahns). Hier einige Beispiele:

ложи́ть (*legen*), вы́ложить (*auslegen*), наложи́ть (*polieren*), отложи́ть (*beiseite legen*), переложи́ть (*übersetzen*), положи́ть (*hinlegen*), предложи́ть (*anbieten*), приложи́ть (*auflegen*), сложи́ть (*zusammenlegen*), уложи́ть (*hinlegen*).[46]

46 Hier wie bei anderen Worten führe ich nur eine, meist die im Wörterbuch zuerst genannte Übersetzung als Beispiel an. Selbstverständlich können Sie stets noch weitere, zum Teil sehr unterschiedliche Übersetzungen ins Deutsche finden.

Wie Sie sehen, habe ich die Aufzählung auf die Wortbildungen mit der Wurzel -лож- beschränkt. Hinzu kommen viele andere davon abgeleitete reflexive Verben, Substantive, Adjektive und andere Wortarten mit Varianten dieser Wurzel, zum Beispiel:

лежáть (*liegen*), лечь (*sich hinlegen*), налáживать (*in Ordnung bringen*), предлагáть (*vorschlagen*), предлóг (*Präposition*).

In diesem Kapitel waren wir viel unterwegs. Wir haben Russland überflogen, sind unter und auf der Erde gereist, mit dem Bus und der Bahn gefahren … Halt, nur Straßenbahn! Es fehlt noch *die Eisenbahn* (желéзная дорóга). Beginnen wir mit dem non plus ultra des Bahnfahrens in Russland. Das ist zweifellos *die Transsibirische Eisenbahn* oder *Transsib* (Транссибúрская желéзная дорóга). Ihre längste Route führt *von Moskau nach Wladiwostok* (из Москвы́ во Владивостóк). Das sind fast 9 300 Kilometer Bahnstrecke.

Fahren wir also mit dem Zug! (Давáйте поéдем пóездом!) Kommen Sie mit? Die Reise beginnt in Moskau. Einen „Hauptbahnhof" gibt es hier nicht. Dafür viele große und kleine, deren Namen schon anzeigen, in welche Richtung die Züge von hier aus abfahren. *Der Leningrader Bahnhof* (er heißt tatsächlich immer noch so: Ленингрáдский вокзáл) geht z. B. in die nördliche Richtung, nach Sankt Petersburg, Murmansk (der größten Stadt der Erde nördlich des Polarkreises), Tallin und Helsinki. Wir aber wollen nach *Wladiwostok*, Endstation der Transsib auf durchgehender Strecke seit 1916 und heute größter Pazifikhafen Russlands. Der Ortsname Владивостóк (auf der letzten Silbe betont) ist zusammengesetzt aus zwei Worten: Влад- (heißt *beherrschen* und ist Ihnen bekannt aus dem Namen „Wladimir") und востóк [vas'tɔk] – *Osten*). Der Laut -и- verbindet beide Bestandteile. Die russische Stadt hatte also die Aufgabe, den asiatischen Osten (vor allem China und Japan) zu beherrschen.

Wir haben uns verabredet. Unser Treffpunkt ist der Ярослáвский вокзáл (*Jaroslawler Bahnhof*). *Der Zug Nr. 2 fährt 15:26 Uhr ab.* (Пóезд №2 отхóдит в 15 часóв 26 минýт.)

Schon um zwei Uhr *stehen wir auf dem Komsomol-Platz* (мы стои́м на Комсомо́льской пло́щади) und bewundern die märchenhafte Architektur der drei alten Bahnhöfe auf diesem Platz. *Der Kasaner Bahnhof* (Каза́нский вокза́л; er ist architektonisch an den Kasaner Kreml angelehnt) mutet reizvoll orientalisch an. Aber weder er noch der Leningrader Bahnhof sind unser Ziel. Wir steuern den Jaroslawler Bahnhof an, denn von hier gehen die Züge nach Wladiwostok in der Regel ab.

Wenn Sie einmal einen Fahrplan studieren müssen, hier ein Beispiel mit einigen Wörtern zu Ihrer Orientierung:

Расписание движения поездов Москва – СПб *Zugfahrplan Moskau – Sankt Petersburg*			
Номер поезда *Zugnummer*	Время отправления *Abfahrtszeit*	Время в пути *Fahrtzeit*	Время прибытия *Ankunftszeit*
160АЯ	16:30	005:48	22:18

Die Kenntnis einiger Abkürzungen kann beim Lesen des Fahrplans sehr nützlich sein: С. – ско́рый по́езд (*Schnellzug*), Ск. – скоростно́й по́езд (*Eilzug*), ф. – фи́рменный по́езд (*Firmenzug,* die höchste Zugklasse), Пасс. – пассажи́рный по́езд (*Personenzug*). In der ausführlichen Website www.poezda.net finden Sie alle Zugverbindungen, darunter diejenigen mit Abfahrt in Moskau. Auf der Homepage Sankt Petersburgs, www.spbru.ru, erfahren Sie Einzelheiten über den Zugverkehr zwischen dieser und anderen Städten.

Bei einer Fahrt mit der Transsib sollte man mindestens eine Stunde vor Abfahrt auf dem Bahnsteig sein, wie beim Fliegen. *Es ist also Zeit für uns loszugehen.* (Ита́к, нам пора́ идти́.) Der übersichtliche *Zugfahrplan* (расписа́ние поездо́в) lenkt unsere Schritte dorthin, wo *der Bahnsteig 3* (платфо́рма №3) ist. *Unser Zug* (наш по́езд) ist ungemein lang. Es soll Züge mit bis zu 21 Waggons und 500 Metern Länge geben! *Unser Wagen* (наш ваго́н) hat die Nummer 8 und ist, wie fast alle anderen Waggons auch, *ein Schlafwagen* (спа́льный ваго́н).[47]

Wir wollen ja nicht sechs Tage ohne Schlaf überstehen. So interessant der Blick aus dem Fenster auch sein mag, er ist es vor allem *bei Tage* (днём). *Nachts schlafen wir* (но́чью мы спим) auf einem der vier (in Touristenzügen zwei) klappbaren Wandbetten. Wir haben *das Abteil 5* (купе́ №5). *Unsere Zugbegleiterin* (на́ша проводни́ца) heißt *Mascha* (Ма́ша). Vor dem Einsteigen hat sie *unsere Tickets* (наши биле́ты) gründlich geprüft und uns freundlich, aber bestimmt eingewiesen: kein Rauchen in den Abteilen, kein Alkohol. *Los geht´s!* (Пое́хали!)

Es dauert nicht lange, da werden wir von Mascha gefragt: «Вы хоти́те стака́нчик ча́ю?» („*Wollen Sie ein Gläschen Tee?*") „*Ja, gern.*" («Да, с удово́льствием.», wörtlich: „*Ja, mit Vergnügen.*") Es ist zwar *Altweibersommer* (ба́бье ле́то), aber frisch. Da kann etwas Warmes nicht schaden. Unser Nachbar hat sich längst ungezwungen vorgestellt: «Приве́т! Меня́ зову́т Воло́дя.» ([va'łɔʤə] – „*Hallo! Ich heiße Wolodja.*"). Er sieht sich verstohlen um, ob Mascha weg ist. Nein, sie ist nicht in der Nähe. Und hast du nicht gesehen, steht *eine Flasche Wodka* (буты́лка во́дки) auf dem Tischchen: «Ру́сский ста́ндарт» („*Russischer Standard*", die von Präsident Putin zum Neujahr gern bestellte Marke). *Vier Gläschen* (четы́ре рю́мочки) dazu, und los geht's: «За здоро́вье!» („*Prost!*"). Was hat er bloß alles *im Rucksack* (в рюкзаке́, endbetont)? Im Laufe der sechs Tage und Nächte kommt vieles zum Vorschein: *Würstchen* (соси́ски), *Brot* (хлеб), *eine Büchse Stör* (ба́нка осетра́), *Schinken* (ветчина́) und weitere *Lebensmittel* (проду́кты), mit denen er uns die unendlich lange Fahrt schmackhaft macht. *Er ist wirklich ein Lebenskünstler.* (Он действи́тельно уме́ет жить.) Selbst *Messer und Gabeln* (ножи́ и ви́лки) kramt er aus den unergründlichen Tiefen seines Rucksacks hervor.

Dabei ist Selbstverpflegung eigentlich nicht nötig. *Frühstück, Mittagessen und Abendbrot* (за́втрак, обе́д и у́жин) werden *im Speisewagen* (в ваго́не-рестора́не) in ordentlicher Qualität und zu

---

47 Großlieferant für sowjetische Doppelstock- und Schlafwagen waren bis 1989 viele Jahre lang unter anderem die Waggonbaubetriebe in Görlitz und Halle/Saale.

einem annehmbaren Preis serviert. Außerdem, fast bei jedem Halt stehen Muttchen in dicken Wollmänteln und Filzstiefeln auf dem Bahnhof und bieten allerlei *Kleinigkeiten* (ме́лочи) feil, aber auch *Obst und Gemüse* (о́вощи и фру́кты, also eigentlich: *Gemüse und Früchte*, denn im Russischen führt man sie in dieser Reihenfolge auf).

Am späten Nachmittag *bestellen wir Tee* (мы зака́зываем чай): «Ма́ша, принеси́те нам, пожа́луйста, четы́ре стака́на ча́ю!» („*Mascha, bringen Sie uns, bitte, vier Gläser Tee!*") Man beachte, wir nennen die Respektsperson, als die Mascha in ihrem kleinen Reich angesehen werden möchte, zwar beim Vornamen, siezen sie aber, *wie es sich gehört* (как сле́дует). Mir gefallen die typischen *silbernen Untersetzer* der Glasbecher (сере́бряные подстака́нники; das Wort подстака́нник wird im einsprachigen Wörterbuch übrigens sehr hübsch definiert: подста́вка с ру́чкой для стака́на, also *Untersetzer mit Griff für einen Glasbecher*; der Griff ist am Untersetzer!). Die Untersetzer haben *ein hübsches folkloristisches Design* (краси́вый фолькло́рный диза́йн). Wolodja sieht es eher praktisch. „Gerade die richtige Größe – *100 Gramm* (сто грамм)." Und schon wieder heißt es: «За ва́ше здоро́вье! – За ва́ше!» („*Auf Ihre Gesundheit! – Auf die Ihre!*")

Essen, trinken, plaudern, lesen, aus dem Fenster schauen – viel mehr ist nicht zu tun. Falls Sie eine Touristenreise mit der Transsib buchen, dann werden Sie freilich unterhalten, auch einen kleinen Russischkurs können Sie mitmachen.

Auf jeder Haltestation, wo möglich, die Beine vertreten! Noch besser, Sie erkundigen sich: «Где убо́рная?» („*Wo ist die Toilette?*") – in der Hoffnung, eine saubere und geräumige zu finden. Denn an den Toiletten an jedem Wagenende, die zwar stets reinlich geputzt werden, in denen aber auch die Waschecke für alle Schlafgäste ist, steht man oft Schlange. Und selbstverständlich lässt ein Herr, wenn er mit Damen in einem Abteil untergebracht ist (was durchaus vorkommt), diesen den Vortritt. Nach dem Munterwerden verlässt er ganz unauffällig das Abteil, um den Frauen Gelegenheit zu geben sich anzukleiden. Erst dann macht auch er sich für das Frühstück fertig. Der Tag kann beginnen. *Weiter geht's!* (Поéдем дáльше!; wörtlich: *Fahren wir weiter!*)

Stunden später. Oder sind es Tage? Das Zeitgefühl geht irgendwann verloren. Мы в гóроде Чéремхово. (*Wir sind in der Stadt Tscheremchowo.*) Es ist kurz nach 19 Uhr. Wir haben nur ein paar Minuten Aufenthalt. Der vierte Mann in unserem Abteil, ein gemütlicher, dicker Herr *aus Leipzig* (из Лéйпцига), „muss mal" den Aufenthalt unbedingt nutzen – trotz der *Zeitnot* (цейтнóт; ein aus dem Deutschen entlehnter Begriff, vor allem im Schachspiel gebraucht). Wenn er nach seiner Herkunft gefragt wird, antwortet er, ein Lehrer, immer in korrektem Russisch: «Я из Гермáнии. Я саксóнец.» („*Ich (komme) aus Deutschland. Ich bin Sachse.*") *Nach fünf Minuten* (пять минýт пóзже) ist unser reiselustiger Sachse aber immer noch nicht zurück. Der Zug hält normalerweise nur zwei Minuten. *Herr Müller* (господи́н Мю́ллер, Name geändert) wird schon *das dritte Mal* (трéтий раз) ausgerufen.

Wir warten. Ein russisches Sprichwort, eine Lautspielerei, sagt: Не под дождём – подождём. (*Wenn wir nicht im Regen stehen, können wir ruhig warten.*) Wir warten weiter. Zeit zum Nachdenken. Mir klingt das Wort господи́н von der Ansage immer noch in den Ohren. *Vor einhundert Jahren* (сто лет назáд) waren господи́н (*Herr*) und госпожá (*Dame*, *Frau*) noch eine ehrerbietige Anrede. Der мужи́к, d. h. der einfache *Bauer* oder *Mann*, wandte sich so mit einer tiefen Verbeugung und weit ausholender Armbewegung an seine Herrschaft. Dies entsprach etwa dem deutschen „gnädiger Herr" bzw. „gnädige Frau". Zu Sowjetzeiten dagegen dienten господи́н und госпожá zur distanzierenden Anrede von Ausländern. Nicht allerdings von Ausländern aus dem sozialistischen Ostblock. Für sie galt – *nolens volens* (хотя́-нéхотя) – die universelle Anrede товáрищ (*Genosse, Genossin*). Nach der Perestroika vermischten sich die Begriffe. Viele Menschen können oder wollen sich nicht so schnell umstellen und gebrauchen heute immer noch товáрищ. Dagegen werden Unbekannte, Personen in gehobenen Dienststellungen oder Geschäftspartner meist mit господи́н Аки́шин (*Herr Akischin*) oder госпожá Аки́шина (*Frau Akischina*) angesprochen. Im Gespräch mit Deutschen verwenden Russen gelegentlich auch фрáу (*Frau*). Ihr Geschäftspartner fragt Sie etwa am Telefon: «Мóжет ли вáша секретáрша, фрáу Áндрей, послáть мне факс?» („*Kann mir Ihre Sekretärin, Frau Andrae, ein Fax schicken?*") *Auf Konferenzen* (на конферéнциях) heißt es statt des früheren «Дорогúе друзья́ и товáрищи!» („*Liebe Freunde und Genossen!*") heute allgemein: «Дáмы и господá!» („*(Sehr geehrte) Damen und Herren!*").

Sie merken, der politische und soziale Hintergrund der Anredeformen hat sich geändert. In der Kommunistischen Partei der Russischen Föderation (der Nachfolgerin der KPdSU) wird aber natürlich immer noch die Anrede товáрищ (*Genosse, Genossin*) gebraucht.

„*Gott sei Dank!*" («Слáва бóгу!») ist auch so eine Wendung, bei der vielen Menschen der – hier religiöse – Hintergrund heute nicht mehr bewusst ist. Sie wird nichtsdestoweniger häufig benutzt. Orthodoxe Gläubige bekreuzigen sich dabei ähnlich wie katholische Christen. Sie halten Daumen, Zeigefinger und Mittelfinger ihrer rechten Hand zusammen, während Ringfinger und kleiner Finger in die Handfläche weisen, und bekreuzigen sich mit ausladender Bewegung des Arms, von der Stirn zur Brust, dann rechte und linke Schulter, d. h. in der umgekehrten Richtung wie die Katholiken.

Doch zurück auf den Bahnhof in Tscheremchowo. Herr Müller ist auch nach mehrmaliger Aufforderung nicht aufgetaucht. Die Aussprache des deutschen Umlauts „ü" in seinem Namen bereitet der Ansagerin offensichtlich einige Schwierigkeiten. Er wird in geschriebenem Russisch in der Regel mit «ю» wiedergegeben, und so spricht sie ihn auch aus. Den Umlauten „ö" und „ä" entsprechen meist die russischen Buchstaben «ё» bzw. «е» oder «э». *Goethe*, der in Russland sehr bekannt ist, schreibt sich auf Russisch Гёте; *Äthiopien* ist Эфиóпия, *Köln* wird Кельн geschrieben. Unser Sachse weiß das alles sicher. Ob seiner Sprachkenntnis machen wir uns nicht allzu viele Sorgen. Aber was ist los mit ihm?

Der Zug muss weiter. Wir setzen den Weg leider ohne unseren vierten Mann fort. Es ist schon fast dunkel. Die herrliche sibirische Landschaft können wir kaum wahrnehmen. Um uns ist *die Taiga* (тайгá; achten Sie bitte auf die Betonung auf der zweiten Silbe!). Bei Nacht schwarz und schweigsam, bezaubert die Taiga bei Tage mit breiten Flüssen und Auen und immer wieder unendlichem Wald, Wald, Wald. Annähernd vierzig Prozent der Fläche Russlands (das Land ist flächenmäßig nahezu doppelt so groß wie die USA) *sind von Wäldern bedeckt* (покры́ты лесáми). Russlands Wälder machen fast ein Viertel des Waldbestands der Erde aus! Die unerschütterliche Kraft und Ruhe der Natur teilt sich uns selbst aus der Fensterperspektive mit. *Sibirien* (Сибúрь, das *„schlafende Land“*) erschließt sich uns auf eine ganz eigene Weise.

Wir sitzen warm und gemütlich im Abteil. Der Zug rollt ratternd über die Schienen, die Schienen, die Schienen. Wer hat sie eigentlich verlegt? Welch enorme Leistung! Wie viele Menschen haben unter härtesten Bedingungen an der Transsib gearbeitet, haben sich hier zu Tode geplagt oder konnten zu Hause stolz von ihrem Werk berichten! Eine über 9 000 km lange Eisenbahnstrecke durch *Städte* (городá) und dichte *Wälder* (лесá), über *Berge* (гóры) und *Täler* (долúны), *Flüsse* (рéки), *Sümpfe* (болóта) und *Seen* (озёра), *auf Dauerfrostboden* (на вéчной мерзлотé), *in Steppe und Taiga* (в степú и тайгé).

Versunken in Gedanken, *habe ich nicht einmal bemerkt, dass der Zug angehalten hat* (я дáже не замéтил, что пóезд остановúлся). *Wir sind in Irkutsk* (мы в Иркýтске), dem Paris Sibiriens. Doch wer kommt da angerannt? *Was für eine Überraschung!* (Какóй сюрприз!) Herr Müller. Gut, dass der Zug hier etwas länger Aufenthalt hat. Herr Müller steigt erschöpft wieder zu. Nach einem kleinen Schlückchen aus der verbotenen Flasche *erzählt er* (он расскáзывает): In Tscheremchowo hatte er, außer seinem eigentlichen Vorhaben, das er sehr rasch erledigen konnte, bei fliegenden Händlern schnell noch etwas einkaufen und ein paar Fotos machen wollen. Aber *er verirrte sich* (он заблудúлся). Als er endlich *auf dem Bahnhof* (на вокзáле) war, da ... Wir kennen diesen Teil der Geschichte, zumindest was uns im Zug betrifft. Aber Herr Müller?

Was tun? (Что де́лать?) Diese Frage ging ihm unwillkürlich durch den Kopf. Er hatte zwar während des Studiums gelesen, dass der russische liberale Publizist *Alexander Herzen* (Алекса́ндр Ге́рцен, 1812-1870) ein Buch mit dem Titel «Что де́лать?» veröffentlicht und Lenin 1902 diesen Titel in einer seiner Schriften wieder aufgegriffen hatte. Aber das half ihm nicht weiter. Herrn Müller wurde bange. Denn mit keinem anderen Zug hätte er uns einholen können. Ein Flug hätte für ihn eine hübsche zusätzliche Ausgabe bedeutet, wenn er überhaupt rechtzeitig zum nächsten Flughafen gekommen wäre und ein Ticket ergattert hätte. *Schließlich* (наконе́ц) hatte ihm aber ein нача́льник (*leitender Angestellter*, *Natschalnik*) den Tipp gegeben sich ein Taxi zu mieten. Nachts, in der unendlichen Taiga, allein im Taxi mit einem fremden Fahrer? Herrn Müller gingen Horrorgeschichten durch den Kopf. Schließlich war er nicht in Deutschland, sondern in Sibirien. Doch es blieb ihm nichts anderes übrig. Er handelte einen fairen Preis aus (wie viel, das verriet er uns lieber nicht), und in höllischem Tempo raste das Taxi durch die Nacht. Gerade noch *rechtzeitig* (во́время) erreichte er Irkutsk.

Der Zug ist noch nicht abgefahren. Noch immer *sind wir in Irkutsk.* Sie erinnern sich, das Hilfsverb быть (*sein*) wird im Präsens (in der Gegenwart) nicht mehr benutzt. Deshalb heißt es auf Russisch: Мы в Ирку́тске. („*Wir in Irkutsk.*“)

Nicht so in der Vergangenheit und in der Zukunft. Für diese Zeiten verfügt das russische Hilfsverb noch über alle erforderlichen Formen des Singular und Plural.

Im Präteritum (Vergangenheit) sind es noch vier Formen: был – *er war* (bezogen auf männliche Substantive und Personen), была́ – *sie war* (weibliche Substantive und Personen), бы́ло – *es war* (sächliche Substantive) und бы́ли – *sie waren* (Wörter im Plural). Entsprechend verwendet man in der 1. Person (я – *ich*) und in der 2. Person (ты – *du*) je nach Geschlecht der gemeinten Person die männliche oder weibliche Form. Im Futur existieren sechs Formen:

Präteritum		**Futur**	
он был	*er war*	я бу́ду	*ich werde sein*
она была́	*sie war*	ты бу́дешь	*du wirst sein*
оно бы́ло	*es war*	он, она, оно бу́дет	*er, sie, es wird sein*
мы бы́ли	*wir waren*	мы бу́дем	*wir werden sein*
вы бы́ли	*ihr wart*	вы бу́дете	*ihr werdet sein*
они́ бы́ли	*sie waren*	они́ бу́дут	*sie werden sein*

Im Präsens dieses Verbs hat im Wesentlichen nur ein Relikt überlebt: die dritte Person Singular есть (*ist*). Vielleicht ist es Ihnen schon begegnet. Es wird in formalen Feststellungen und Definitionen benutzt, zum Beispiel in der Wissenschaftssprache: Кислоро́д есть необходи́мое усло́вие жи́зни. (*Sauerstoff ist lebensnotwendig.*) Außerdem ist es ein Wort der Befehlssprache im Militär: Есть! (*Zu Befehl!*). Es bedeutet aber auch „*existieren, vorhanden sein*“: Есть наде́жда. (*Es gibt Hoffnung.*)

Wir im Zug hoffen, dass die Fahrt nunmehr ohne weitere Zwischenfälle weitergeht. Schade, dass wir bei der Umfahrung des „herrlichen Baikal“ (so heißt ein gern gesungenes Lied über den größten Binnensee der Erde) nichts von ihm sehen. Es ist zu dunkel. Dabei ist das Wasser dieses Sees trotz der zunehmenden Verschmutzung immer noch so klar, dass man weit in ihn hineinsehen kann. Freilich nicht über die gesamte Tiefe von 1 640 m. Erst im Jahr 1996 wurde *der Baikalsee* (о́зеро Байка́л) zum schützenswerten Weltkulturerbe erklärt.

Herr Müller hat inzwischen seine fröhliche Geschwätzigkeit wieder gefunden. Sie hatte uns geradezu gefehlt. Aber sein Abenteuer hätte ich doch lieber nicht erleben wollen. Da war mir der inzwischen gewohnte ruhige Tagesablauf doch lieber.

Aufstehen. Zum Waschen anstellen. Frühstücken. Tee oder Kaffee trinken. Sightseeing am Fenster. Wieder etwas trinken (für 25 bis 50 Cent die Tasse, abgerechnet wird bei Mascha am Ende der Fahrt). Den Fahrplan in der Wagenmitte studieren. Jeden interessiert doch: «Как называ́ется сле́дующая ста́нция?» („*Wie heißt die nächste Station?*“) Zu Mittag essen. *Im Speisewagen* (в ваго́не-рестора́не; beide Teile des zusammengesetzten Substantivs werden dekliniert!) hat man die Wahl: frisch zubereitete warme und kalte Speisen, Suppen, Nachtisch. Man kann hier auch einiges einkaufen: *Zigaretten* (сигаре́ты), *Schokolade* (шокола́д), *Obst* (фру́кты), *Getränke* (напи́тки) u. a.

Gegen Abend erneut anstellen und waschen. Aus dem Fenster schauen, lesen, sich unterhalten. Das Bett machen. Mascha ansprechen: «Мо́жно получи́ть све́жее посте́льное бельё?» („*Kann ich bitte frische Bettwäsche haben?*“). Sie ist flink bei der Hand. Das Bett ist im Nu gemacht. Die kleinen Rüschenvorhänge zuziehen oder auch nicht. Wer sieht uns schon? Schlafen gehen. Ein Sechstagerennen ohne zu rennen. Dafür mit vielen netten, aufschlussreichen Unterhaltungen, wunderbarer Landschaft, einiger Abwechslung auf den Haltebahnhöfen und pünktlicher Ankunft. Nach sechs Tagen, um 23:53 Uhr Moskauer Zeit – mit sieben Stunden Zeitunterschied zur Hauptstadt – sind wir in Wladiwostok. Eine lange, anstrengende, aber auch schöne und interessante Reise liegt hinter uns.

Zu Luft, zu Lande, unter der Erde (Metro!) sind wir jetzt unterwegs gewesen. Wie wäre es mit einer lustigen Seefahrt?

Ganz ohne Stress, romantisch und historisch lehrreich ist eine Dampferfahrt *auf der Wolga* (на реке́ Во́лга). Ма́тушка Во́лга (*Mütterchen Wolga*) wird vielfach besungen. Ма́тушка (*Mütterchen*), weil река́ (*Fluss*) und auch der Flussname Во́лга weiblich sind, im Gegensatz zum „Vater“ Rhein.

Die Wolga ist 3 531 km lang und damit *der längste Fluss* (са́мая дли́нная река́) *im europäischen Teil Russlands* (в европе́йской ча́сти Росси́и) und auch *in Europa* (в Евро́пе). An ihren malerischen Ufern liegen altehrwürdige, schöne Städte.

- Ни́жний Но́вгород (*Nishni Nowgorod*). Die *800-jährige Millionenstadt* (800-ле́тний го́род-миллионе́р; auch von diesem Wort werden beide Bestandteile dekliniert) hieß zu Sowjetzeiten *Gorki* (Го́рький), benannt nach dem hier geborenen russischen Schriftsteller Maxim Gorki, der *in den 1930er Jahren* (в 30ые го́ды; в тридца́тые го́ды) gemeinsam mit anderen Schriftstellern den „sozialistischen Realismus“ in die Literatur einführte.[48] Maxim Gorki war sein *Pseudonym* (псевдони́м), es bedeutete: *bitter, der Bittere*. Eigentlich hieß der Romancier und Autor vieler berühmter Erzählungen *Alexej Maximowitsch Peschkow* (Алексе́й Макси́мович Пешко́в, 1868-1936). Wegen der Hauptthematik seiner Werke (ein Beispiel ist der im revolutionären Arbeitermilieu angesiedelte Roman „*Die Mutter*" – «Мать») wird er auch der „Proletarier" unter den russischen Dichtern genannt (Encyclopeadia Britannica, Deluxe Edition 2004).

- Каза́нь (*Kasan*), *Hauptstadt der Autonomen Republik Tatarstan* (столи́ца Автоно́мной респу́блики Татарста́н). Diese Stadt, die heute ebenfalls *fast eine Million Einwohner* (почти́ оди́н миллио́н жи́телей) zählt, ist ein wichtiges Wirtschafts- und Handelszentrum. Vom 13. bis zum 16. Jahrhundert war Kasan die Hauptstadt des tatarischen Chanats, das 1240 die russischen Lande erobert und besetzt hatte. *Kirchen und Moscheen* (це́ркви и мече́ти) ragen über die ehrwürdigen Häuser der Altstadt hinaus.
- Nicht zu vergessen das geschundene Волгогра́д (*Wolgograd*). Wolgograd war im 16. Jahrhundert die starke Festung *Zarizyn* (Цари́цын, d. h. *die Zarenstadt*) *an der südöstlichen Grenze Russlands* (на юговосто́чной грани́це Росси́и). 1925 bis 1961 trug die wegen ihres Binnenhafens ökonomisch und militärstrategisch wichtige Industriestadt den Namen *Stalingrad* (Сталингра́д). Während dieser Jahre erlebte die Stadt ihre schrecklichste Zeit. Als wichtiges Industriezentrum wurde sie im Zweiten Weltkrieg fast vollständig zerstört. Vor Stalingrad wurde 1943 der Vormarsch der deutschen Heere von der Roten Armee gestoppt, die 6. Armee der deutschen Wehrmacht eingekesselt und nach langem Stellungskrieg mit großen Verlusten für beide Seiten zur Kapitulation gezwungen.

---

48 Unter Stalin wurde im April 1932 vom Zentralkomitee der KPdSU der sozialistische Realismus als Staatskunstform proklamiert und in den Folgejahren von der Literatur auf alle Kunstgattungen ausgedehnt. Bis in die 1960er Jahre war diese Doktrin auch in den anderen kommunistischen Staaten verbindlich.

Gleichgültig, ob Sie *als Tourist* (как тури́ст), *als Touristin* (как тури́стка) oder *auf Dienstreise* (в командиро́вке) eine Fahrt *mit dem Dampfer* (на парохо́де) unternehmen, Sie erfahren in jedem Fall viel Interessantes über das Land. Vielleicht trägt Ihre *Reiseleiterin* oder Ihr *Reiseleiter* (in beiden Fällen ist ihre Berufsbezeichnung гид oder экскурсово́д) auch zu Ihren Sprachkenntnissen bei.

Sie oder er könnte Ihnen beispielsweise erzählen, was den Deutsch lernenden Russen oft seltsam vorkommt, dass nämlich im Deutschen der Dampfer „fährt". Das russische Verb е́хать (*fahren*) assoziiert nämlich die Vorstellung von Rädern. Der Russe sagt deshalb nicht: парохо́д «е́дет» (*der Dampfer fährt*). Wenn ein russischer Muttersprachler dies von einem Ausländer hörte, würde er wahrscheinlich schmunzeln. Das klänge etwa so falsch wie in beiden Sprachen: das Flugzeug „fährt" nach Minsk. Dagegen kann auf Russisch der Dampfer *schwimmen* (пла́вать / плыть; worüber wir nun wieder schmunzeln). Deshalb kann die folgende Frage durchaus korrekt mit zwei verschiedenen Verben gebildet werden: „*Wohin geht / fährt dieser Dampfer?*". «Куда́ идёт / плывёт э́тот парохо́д?» Die Antwort könnte lauten: «Он плывёт до Каза́ни.» („*Er fährt bis Kasan.*"; eigentlich: … *schwimmt* …)

Oder die Reiseleiter erzählen Ihnen über die Kosaken. In Deutschland treten inzwischen in jeder kleinen Stadt einmal die singenden „Donkosaken" auf. Sie sind eine immerwährende Neuauflage des ursprünglichen, schon vor dem Zweiten Weltkrieg weltbekannten Donkosakenchors. Die in der Ukraine und in Südrussland beheimateten *Kosaken* (казаки́) stammen vermutlich von tatarischen Vorfahren ab. Je nach dem Flussgebiet, in dem sie leben, unterscheidet man zwischen Kubankosaken und Donkosaken Das Wort каза́к ist turkotatarisch und bezeichnete früher einen „*freien Menschen*" aus tatarischen Völkerschaften. Einige Wissenschaftler plädieren für eine andere Herkunft. Sie meinen, dass *ehemalige Leibeigene* (бы́вшие крепостны́е), die der russischen Fron entflohen waren und sich als „Freie" niedergelassen hatten, die ersten Kosakendörfer gegründet hätten. Wie dem auch sei, seit dem 16./17. Jahrhundert standen die Kosaken in russischen

Kriegsdiensten. Sie wurden unter anderem im Kampf gegen äußere Feinde und zur Unterdrückung von Aufständen eingesetzt, ja sogar *zu Beginn des 20. Jahrhunderts* (в начáле XX вéка, ausgesprochen: в начáле двадцáтого вéка) missbraucht zur Provozierung antijüdischer Pogrome.

Der sprichwörtliche Stolz der Kosaken ist ein Ausdruck ihres unbändigen Freiheitswillens. *In den 30er Jahren des 20. Jahrhunderts* (в 30ые гóды XX вéка) waren es die Kosaken, die sich am heftigsten, aber erfolglos den kommunistischen Bestrebungen widersetzten, *Kolchosen* (колхóзы) und später *Sowchosen* (совхóзы) zu gründen, jene landwirtschaftlichen Produktionsgenossenschaften und Großbetriebe, die sich letztlich als unwirtschaftlich erwiesen haben und heute entweder heruntergekommen, aufgelöst oder in Privathand sind.

Vieles Interessante haben Ihnen *die Reiseleiter* (гúды) sicher zu erzählen: Geschichtliches, Aktuelles, Persönliches aus dem Leben großer Russen. Das Schönste an der Dampferfahrt ist trotzdem die herrliche, abwechslungsreiche Landschaft: *die Ufer und Inseln* (берегá и островá), *Wiesen* (лугá), *Felder* (поля́) und *Wälder* (лесá) sowie *die Städte* (городá).

Haben Sie gemerkt? Alle Substantive dieser Aufzählung enden im hier gebrauchten Nominativ Plural auf betontes „á" bzw. «я́». Diese Endung ist, danach zu urteilen, gar nicht so selten. Bereits im achten Kapitel sind wir auf sie gestoßen. Sie ist übernommen worden von einer Deklinationsform, die Dual genannt wird. Der Dual, die Zweizahl, wurde gebraucht zur Bezeichnung von Dingen männlichen Geschlechts, die „zweifach" existieren, z. B. *die Flussufer* (links und rechts des Flusses) – берегá, *die Augen* – глазá oder *die Hörner* (eines Tieres) – рогá. Auch *das Tor* (mit zwei Flügeln) wird mit dem Pluralwort ворóта wiedergegeben, weshalb *das Brandenburger Tor* (Singular) in Berlin auf Russisch Бранденбýргские ворóта heißt.

Die heute regelmäßige Endung der männlichen und sächlichen Substantive auf -a im Genitiv ist wahrscheinlich ebenfalls diesen Ursprungs. Hierfür spricht unter anderem, dass auch nach der Zahl „2" (und später in Analogie auch nach der „3" und „4") diese Form steht. Viele weitere männliche Substantive haben diese Form übernommen und zum Teil sogar parallel die alte Pluralendung erhalten. So gibt es viele männliche Substantive, die im Singular nur eine Form mit mehreren Bedeutungen besitzen, aber zwei Pluralformen mit unterschiedlicher Bedeutung entwickelt haben: óрдены (*die Mönchsorden*) – орденá (*die Auszeichnungen, Orden*), сыны́ (*Söhne* im übertragenen Sinne, z. B. die Söhne des Volkes) – сыновья́ (die biologischen *Söhne*), цветы́ (*Blumen*) – цветá (*Farben*). Dieses letzte Wortpaar hat zur Bedeutungsdifferenzierung deshalb sogar zwei unterschiedliche Substantive im Singular entwickelt: цветóк (*die Blume*) – цвет (*die Farbe*).

Sie sehen das Sprichwort ein weiteres Mal bestätigt: Чем дáльше в лес, тем бóльше дров. (*Je weiter ich in den Wald hineingehe, desto mehr Holz finde ich.*) Je mehr Sie von der russischen Sprache lernen, desto mehr gibt es zu erfahren. Ist das nicht spannend wie ein Krimi?

Zum Nachtisch – На десерт (9)

Wie im Anhang zu Kapitel 8 versprochen, hier einige Ausführungen zum

Plural der Substantive.

Die Pluralformen sind zur Hälfte sehr einfach. Die Endungen des Dativs, Instrumentals und Präpositivs (harte bzw. weiche Endung) lauten nämlich für alle drei Geschlechter fast immer gleich:

Nominativ	
Genitiv	
Dativ	-ам / -ям
Akkusativ	
Instrumental	-ами / -ями
Präpositiv	-ах / -ях

Der Instrumental weist nur in wenigen Wörtern eine abweichende Form auf, z. B. с людьми́ (*mit den Menschen*), с детьми́ (*mit den Kindern*), с дверьми́ (*mit den Türen*). Typisch für diese Formen ist die Endbetonung, obwohl diese Wörter sonst im Plural stammbetont sind.

Der Nominativ Plural endet bei männlichen und weiblichen Substantiven in der Regel auf -ы (hart) bzw. -и (weich), zum Beispiel столы́ (*Tische*), писа́тели (*Schriftsteller*), же́нщины (*Frauen*), неде́ли (*Wochen*). Nicht wenige maskuline Substantive (wir haben diese Erscheinung bereits mehrfach erwähnt) haben jedoch eine Form des 1. Falls, die auf betontes -á bzw. -я́ endet, z. B. дома́ (*die Häuser*), профессора́ (*die Professoren*). Dies tun auch die sächlichen Substantive: пи́сьма (*die Briefe*), поля́ (*die Felder*).

Der Akkusativ Plural männlicher und weiblicher Substantive ist leicht zu handhaben. Es ist wie im Singular (obwohl dort nur bei den männlichen Substantiven). Bezeichnet das Wort eine unbelebte Sache, dann ist der Akkusativ gleich dem Nominativ. Beispiel:

Я показываю другу **парки** города. (*Ich zeige dem Freund* ***die Parks*** *der Stadt.*) Bezeichnet das Substantiv dagegen Personen oder Tiere, dann gleicht der Akkusativ Plural vollständig dem Genitiv Plural. Beispiel: Мы встречаем **спортсменок и спортсменов** на вокзале. (*Wir holen* ***die Sportlerinnen und Sportler*** *vom Bahnhof ab.*)

Der Genitiv Plural der Substantive ist etwas komplizierter. Ihm sollten Sie vor allem Ihre Aufmerksamkeit schenken, zumal er als Genitivattribut oder nach Zahlen ab 5 häufig gebraucht wird. Hier die Tabelle von oben mit allen möglichen Endungen:

<table>
<tr><th></th><th>männlich</th><th>weiblich</th><th>sächlich</th></tr>
<tr><td rowspan="2">Nominativ</td><td colspan="2">-ы / -и</td><td rowspan="2">-а / -я</td></tr>
<tr><td>-а / -я</td><td></td></tr>
<tr><td>Genitiv</td><td>-ов / -ев /
-ей / -Ø* /</td><td>-ей / -Ø
-й**</td><td>-ей / -Ø /
-й**</td></tr>
<tr><td>Dativ</td><td colspan="3">-ам / -ям</td></tr>
<tr><td>Akkusativ</td><td colspan="2">wie Nominativ oder Genitiv</td><td>wie Nominativ</td></tr>
<tr><td>Instrumental</td><td colspan="3">-ами / -ями / -ьми́</td></tr>
<tr><td>Präpositiv</td><td colspan="3">-ах / -ях</td></tr>
</table>

* Das Zeichen Ø für Null gibt eine endungslose Form an.

** Diese „Endung“ ist mit aufgeführt, obwohl sie streng wissenschaftlich gesehen keine Endung ist.

Die Tabelle zeigt, wie vielfältig der Genitiv Plural sein kann. Hier hilft nur, dass Sie sich peu à peu damit vertraut machen, welches Substantiv bzw. welche Gruppe von Substantiven welche Endung aufweist.

Nach so harter Kost zum „Nachtisch“ zur Abwechslung eine Wiederholung der Deklination der Substantive im Singular. Der Fahrer in unserem Bild hat wohl zu viele Hänger an sein Auto gekoppelt und deshalb einige verloren. Bringen Sie die Wagen bzw. Wörter, mit dem Nominativ links beginnend, wieder in die richtige Reihenfolge?

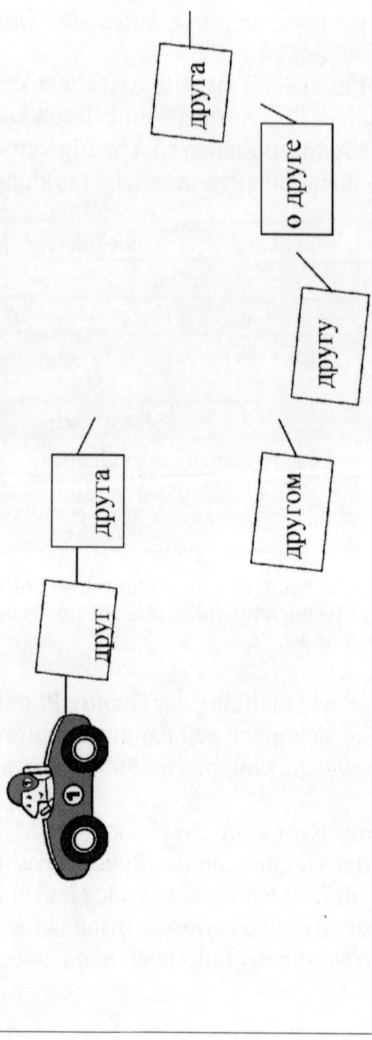
друг
друга
другом
другу
о друге
друга

Kapitel 10 – Глава десятая

Das Sonne, die Mond – ein astrologisches Geheimnis?

Es ist ein warmer Tag. *Die Sonne scheint* (со́лнце све́тит). *Ich muss mich auf das Staatsexamen in Russisch vorbereiten.* (Мне на́до подгото́виться к госуда́рственному экза́мену по ру́сскому языку́.) Kommen möglicherweise verzwickte Fragen auf mich zu? Zum Beispiel, warum *die Sonne* (со́лнце) im Russischen sächlich ist, sozusagen „das" Sonne heißt? Die Antwort scheint leicht: sächliche Substantive enden nun einmal in der russischen Sprache auf -o oder -e, zumindest meistens. Etwa ein Dutzend Substantive enden auf -мя, sind scheinbar also weiblich, aber trotzdem sächlichen Geschlechts. Darunter ist sogar solch ein häufiges Wort wie и́мя (*Vorname, Name*). Oder wird der gestrenge *Prüfer* (экзамена́тор) vielleicht fragen, warum es „die" *Mond* (луна́) im Russischen heißt? Auf diese Frage hätte ich sogar jene scherzhafte Antwort mit Paul Lincke und „Frau Luna" parat. Sie erinnern sich? **Die** Frau Luna ist nun einmal weiblich. Aber ach, *mit dieser Antwort wird er nicht zufrieden sein* (э́тим отве́том он не бу́дет дово́лен). Eher mit der Erklärung, dass луна́ eine Entlehnung des ebenfalls weiblichen lateinischen Worts „lūna" ist, das deutsche Wort „Mond" aber aus dem mittelhochdeutschen „mānōt" (*der Monat*) entstand. Zudem existiert noch ein anderes Wort für Mond im Russischen: ме́сяц. Dieses ist urverwandt mit dem lateinischen mēnsis (*Mond*, *Monat*) oder mēnsūra (*Messung*, *Maß*), was nahe legt, dass das Wort eigentlich ein Maß, nämlich den zwölften Teil des Jahres bezeichnet. Deshalb heißt ме́сяц sowohl *Mond* als auch *Monat*. Ich merke schon, ich müsste noch viel büffeln, aber …

Heute ist der 20. Juli 1969. (Сего́дня 20 ию́ля 1969 г., sprich: двадца́тое ию́ля ты́сяча девятьсо́т шестьдеся́т девя́того го́да.) An diesem Tag schaue ich gar nicht gern in die Bücher. *Stattdessen sehe ich fern.* (Вме́сто э́того я смотрю́ телеви́зор.) *Das Fernsehgerät* (телеви́зор) ist alt, dick und schwer. *Der Bildschirm* (экра́н) dafür umso kleiner. *Es ist 3:56 Uhr mitteleuropäischer Zeit.*

(Сейча́с 3 часа́ 56 мину́т по среднеевропе́йскому вре́мени.) *Erstmals landen Menschen auf dem Mond.* (В пе́рвый раз лю́ди приземля́ются на луне́.) *Die erste Mondlandung* (пе́рвое приземле́ние на луне́) kann ich mir doch nicht entgehen lassen!

Live-Übertragung (пряма́я трансля́ция) der ersten Mondlandung der Menschheit, aber eben amerikanischer Astronauten (!), im russischen Fernsehen? Fehlanzeige. *Die Nachrichten* (после́дние изве́стия; eigentlich: *„die letzten Nachrichten“*) des staatlichen Fernsehens geben ebenfalls nur kurz davon Kunde. *In der Zeitung „Prawda“* (в газе́те «Пра́вда»), dem damaligen Organ des Zentralkomitees der KPdSU[49] (о́рган Центра́льного комите́та КПСС, sprich: [ka'pɛ-ɛs-'ɛs]) erscheint *ein paar Tage später* (не́сколько дней спустя́) eine kleine Notiz. Es herrscht immer noch *kalter Krieg* (холо́дная война́) zwischen den Ostblockstaaten und den Ländern des kapitalistischen Westens.

Der Wettbewerb im Kosmos (соревнова́ние в ко́смосе) war 1956 in eine neue Phase getreten. *Genauer gesagt* (точне́е говоря́), *am 12. April jenes Jahres* (двена́дцатого апре́ля сего́ го́да). Das war der Tag, an dem Ю́рий Алексе́евич Гага́рин (*Juri Alexejewitsch Gagarin*) *als erster ins All flog* (пе́рвым полете́л в ко́смос). Er ist seither der sowjetische *„Held unserer Zeit“* («геро́й на́шего вре́мени»; zu diesem literarischen Zitat vgl. Kapitel 7, Seite 128). *In 108 Minuten umkreiste Gagarin die Erde* (Гага́рин облете́л Зе́млю за сто во́семь мину́т) und landete *mit dem Fallschirm* (на парашю́те, ausgesprochen: [nə_pəra'ʃuʈə]). Gagarins Name ist schlagartig in aller Munde. Nur wenige Jahre später wurde in Moskau ein gigantisches *Denkmal für die sowjetischen Kosmonauten* (Па́мятник сове́тским космона́втам) errichtet.

Analysieren wir doch einmal die eben gebrauchte Wortverbindung: па́мятник космона́втам (*Kosmonautendenkmal*). Das Wort па́мятник (*Denkmal*) verhält sich in unseren beiden Sprachen verschieden. Der Russe geht von der Vorstellung aus, dass das Denkmal **jemandem** gewidmet ist, sozusagen: ein Denkmal **dem**

---

49 …und heutigen Organ der Kommunistischen Partei der Russischen Föderation, auch wenn die Zeitung 1992 an zyprische Investoren verkauft wurde.

Puschkin. Deshalb steht Puschkin in der russischen Wendung im Dativ. Es heißt also folgerichtig: па́мятник Пу́шкину (*Puschkin-Denkmal*).

Weitere Beispiele:
па́мятник Го́рькому (*Gorki-Denkmal*; steht z. B. in Nishni Nowgorod und Moskau)
па́мятник Ле́нину (*Lenin-Denkmal*; in Moskau abgerissen),
па́мятник Ста́лину (*Stalin-Denkmal*; davon stehen in Georgien und andernorts noch viele).

Bevor erneut eine kleine Geschichte folgt, ein weiteres lexikalisches Intermezzo.

Nebenbei, das Wort „Geschichte" kann im Russischen mit mindestens zwei verschiedenen Wörtern wiedergegeben werden. Was ich Ihnen erzählen werde, ist *eine Geschichte*: расска́з. Die Weltgeschichte und sonstige *Geschichte* dagegen wird *auf Russisch* (по-ру́сски) mit исто́рия bezeichnet. *Der Historiker* nennt sich darum исто́рик.

Lassen Sie mich also erzählen! *Die Geschichte* (расска́з oder исто́рия?) trug sich vor längerer Zeit zu.

Es war einmal ... Mit diesen Worten fangen auch in der russischen Literatur Märchen an: «Жил-был ...» oder «Жила́-была́ ...». Ich will Ihnen aber kein Märchen auftischen, sondern berichte von einer Reise nach Armenien.

Die Republik Armenien (Респу́блика Арме́ния), ehemals eine der fünfzehn Sowjetrepubliken, ist seit 1991 ein unabhängiger Staat und im selben Jahr eingetreten in die *Gemeinschaft Unabhängiger Staaten* (*GUS* – СНГ, Соо́бщество Незави́симых Госуда́рств). Das herrliche, bergige Land im Kaukasus gehört zu den am frühesten besiedelten Gebieten auf der Erde. Hier wurde im Jahr 301 der erste christliche Staat der Welt gegründet. Eine Tatsache, auf die die Armenier noch heute stolz sind. Armenien hatte als Zentrum einer hohen Kultur oft unter Invasionen zu leiden, z. B. der Perser, Römer, Mongolen und Türken. Hunderttausende Angehörige dieses Volkes kamen 1908-1918 ums Leben, als die Partei der Jung-Türken des Osmanischen Reiches die Armenier mit

Gewalt aus ihrem Land zu vertreiben suchte. Viele wanderten damals aus, z. B. die Familie des weltberühmten Chansonniers Charles Aznavour. Gegenwärtig leben etwa fünf Millionen Armenier im Ausland, in der Republik selbst nur reichlich drei Millionen. Amtssprache ist Armenisch (in der Einleitung habe ich bereits etwas zum armenischen Alphabet gesagt). Verkehrssprache ist aber auch noch Russisch. Schließlich leben im Land noch sehr viele Russen. Und das, obwohl schon zu Sowjetzeiten oft Spannungen und Konflikte zwischen den nationalen Gruppen herrschten und nach 1990 viele russische Familien nach Russland abgewandert sind.

Meine Frau und ich (мы с женóй; ist das nicht eine harmonische Ausdrucksweise: „*Wir mit der Frau*"?) flogen einmal, es war noch zu Sowjetzeiten, in einer Reisegruppe *in die Hauptstadt Armeniens, Jerewan* (в столи́цу Армéнии, Ереvа́н).

Die mehr als 2 500 Jahre alte Stadt, früher Erebuni genannt, liegt in einem malerischen Weinbaugebiet auf der Hochebene. In Sichtweite, aber auf türkischem Hoheitsgebiet, erhebt sich majestätisch der legendäre *Berg Ararat* (горá Арарáт) mit seinen zwei schneebedeckten Gipfeln, der eine mehr als fünftausend Meter hoch. In der modernen Stadt *sind viele Gebäude aus Tuff gebaut* (мнóгие здáния пострóены из тýфа). Dieses vulkanische Gestein verleiht der Stadt eine frohe Farbigkeit. *Nahe dem Zentrum* (недалекó от цéнтра) steht die gewaltige Halle des Jerewaner Frischmarkts. *Der Basar ist immer voller Menschen und Waren.* (Базáр всегдá пóлон людьми́ и товáрами.) Da gibt es *Äpfel* (я́блоки), *Birnen* (грýши), *Weintrauben* (виногрáд; immer Singular, etwa in dem Sinne wie das deutsche Wort „*Wein*", wenn man die Trauben meint), *Nüsse* (орéхи), *Südfrüchte* (ю́жные фрýкты), *Fisch* (ры́ба; auch hier ist der Singular gebräuchlich, der Plural würde „Fischarten" bedeuten), *Fleisch* (мя́со), *Gewürze* (пря́ности и спéции).

Es war ein Erlebnis! Ein buntes Völkchen von freundlichen und geschäftstüchtigen Händlern saß und stand bei den Ständen. Da waren *sowohl Armenier als auch Russen* (как армя́не, так и рýсские), *Tataren* (татáры), *Usbeken* (узбéки) und *Kasachen* (казáхи), *Frauen* (жéнщины), *Männer* (мужчи́ны) und *Kinder* (дéти). Der eine reichte uns eine Kostprobe, die nächste, eine Muslimin, wehrte jedes Foto energisch ab (was wir natürlich akzeptierten), ein Usbeke, malerisch in Turban und bunten Rock gekleidet, forderte uns dagegen eindringlich auf, doch ein Bild von ihm zu schießen, gerade wie die Momentaufnahme aus einem orientalischen Märchen. Der Mann bekam sein Foto später zugesandt. Natürlich kamen wir auch ins Gespräch mit den Menschen.

So ist es nicht verwunderlich, dass *wir* wenig später mit einem armenischen Paar *in einem Restaurant saßen* (мы сидéли в ресторáне). *Wir hatten einander eben erst kennen gelernt* (мы тóлько что познакóмились с ни́ми), doch *wir unterhielten uns wie gute alte Bekannte* (мы бесéдовали как стáрые знакóмые). Plötzlich *stellte der Kellner eine große Flasche armenischen Kognak auf den Tisch* (официáнт постáвил на стол большу́ю буты́лку армя́нского коньякá), und zwar „Ararat“, also, wie wir wussten, eine ganz vorzügliche Sorte.

Woher? Warum? Ein Nachbartisch hatte sie für uns bestellt, einfach so, *weil wir ihnen gefielen* (потому́ что мы им понрáвились). Galt das meiner Frau? Wäre sie blond gewesen, hätte ich sofort verstanden. Schwarzhaarigen Kaukasiern stechen nämlich *Blondinen* (блонди́нки), *vor allem junge* (прéжде всегó молоды́е), sehr ins Auge. Und sie wäre nicht die erste Frau, die man von der Straße weg entführt hätte. *Zum Glück* (к счáстью) ist meine Frau jedoch kein bisschen blond.

Die Flasche steht verlockend auf unserem Tisch. *Was nun?* (Что делáть? – erinnern Sie sich der Wendung?) *Armenischer Kognak schmeckt sehr gut!* (Армя́нский коньяк óчень вку́сный!) *Austrinken bis auf den Grund?* (Вы́пить до днá?) *Unmöglich!* (Нельзя́!) Das Wort нельзя́ macht klar: *Das darf man nicht*, das verbietet uns der Anstand. Obwohl, *unmöglich* (невозмóжно) wäre es, gemessen an unserem „Durst“, nicht gewesen. *Daraus folgt* (отсю́да слéдует): Nicht alles was *möglich* (возмóжно) ist, *darf man tun* (мóжно дéлать).

Haben Sie das Wortspiel mit мóжно, возмóжно (beide: *möglich*) und ihren Verneinungen „mitgespielt“? Wer es anschaulicher haben möchte, hier eine zusammenfassende Gegenüberstellung der Wörter für „möglich, dürfen, unmöglich, unangebracht und verboten“:

möglich, dürfen - **возмо́жно, мо́жно**

→ *unmöglich*, d. h. objektiv nicht realisierbar – **невозмо́жно**

→ *unmöglich*, d. h. nicht geboten, verboten – **нельзя́**

Die Wörter мо́жно und возмо́жно unterscheiden sich weniger bedeutungsmäßig, als vielmehr im Gebrauch. Das Erstere wird vor allem mit den Infinitiven von Verben verbunden (Мо́жно кури́ть? – *Ist Rauchen gestattet?*). Zu verschiedenen Gelegenheiten fragt man auch ganz allgemein: Мо́жно? (*Darf ich?*) Die Antwort darauf ist entweder: Да, мо́жно. (*Ja, bitte.*) oder: Нет, нельзя́. (*Nein, das ist verboten.*)

Das Wort возмо́жно und seine Verneinung werden dagegen nie so gebraucht, sondern immer als Satzaussage: Э́то возмо́жно. (*Das ist möglich.*) oder Э́то невозмо́жно. (*Das ist nicht möglich.*)

Wie haben wir uns in der oben geschilderten Situation aus der Affäre gezogen? *Kurz gesagt* (коро́че говоря́; d. h. auf Russisch sagt man: „*kürzer gesagt*“), nachdem die spendablen *Gäste das Restaurant verlassen hatten* (го́сти поки́нули рестора́н), verschenkten wir auf Anraten unserer neuen Bekannten die Flasche weiter an ebenso sympathische Menschen, die gerade an einem anderen Tisch Platz genommen hatten.

In zwei netten Stunden erzählten wir unseren Gastgebern von uns und unserer Heimat im Osten Deutschlands und sie uns über ihr herrliches Land in den Bergen des Kaukasus. *Als wir uns schließlich von unseren neuen Bekannten verabschiedeten* (наконе́ц, когда́ мы проща́лись с на́шими но́выми знако́мыми), trugen sie uns auf: „*Grüßt die Bayernmannschaft! Nächste Woche werden sie hier bei uns im Stadion spielen.*“ («Передáйте привéт бавáрской комáнде! На бýдущей недéле онѝ бýдут игрáть у нас на стадиóне.»)

Die Glücklichen! *Ost und West* (востóк и зáпад), *Deutsche Demokratische Republik, DDR* (Германская Демократѝческая Респýблика, ГДР) und *Bundesrepublik Deutschland, BRD* (Федератѝвная Респýблика Гермáнии, ФРГ) und ihre unselige Trennung – das waren für sie „böhmische Dörfer“.

Wenn einer eine Reise tut, dann … möchte er doch auch etwas von der Hauptstadt des Landes gesehen haben. *Unsere Freunde aus Kalifornien, USA* (нáши друзья́ из Калифóрнии, США[50]), lassen es sich nie entgehen, nach einem Besuch „in der Provinz“ einen Abstecher in die Metropole zu unternehmen. Auch wir nehmen auf der Heimreise gern den Umweg über Moskau.

Diesmal fahren wir hinaus zur ehemaligen ВДНХ[51] (*WDNCh*), wo das Kosmonautendenkmal steht. An der Metrostation «ВДНХ» *steigen wir aus* (мы выхóдим) und *treten aus dem Rundbau heraus* (мы выхóдим из крýглого здáния). Hier *schlagen wir mehrere Fliegen mit einer Klappe* (мы убивáем нéсколько мух однѝм вы́стрелом; auf Russisch: „*wir töten mehrere Fliegen mit einem Schuss*“). Denn an diesem Ort erwarten den erlebnishungrigen Touristen gleich mehrere *Sehenswürdigkeiten* (достопримечáтельности; erfahrungsgemäß ist dieses lange Wort eine Lieblingsvokabel der Schüler):

- телебáшня (*der Fernsehturm*),
- Ботанѝческий сад Акадéмии наýк (*der Botanische Garten der Akademie der Wissenschaften*),
- Остáнкинский дворéц (das alte *Schloss Ostankino*), dessen schöne, helle Fassade in nächtlicher Beleuchtung herrlich erstrahlt,
- Музéй твóрчества крепостны́х (*das Museum der Leibeigenenkunst*),
- das bereits oben erwähnte Пáмятник космонáвтам (*Denkmal für die Kosmonauten*) mit einem kleinen Raumfahrtmuseum im Sockel,

50 США - Соединённые Штáты Амéрики

51 *Allunionsausstellung der Errungenschaften der Volkswirtschaft der UdSSR*

- und natürlich das riesige ВВЦ, т.е.[52] Всеросси́йский Вы́ставочный Центр (*Allrussisches Ausstellungszentrum*), wie das Messegelände heute heißt.

Das Hotel „Ostankino" (гости́ница «Оста́нкино») ist in Sichtweite all dieser Sehenswürdigkeiten. Das moderne Hotel tut alles, um westlichen Ansprüchen gerecht zu werden, unter anderem mit der Bar „*Weißer Bär*" («Бе́лый медве́дь»). Hier werden außer teuren Genüssen ab 21 Uhr auch sechs Stunden Striptease (стриптиз) angeboten. Was der arme „Bär" (im Namen dieser Bar) allerdings mit Strip zu tun hat? Ich weiß es nicht. Vielleicht soll man trinkfest wie ein Bär sein? Der sprichwörtliche „russische Bär" kann jedenfalls nicht gemeint sein, denn der wird stets braun dargestellt. Die Herkunft dieser Metapher ist übrigens nicht endgültig geklärt. Sie weist wohl verschiedene Wurzeln auf, reicht bis ins England des 16. Jahrhunderts zurück und meint pauschal die „urigen, kraftvollen, mit der wilden Natur verbundenen" Russen. Besonders in der Zeit des kalten Krieges nach 1945 wurde das spöttische Bild vom „russischen Bären" in politischen Plakaten und Karikaturen häufig gebraucht (zitiert nach: Meyers Enzyklopädisches Lexikon. Mannheim 1977).

Immerhin bietet mir der Name die Gelegenheit, den Tiernamen медве́дь (*Bär*) etymologisch zu beleuchten. Er ist ein altes Tabuwort der Slawen. Um den ursprünglichen Namen dieses gefährlichen Tieres nicht in den Mund zu nehmen (die rekonstruierte ursprachliche Form lautet *arktos), was geheißen hätte den sprichwörtlichen Teufel an die Wand zu malen, umschrieben die Vorfahren das Raubtier mit „Honigesser". Der Tiername медве́дь setzt sich nämlich zusammen aus мёд (*Honig*; vgl. deutsch „Met", den Honigwein) und есть (*essen*).

Schauen wir uns weiter im Stadtteil Ostankino um! Der 1967 fertig gestellte *Fernsehturm* (телеба́шня) war einige Zeit *der höchste Turm der Welt* (са́мая высо́кая ба́шня ми́ра): *ungefähr 537 m* (приблизи́тельно пятьсо́т три́дцать семь ме́тров). In seiner kurzen Geschichte erlitt der Turm zwei „Tiefschläge": 1976, als der CN Tower in Toronto (*annähernd 553 m*, приме́рно

52 Die Abkürzung т.е. wird то́ есть gesprochen und entspricht unserem d.h.

пятьсо́т пятьдеся́т три ме́тра) ihm den Rang als „höchster" ablief, und *im Jahr 2000* (в двухты́сячном году́). In diesem Jahr beschädigte ein Großbrand die Konstruktion des Fernsehturms derart, dass sogar sein Abriss erwogen wurde. Das ist Geschichte! Jetzt erstürmen ihn wieder 200 000 Besucher im Jahr! *Etwa 360 Meter* (о́коло трёхсо́т шести́десяти ме́тров) fahren sie auf die Plattform hinauf. Von dort ist die Aussicht auf Moskau Schwindel erregend großartig.

Weniger „Schwindel" und vor allem weniger Rubel kostet Sie ein herrlicher Rundblick auf die Stadt, wenn Sie zur größten Universität Russlands, der *Lomonossow-Universität* (университе́т и́мени М. В. Ломоно́сова), hinauffahren.

Bevor wir uns dort umsehen, schauen Sie bitte doch noch einmal zurück in den vorletzten Absatz! Eventuell ist Ihnen aufgefallen, dass ich Ihnen drei verschiedene Begriffe für die Wiedergabe von *„ungefähr, etwa, zirka"* zugemutet habe: приблизи́тельно, приме́рно und о́коло. Es gibt ihrer noch mehr, im Russischen wie in unserer eigenen Sprache.

Von den drei oben aufgeführten Wörtern sind die beiden ersten Adverbien. Sie sind insofern „ungefährlich", als sie ohne Einfluss auf die folgende Zahl sind. Die Präposition о́коло (sie wird auch in der örtlichen Bedeutung *„neben"* gebraucht) bewirkt dagegen, dass eine nach ihr gebrauchte Zahl in den Genitiv gesetzt werden muss. Das ist bei längeren Zahlen durchaus lästig: о́коло пяти́ ты́сяч шестисо́т сорока́ ме́тров (*etwa 5 640 m*; der höchste Berg des Kaukasus, der Elbrus). Ich halte mich deshalb lieber an die Redewendung *„der Klügere gibt nach"* («бо́лее у́мный усту́пит") und verwende die „gebrauchsfreundlicheren» Adverbien приблизи́тельно und приме́рно.

Eine weitere einfache Möglichkeit einen Näherungswert auszudrücken ist die Veränderung der Wortstellung. *„Unser Großvater ist 95 Jahre alt."* heißt auf Russisch: «На́шему де́ду 95 лет.» (девяно́сто птья лет). Wenn ich das Alter aber nur schätze oder ungefähr angeben will, sage ich: «Де́ду лет 95.» (лет девяно́сто пять), d. h. *„Opa ist etwa 95 Jahre alt."* Dass die Altersangabe im Russischen, wie eben demonstriert, den Dativ verlangt, haben Sie sicher schon gelernt. Auf Russisch sagt man: **Мне** 50 лет. („*Mir sind*“ *50 Jahre.*) **Степáну** 25 лет. („*Dem Stepan sind*“ *25 Jahre.*)

Doch nun hinauf zur Lomonossow-Universität. Das hohe Gebäude steht auf den Sperlingsbergen. Seit 1935 hatten sie Leninberge geheißen, nach der Wendezeit wurden sie wieder *die Sperlingsberge* (воробьéвы гóры). Eine weiträumige Terrasse mit weitem Blick auf die Stadt lädt zum Verweilen ein. Neuvermählte lassen sich hier über der Stadt gern im Foto verewigen und *erhoffen die ewige Liebe* (надéются на вéчную любóвь), auch wenn ihnen die offizielle Scheidungsrate in Russland von fünfzig Prozent nichts Gutes verheißt.

Ein herrliches Panorama der Stadt (прекрáсная панорáма гóрода) breitet sich vor dem Betrachter aus: Wälder und Parks, die einen großen Bogen schlagende *Moskva* (рекá Москвá – *Fluss Moskwa*), der immer mehr an einen westlichen Erlebnispark erinnernde парк и́мени Гóрького (*Gorkipark*), das Sportzentrum „*Lushniki*“ («Лужники́») mit dem größten Stadion des Landes, das beinahe *100 000 Zuschauer* (сто ты́сяч зри́телей) fasst, *das Neujungfrauenkloster* (Новодеви́чий монасты́рь), *der Moskauer Kreml* (москóвский Кремль; das Attribut ist angebracht, weil – wie Sie wissen – viele alte Städte in Russland ihren eigenen Kreml haben), *Kirchen* (цéркви), *Klöster* (монастыри́) und *viele andere Gebäude* (мнóго други́х здáний), die Sie am besten mit einem Fernglas orten oder sich von einem Stadtführer zeigen und erklären lassen.

Apropos, Lushniki. *Bei mir zu Hause hängt eine Balalaika.* (У меня́ дóма виси́т балалáйка.) Ihre Aufschrift lautet: «Москвá 1980“. In jenem Jahr fanden hier in der Hauptstadt Russlands *die Olympischen Sommerspiele* (Лéтние Олимпи́йские и́гры) statt. Heute besitzt und verwaltet *eine Aktiengesellschaft* (акционéрное óбщество) das riesige Gelände von „Lushniki“, die in kurzer Zeit aus einem riesigen Sportkomplex einen modernen Erlebnis- und Einkaufspark entstehen ließ. Da gibt es *ein Sportmuseum* (музéй спóрта) ebenso wie diverse, auch sportfremde *Shops* (магази́ны) und *Ausstellungen* (вы́ставки), *Gaststätten* (рестордáны), *Schwimmbecken* (бассéйны) und natürlich Sportstätten, wo *Fuß-*

ball (футбо́л), *Tennis* (те́ннис), *Squash* (сквош) und viele andere Sportarten betrieben werden. Bis 2012 soll die Rekonstruktion des Stadions mit Schiebedach über den Tribünen abgeschlossen sein. Denn Moskau möchte gern auch die *Olympischen Sommerspiele 2012* (Ле́тние Олимпи́йские и́гры 2012 го́да) ausrichten. Wer weiß, *vielleicht werden sie in Moskau stattfinden* (мо́жет быть, они состо́ятся в Москве́) und *wir sehen uns dort* (мы уви́димся там)? *Viel Erfolg* (больши́х успе́хов) bei der Bewerbung!

Haben Sie es gemerkt? Schon wieder „stimmt das Russische nicht mit dem Deutschen überein", um es salopp zu sagen. Warum sollte es auch. Wir sagen „*Ich wünsche dir / euch viel Erfolg!*". Wen oder was wünsche ich? – (den) Erfolg, im Akkusativ. Die russische Wendung gebraucht hier den Genitiv, auch noch im Plural, „Erfolge": «Я жела́ю тебе́ / вам больши́х успе́хов!». Warum?

Zunächst, das Wort успе́х bedeutet *Erfolg*, *positives Ergebnis*, z. B. im Satz: *Der Künstler hat Erfolg.* (Арти́ст име́ет успе́х.) Wenn es aber um gute Ergebnisse allgemein, in größerem Zusammenhang geht, wird oft der Plural benutzt. Успе́хи в рабо́те (*gute Arbeitsergebnisse*) – das war fast ein *geflügeltes Wort* (крыла́тое сло́во) im Sowjetstaat. Obwohl es heute *unter den Bedingungen der Marktwirtschaft* (в усло́виях ры́ночного хозя́йства) nicht weniger wichtig ist und vor allem ernster genommen wird. Und warum wünscht der Russe больш<u>и́х</u> успе́х<u>ов</u> – im Genitiv? Weil der Wunsch «больши́х успе́хов» eine so genannte Ellipse, eine Auslassung darstellt, in der das Verb жела́ть (*wünschen*) zwar – wie im Deutschen auch möglich – ausgelassen wird, aber seine Wirkung auf das Objekt trotzdem ausübt. Das Verb verlangt ein Objekt im Genitiv, man sagt: „Es regiert den Genitiv". Also heißt es: «Я жела́ю вам больши́х успе́хов при изуче́нии ру́сского языка́!» („*Ich wünsche Ihnen viel Erfolg beim Erlernen der russischen Sprache!*")

Das klingt schon fast wie ein Abschied von diesem Kapitel? Noch nicht ganz. *Interessieren Sie sich für Sprichwörter und Redewendungen?* (Вы интересу́етесь посло́вицами и погово́рками?) *Gefallen Ihnen Metaphern?* (Вам нра́вятся мета́форы?)

Wenn Sie bereits eine andere Fremdsprache gelernt haben oder noch lernen, ist Ihnen bestimmt so manche Wendung durch ihre Verschiedenheit vom Deutschen aufgefallen, wie zum Beispiel die „idioms" des Englischen. *Ein blaues Auge* nach einer Keilerei ist im Englischen schwarz: black eye (den russischen Ausdruck dafür siehe unten). Aber der *blaue Montag* bzw. *blau machen* scheint eine Erfindung der Deutschen zu sein: to take Monday off (*den Montag frei nehmen*), da ist nichts blau. Das Niederländische sagt dafür ganz direkt: niet werken (*nicht arbeiten*) oder spijbelen (*schwänzen*). Im Russischen dagegen sagt einer, der einen Wochentag blau gemacht hat, frei heraus: Я вы́шел на рабо́ту на друго́й день. (wörtlich: *Ich bin anderntags zur Arbeit gegangen.*)

Feststehende Wortverbindungen und Redewendungen bereichern die Sprache mit ihrer Metaphorik, durch ihre Anschaulichkeit und Farbigkeit. Sie sind das Salz in der Suppe, stimmt's?

Ich lade Sie ein zu einem kurzen Gang durch einige Farbadjektive und ihre Wiedergabe in der russischen Sprache. Welche von ihnen bilden sprichwörtliche Redewendungen? Sehen diese ähnlich wie im Deutschen aus oder sind sie gänzlich verschieden?

Weiß – бе́лый

Keine Redewendung, aber trotzdem köstlich: бе́лый гриб (*der Steinpilz* oder *Herrenpilz*). Er heißt im Russischen *weißer Pilz*, denn er wird beim Anschneiden nicht grün oder blau wie z. B. *die Marone* (по́льский гриб, der *polnische Pilz*) oder *der Sandpilz* (жёлто-бу́рый моховик). Die genannten drei Arten sind съедо́бные грибы́ (*essbare Pilze*).

Nebenbei, in Russland gibt es jährlich Hunderte, die an Pilzvergiftung sterben. In manchen Gegenden isst man, wie auch in Skandinavien, den leicht giftigen *Fliegenpilz* (мухомо́р) mit der roten Kappe und den weißen Punkten darauf. Er muss aber gut gewässert und dann scharf gebraten werden. Die meisten Vergiftungen verursachen jedoch die wirklich tödlich *giftigen Pilze* (ядови́тые грибы́) wie der Knollenblätterpilz.

Von literarischem Interesse sind die einst avantgardistischen бéлые стихи́ (*freie Verse*; ohne festgelegten Rhythmus).

Wie auch bei uns wird der noch unerforschte *weiße Fleck* auf der Landkarte als бéлое пятнó bezeichnet.

Wenn in Russland *der 18-jährige Serjoscha* (восемнадцатилéтний Серёжа; die Zärtlichkeitsform von Сергéй – *Sergej*) das бéлый билéт (wörtlich: *den weißen Schein*) in der Tasche hat, dann *ist er vom Militärdienst freigestellt* (он освобождён от воéнной слýжбы).

Braun – кáрий, кори́чневый, каштáновый, смýглый, гнедóй, бýрый

„Braun" ist ein vielgestaltiges Wort im Russischen. Das zeigt Ihnen schon die lange, unvollständige Liste der möglichen russischen Entsprechungen. Ich habe sie in der Reihenfolge ihres Auftretens in diesem Abschnitt aufgeführt. Dies entspricht jedoch weder der Häufigkeit noch einer Intensitätsabstufung, wie z. B. bei den Wörtern für „Blau" (siehe unten).

Welche Augenfarbe haben Sie? Der Optiker, der Ihnen ein passendes Brillengestell empfehlen möchte, sieht, dass Ihre Augen *braun* sind, auf Russisch: кáрие глазá (*braune Augen*). In Liedern und Gedichten schwärmen Poeten und Liebhaber davon: кáрие óчи (*braune Äuglein*). Das Substantiv óчи kennen Sie vielleicht vom romantischen Zigeunerlied: «Óчи чёрные, óчи стрáстные, óчи жгýчие и прекрасные...» (wörtliche Übersetzung: „*Schwarze Augen, leidenschaftliche Augen, Augen so brennend heiß und wunderschön …*"). Mit diesem Substantiv kommt wieder der Optiker zum Zuge, denn er bildet die Verkleinerungsform des Worts óчи (*Äuglein*), und schon hat er das Wort für *die Brille*: очки́. Die Farbe des zimtfarbenen Gestells aber wird wiedergegeben mit … Sehen Sie den nächsten Absatz!

Der braune Schal (кори́чневый шарф) passt gut zur Brille. Der hübsche *zimtbraune Mantel* (кори́чневое пальтó) ebenfalls. Die Herkunft des Farbadjektivs кори́чневый (*braun*) ist interessant. Es ist abgeleitet vom Substantiv кори́ца (*Zimt*), welches seinerseits die Verkleinerungsform von корá (*die Rinde*) ist, was ja tatsächlich der Substanz des Gewürzes entspricht.

Das eben mit кори́чневое verbundene Wort пальто́ ist unverkennbar das aus dem Französischen entlehnte Wort „paletot“ (in der Bedeutung „*Mantel*“, nicht in der umgangssprachlichen Bedeutung „Sarg“!). Für Kenner des Französischen wird auch deutlich, wie genau selbst in der Aussprache dieses Wort übernommen wurde. Übrigens enthält auch der Duden der deutschen Sprache von 1996 den „Paletot“ und beschreibt ihn als „taillierten doppelreihigen Herrenmantel“. Im Russischen ist das aber die Bezeichnung für fast alle Arten von Mänteln.

Ist Ihnen inzwischen die russische Wortverbindung für *braune Brille* eingefallen? Richtig: кори́чневые очки́.

Sind Ihre *Haare braun*, egal ob natur oder gefärbt? Die heißen dann кашта́новые во́лосы (*braune Haare*), wobei das Adjektiv кашта́новый den Vergleich zieht: braun wie Kastanien, *kastanienbraun*. Кашта́н ist *der Kastanienbaum*, aber auch die einzelne Frucht, die bei einigen Arten auch *essbar* (съедо́бный) ist. Geröstete Kastanien werden auch in Südrussland an Ständen verkauft.

Ihre Haut ist schön *braun*, *braungebrannt* von der Sonne? Weder ка́рий noch кашта́новый, noch кори́чневый helfen hier weiter, das Adjektiv сму́глый (*braun, gebräunt*) muss es sein. Jeder bewundert sicher Ihre kräftige *Gesichtsbräune* (сму́глое лицо́) oder – wenn es nicht gar so viel gesundheitsschädliche UV-Strahlung sein soll – *Ihren bräunlichen Teint* (ва́ше смуглова́тое лицо́).

Wenn Ihr Lieblingspferd beim Reiten *eine rotbraune Stute* ist – гнеда́я кобы́ла ist das Wort dafür.

Der Braunbär heißt бу́рый медве́дь, *die Braunkohle* „bedient sich“ des gleichen Farbadjektivs: бу́рый у́голь.

So viele Worte für „braun“, so viele Beispiele! Ich kann Ihnen leider nicht helfen. Es gibt kaum Regeln für den Gebrauch dieser Farbadjektive. Merken Sie sich deshalb besser einige Wendungen! Aber glauben Sie, dass bei einer so weit gehenden Differenzierung des Begriffs „braun“ gar keine Redewendung hat entstehen können? Wenn nicht, finden Sie Beispiele und schicken Sie sie mir. *Ich würde mich sehr darüber freuen.* (Я был бы э́тому о́чень рад.)

Gelb – жёлтый

scheint keine den Geist der Menschheit beflügelnde Farbe zu sein. *Gelbsucht* (желту́ха) möchte man lieber nicht haben. „*Gelb vor Neid*“ sein ist auch kein wünschenswerter Zustand. Das Russische verwendet für diese Metapher auch nicht „gelb“, sondern „schwarz“: чёрная за́висть, sozusagen *schwarzer Neid*). *Sich gelb und grün ärgern* (зли́ться до чёртиков, d. h. *„sich bis zu den Teufelchen ärgern“*) ist ein durchaus beklagenswertes Verhalten. Positiv ist lediglich, dass mein frisches Frühstücksei, natürlich hart gekocht, ein schönes *Eigelb* (желто́к) enthält. Und wer „nach Gelde drängt, am Gelde hängt“, den erfreut wohl auch *das „goldgelbe“ Gold* (жёлтое зо́лото).

Grün – зёленый

Diese Farbe – die Psychologen bestätigen das – wird meist mit angenehmen und erhabenen Dingen assoziiert. Wenn mir nach Entspannung ist, trinke ich zum Beispiel *grünen Tee* (зелёный чай).

Der Gründonnerstag dagegen ist in der russischen Orthodoxie überhaupt nicht „grün“. Er heißt Вели́кий четве́рг oder Чи́стый четве́рг, *der „Große“ bzw. „Reine“ Donnerstag* oder mit deutlicher christlichem Bezug: Страстно́й четве́рг – *der Leidens-* bzw. *Passionsdonnerstag*.

Für manche ist dieser Tag vielleicht ein Anlass *ins Grüne zu fahren* (пое́хать за́ город; beachten Sie die Betonung auf der Präposition за́, der auch das nachfolgende Substantiv durch schwächere Betonung untergeordnet wird). Auch hier ist uns die Sprache nicht „grün“. *Hinaus ins Grüne fahren* drückt der Russe wie oben aus oder auch so: вы́ехать на да́чу (wörtlich: *auf die Datsche hinausfahren*), in beiden Wendungen ohne irgendeinen Farbbezug.

Das Wort да́ча ist übrigens abgeleitet vom Verb дать – *geben* und heißt somit *das Gegebene*, *die Gabe*. In altrussischen Zeiten war damit „die Gabe des Fürsten“ gemeint, vergleichbar dem deutschen „Lehen“. In unserer Wendung wird es aber im ursprünglichen Sinn des Worts als das (grüne) *Grundstück* verstanden. Die erweiterte Bedeutung *Bungalow*, *Gartenhaus* hat das Wort erst später angenommen, und ist so von der deutschen Sprache als „Datsche" entlehnt worden.

Der grüne Junge wird im Russischen mit „unerfahren wie ein Baby" gleichgesetzt, weshalb er молокосóс („*Milchsäuger*") geneckt wird.

Grün kann aber in der Pflanzenwelt auch unreif bedeuten. Зелёные томáты (*grüne Tomaten*) werden in der russischen Küche gern zum Einlegen verwendet. Auch anderes *grünes* Gemüse erhält das Attribut зелёный (*grün*) oder свéжий (*frisch*). *Frischer Fisch* ist aber immer свéжая рыба (*Frischfisch*).

Den Grünkohl brachten offensichtlich Deutsche nach Russland mit, die ihn nicht mit dieser Farbe bezeichneten, sondern брáунколь (*Braunkohl*) nannten.

Die Farbe Grün wird auch im emotionalen Sinn gebraucht. *Sie wurde grün (und gelb) vor Ärger* heißt auf Russisch: Онá позеленéла от злóсти.

Der Grün Ober im Kartenspiel heißt auf Russisch: пи́ковая дáма (*Grün* oder *Pique Dame*), womit wir wieder bei Puschkin wären (s. Kapitel 7, Seite 134f.). Die anderen Farben im Kartenspiel lauten: трéфы (*Kreuz*, *Eichel*), чéрви (*Rot, Herz*), бу́бны (*Karo*, *Schellen*). *Spielen Sie Skat?* (Игрáете ли вы в скат?) Vielleicht brauchen Sie ja dann diese Vokabeln beim Spiel mit Ihren Abteilnachbarn in der Transsibirischen Eisenbahn.

Blau – голубóй, си́ний

„Blau" ist nicht immer „blau" im Russischen. Die folgenden Wortgeschichten sollen es beweisen.

Die Fahrt ins Blaue wird nüchtern als *Fahrt mit unbekanntem Ziel* (поéздка с неизвéстной цéлью oder поéздка без определённой цéли) umschrieben.

Wenn Ihnen jemand *das Blaue vom Himmel verspricht* (обещáет с три кóроба; wörtlich „*aus drei Körben*" das Beste), glauben Sie ihm nicht!

Obwohl unsere Hände nach dem Pflücken eher blau-rot sind, wird unsere *Blaubeere* oder *Heidelbeere* im russischen Wald mit

„schwarz“ assoziiert: черни́ка oder *die einzelne Blaubeere* (черни́чка; von чёрный – *schwarz*, quasi das „*Schwärzchen*“).

„*Blau machen*“ könnte in Russland, wenn es nach den Möglichkeiten der Sprache ginge, niemand (vgl. den Anfang des Abschnitts „Farben“). Stattdessen gibt es das fast beschönigende Wort прогу́ливать (wörtlich: *ausgiebig herumspazieren*) bzw. den auf der Seite 228 angegebenen Ausdruck. Nicht einmal der Trinker in Murmansk oder Wladiwostok ist „blau“. Sein Zustand wird recht beim Namen genannt: пья́ный (*betrunken*).

Wirklich „*blau*“, und zwar „*hellblau*“ ist *der blaue Himmel* (голубо́е не́бо). Das russische Farbadjektiv hängt mit einem Vogel zusammen. *Die Taube* heißt nach ihrem hellblauen Federkleid го́лубь, das Symbol des Friedens und der Liebe auch in Russland: го́лубь ми́ра (*die Friedenstaube*). Und welcher Mann seine Auserwählte nicht immerzu nur „Schatz“ (auf Russisch: ми́лая) nennen will (in Deutschland gebrauchen angeblich fünfzig Prozent aller Männer diese Zärtlichkeitsform), der turtelt: голу́бушка (und sie – голу́бчик; beide Worte bedeuten *Täubchen*).

Auch *blau*, aber dunkler bzw. die Farbe zwischen Grün und Violett im Farbspektrum, ist *das blaue Meer*: си́нее мо́ре.

Die *vor Kälte blauen Hände* werden ebenfalls mit Hilfe dieses Adjektivs bezeichnet: си́ние от хо́лода ру́ки (also die „*blauen von der Kälte Hände*“; man beachte die Wortstellung!)

Ähnlich schmerzhaft ist *der blaue Fleck unter dem Auge* (синя́к под гла́зом), der langsam eine *grünliche* (зеленова́тый) oder *violette Färbung* (фиоле́товый цвет) annimmt.

„Blau“ ist also in der Tat nicht immer „blau“ – quod erat demonstrandum, *was zu beweisen war*.

Rot – кра́сный

Das Adjektiv кра́сный (*rot*) hat in der russischen Sprache die besonders hübsche Geschichte, dass dieses Wort ursprünglich verwandt ist mit краси́вый (*schön*). Rot und schön – das gehörte zusammen.

Der Rote Platz (Кра́сная пло́щадь) in Moskau ist aus diesem Grund eigentlich „*der schöne Platz*“. Die Auslegung des Namens als „*Roter Platz*“ passte indes besser zur politischen Orientierung des Landes im 20. Jahrhundert. Eine strenge Ordnung herrscht hier aber noch immer. Schon von weitem „grüßt“ das strikte Verbotsschild: На Кра́сной пло́щади не ку́рят. (*Auf dem Roten Platz wird nicht geraucht.*) Das politisch besetzte Adjektiv fand sich zu Sowjetzeiten verständlicherweise in vielen Bezeichnungen wieder, wie Кра́сная А́рмия (*Rote Armee*) und Кра́сный Флот (*Rote Flotte*).

Auch die Farbe Rot wird im Russischen lexikalisch fein differenziert. *Ein schönes Mädchen, eine Schönheit* (краса́вица) hat румя́ные щёки (*rosa-rote, gerötete Wangen*).

Rote Haare (rein „rote“ gibt es ja in der Natur nicht, meist sind rotblonde damit gemeint) beschreibt man in der russischen Sprache als ры́жие во́лосы. Erinnern Sie sich der Herkunft des Worts Русь oder auch ру́сский von diesem Adjektiv?[53]

Das Rotkäppchen wird auch im russischen Märchen wegen seines roten Käppchens Кра́сная Ша́почка (vgl. ша́пка – *Schapka, Kappe*) gerufen. Eine deutsche Sektsorte dieses Namens wird nach Information des Hauses eines Tages vielleicht auch in Russland verkauft. Vorbereitungen dazu sind im Gange. Wie wird die Marke dann heißen? Wird es überhaupt dazu kommen? Denn russischer *Schaumwein* (игри́стое вино́), der aber in Wirklichkeit Sekt von der besten Sorte ist, wird nicht nur in Russland in großen Mengen produziert und umgesetzt, sondern auch in andere Länder exportiert. Fast eine halbe Million Flaschen gehen jährlich nach Deutschland. Wenn auch der geschützte Markenname „Champagner“ nicht mehr auf den Etiketten stehen darf, im Volksmund heißt er trotzdem: шампа́нское (*Sekt*), бе́лое (*weiß*) oder кра́сное (*rot*).

Rotwein heißt selbstverständlich кра́сное вино́, denn nicht nur das alkoholische Getränk, sondern auch die Gattungsbezeichnung „rot“ wurden aus dem italienischen „vino rosso“ entlehnt bzw. übersetzt.

Auch *der Rotkohl* heißt кра́сная капу́ста, *die Rotbuche* – кра́сный бук, *der Rothirsch* … nein, der heißt благоро́дный оле́нь („*Edelhirsch*“). Sie sehen, der Lerner sollte auf der Hut sein.

53 siehe Kapitel 2, Seite 37

So manche Wörter oder Wendungen werden in einer anderen Sprache ganz anders gebildet.

Wenn Sie allerdings ob der vielen Ausdrücke *rot sehen*, werden Sie auf Russisch kein Adjektiv „rot“ brauchen. Das nämlich wird so ausgedrückt: выходи́ть из себя́, also *aus sich herausgehen.*

Schwarz – чёрный

Was hier *schwarz auf weiß geschrieben* steht (напи́сано чёрным по бе́лому), können Sie „getrost nach Hause tragen“. (Haben Sie sich schon einmal bewusst gemacht, wie oft wir in der Alltagssprache Goethe-Worte wie diese benutzen? Im Russischen ist es Puschkin, der ähnlich häufig zitiert wird.)

Halten Sie bitte noch ein paar Zeilen bis zum Schluss dieses Kapitels durch. Es sei denn, Ihnen ist vom vielen Lesen *schwarz vor Augen geworden* (у вас в глаза́х потемне́ло, *es wurde dunkel in Ihren Augen*, d. h. nicht schwarz, und nicht vor den Augen). *Sehen sie aber schwarz*, dann brauchen Sie dieses Farbadjektiv wieder: вы ви́дите всё в чёрном све́те (*Sie sehen alles in schwarzem Licht*). Wer dagegen alles rosa sieht, der sieht es im Russischen ebenfalls в ро́зовом све́те („*in rosa Licht*“, also *rosa*).

Auch *der Schwarzmarkt* geht schwärzer nimmer: чёрный ры́нок, vor allem in der Zeit der Inflation während der 1990er Jahre in Russland.

Wohingegen *der Schwarzfahrer* (Sie erinnern sich sicher des lustigen Worts; richtig!) *Hase* (за́яц) genannt wird. Dieses Tier lässt sich jedoch nicht auf *eine Schwarzfahrt* ein. Denn diese nennt *der Kontrolleur* (контролёр) ganz trocken езда́ без биле́та (*Fahrt ohne Fahrschein*).

Die dunkle, fruchtbare *Schwarzerde* in der Ukraine und in Südrussland wiederum heißt bei Bauern und Agrarwissenschaftlern Чернозём (*Tschernosjom*; in der landwirtschaftlichen Fachsprache häufig, aber trotzdem ungenau als *Tschernosem* geschrieben und gesprochen).

Die wichtigsten Farben haben Sie nun *schwarz auf weiß* (чёрным по бе́лому). Hätten Sie diese russische Wendung vom Anfang dieses Farbabschnitts noch gewusst? Und erinnern Sie sich noch der „*schwarzen Äuglein*“, die ich oben in einem anderen Zusammenhang erwähnt habe?

Dieses Farbadjektiv brauchen wir jetzt. Denn ich glaube, nun können wir beide *einen schwarzen Kaffee* (чёрный кóфе) vertragen. Apropos кóфе. Das ist eines der wenigen Wörter der russischen Sprache, die ihr Geschlecht nicht durch ihre Endung verraten. Die männliche Form des Attributs чёрный *(schwarz)* enthüllt uns aber den Sachbestand: Der Kaffee ist „ganz Mann“, d. h. männlichen Geschlechts, ob stark oder schwach.

Lassen Sie ihn sich schmecken! (Прия́тного аппети́та!) Die Kanne steht auf dem Tisch: Угоща́йтесь! (*Bedienen Sie sich!*)

Zum Nachtisch – На десерт (10)

In diesem Kapitel ist es unter anderem um die Altersangabe gegangen. In den Kapiteln davor haben wir die Zahlen behandelt. Nunmehr wollen wir diese beiden Themen vereinen und uns ansehen, welcher Fall nach den einzelnen Zahlwörtern steht. Im Deutschen ist es sehr leicht. Nach der „1" steht die Einzahl, sind es mehr, folgt die Mehrzahl. Im Russischen ist es etwas komplizierter.

Nach der Eins steht hier ebenfalls der Singular des darauf folgenden Substantivs. Jedoch schon dabei gibt es Besonderheiten. Schauen Sie sich die folgende Übersicht an:

один костюм	*ein Anzug*
одна блузка	*eine Bluse*
одно платье	*ein Kleid*
одни брюки	*eine Hose*

Sie sehen: Für jedes Geschlecht besitzt das Zahlwort „eins" eine eigene Form, sogar der Plural: одни. Das kommt daher, weil es Substantive gibt, die immer nur im Plural existieren. Für sie hat sich diese Form entwickelt. Im Deutschen ist das Wort „Leute" ein solches Pluraletantum (wörtlich: *nur Plural*). Wir haben sogar ebenfalls einen Plural von „ein": die einen … (und die anderen). Aber die slawischen Sprachen verwenden diesen Plural des Artikels auch als Zahlwort: одни брюки (*eine Hose*), одни клещи (*eine Zange*), одни санки (*ein Schlitten*).

Die Zwei ist nicht ganz so formenreich, aber immerhin ist sie mit drei Varianten vertreten.

два костюма	*zwei Anzüge*
две блузки	*zwei Blusen*
двое брюк	*zwei Hosen*

Die beiden gängigen Formen für das Wort „zwei" sind два für männliche und sächliche Substantive (два платья – *zwei Kleider*) und две (für weibliche Substantive). Die Form двое ist wiederum für Substantive da, die nur eine Pluralform haben und keinen Singular. Außerdem findet sie aber auch Verwendung für einige männliche Substantive, z. B. двое детей (*zwei Kinder*), двое братьев (*zwei Brüder*).

Wenn Sie eben aufmerksam gelesen haben, ist Ihnen Folgendes nicht entgangen: Nach den Worten für „eins" steht jeweils der 1. Fall des Substantivs, wie im Deutschen. Nach den Zahlwörtern два und две dagegen folgt der Genitiv Singular. Wenn Sie jedoch двое verwenden, dann müssen Sie das Substantiv in den Genitiv Plural setzen, wie nach den Zahlen ab „fünf". Doch zunächst noch zwei Anmerkungen:

1. Anmerkung: Zahlwörter mit einer Funktion wie двóе gibt es auch für die Zahlen 3 bis 10 (je größer die Zahl, desto seltener ist sie im Gebrauch): трóе (*3*), чéтверо (*4*), пя́теро (*5*), шéстеро (*6*), сéмеро (*7*) usw. Sie werden mit Pluraliatantum und vor bestimmten männlichen Substantiven gebraucht und verlangen den Genitiv Plural nach sich. Die nächsten drei Zahlen, die es ursprünglich ebenfalls gab, sind aus dem täglichen Gebrauch fast verschwunden. Nicht einmal das „Einsprachige Wörterbuch" von Lopatin und Lopatina (siehe Literaturverzeichnis) führt sie noch auf. Lediglich die Zahl дéсятеро habe ich auf der Seite 80 einmal verwendet.

2. Anmerkung: Was oben über die Rektionen der Zahlen два und две (beide „*2*") gesagt wurde, gilt auch für три (*3*) und четыре (*4*). Sie „regieren" den Genitiv Singular der nach ihnen folgenden Substantive. Mit dem Unterschied, dass es für три und четыре keine Unterscheidung des Geschlechts gibt: три костюма (*drei Anzüge*), четыре блузки (*vier Blusen*).

Bleibt noch der „Rest" aller übrigen natürlichen Zahlen. Sie werden es kaum glauben. Die bereiten wesentlich weniger Schwierigkeiten. Nach den Zahlen von 5 bis 20 und nach allen Zahlen, die auf Null bzw. auf die Ziffern 5 bis 9 enden, folgt der Genitiv Plural der Substantive. Über den Genitiv Plural haben Sie auf der Seite 215 mehr erfahren. Für alle Zahlen, und seien es noch so große, die auf 1 enden, gilt, dass sie den Nominativ Singular regieren. In ähnlicher Weise gilt alles über 2 bis 4 Gesagte für jede erdenkliche ganze Zahl, sobald sie eine dieser Ziffern in ihrer Einerstelle aufweist.

Hier der Beweis: *41 001 231 Bücher* heißt auf Russisch tatsächlich

сорок один миллион одна тысяча двести тридцать одна книга

(also mit dem Singular des Worts „Buch“ am Schluss). Und wenn Sie ganz genau hinsehen, erkennen Sie, dass sich die Rektion der Zahl „eins“ noch zwei Mal im Wort wiederholt, nach Million und nach Tausend.

Kapitel 11 – Глава одиннадцатая

Wissen ist Macht

Es war in der 9. Klasse, *ich begann gerade erst Polnisch zu lernen* (я то́лько что на́чал учи́ться по́льскому языку́), da *hörte ich diese Redewendung zum ersten Mal* (я услы́шал э́ту погово́рку в пе́рвый раз), auf Polnisch: Wiedza to potęga (*Wissen ist Macht*). *Eine Fremdsprache beherrschen* (владе́ть иностра́нным языко́м) – das werden Sie sicherlich bestätigen – ist tatsächlich „eine Macht". Sprachen öffnen Türen und Herzen. Inzwischen weiß ich, dass die ursprünglich römische Wendung Einzug in viele Sprachen gehalten hat. Die *Übersetzung ins Englische* (перево́д на англи́йский язы́к) lautet: Knowledge is power. Die russische Sprache hat dafür den Spruch: Зна́ние – си́ла. Oder auch: Нау́ка – это власть.

Das Substantiv зна́ние (*das Wissen*) ist vom Verb знать (*wissen; kennen*) abgeleitet. На**у́к**а (*Wissenschaft*; *Wissen*) – dieses Wort lernen *Schüler* (**уч**еники́) wie jede andere Vokabel auch. *Studenten* (студе́нты) und andere *Lernende* (**уч**а́щиеся, об**уч**а́ющиеся), *die die russische Sprache studieren* (кото́рые из**уч**а́ют ру́сский язы́к), müssen tiefer in das Wort eindringen. Sie erfahren, dass на**у́к**а und **уч**ени́к die früher sehr produktive Wurzel -ук- bzw. -уч- enthalten, die eine Vielzahl verwandter Wörter hervorgebracht haben. In diesem kurzen Absatz sind einige davon untergebracht.

Alle Wörter mit der Wurzel -ук- bzw. -уч- lassen sich auf die Grundbedeutung „*lehren, lernen*" zurückführen. Dutzende weiterer Vokabeln können gebildet werden, indem man dieser Wurzel *Präfixe und Suffixe* (приста́вки и су́ффиксы) beifügt.

In den oben aufgeführten Beispielen verändert sich *die Wurzel* (ко́рень) kaum. Es existieren lediglich zwei Varianten der Wurzel. Das ist durchaus nicht immer der Fall. Manchmal gibt es mehrere, auf den ersten Blick vom Laien nicht immer leicht erkennbare Wurzelvarianten (vgl. die Seite 199f.).

Folgende Stichwörter, die mit der Wurzel -уч- beginnen, enthält z. B. das erwähnte *Erklärende Wörterbuch* (Русский толковый словарь) von W. W. Lopatin und L. E. Lopatina (siehe Literaturverzeichnis):

уча́щийся	*der / die Lernende; Schüler, Student*
учёба	*das Studium; die Lehrausbildung*
учёбник	*das Lehrbuch*
уче́ние	*die Lehre; die Lehrmeinung*
учени́к	*der Schüler*
учени́ца	*die Schülerin*
учени́ческий	*Schüler-* (in Zusammensetzungen)
учени́чество	*die Ausbildung; die Lehre*
учёность	*die Gelehrsamkeit*
учёный	(Adjektiv) *gelehrt*
учёный	(Substantiv) *der Gelehrte, der Wissenschaftler*
учи́лище	*die Lehrstätte;* z. B. Schule, Universität
учи́тель	*der Lehrer*
учи́тельница	*die Lehrerin*
учи́тельский	*Lehrer-* (in Zusammensetzungen)
учи́ть	*lehren, unterrichten; lernen*
учи́ться	*lernen*

Ganze Wortfelder lassen sich relativ leicht verstehen und schnell einprägen, wenn man nur die Wurzel der Wörter kennt. *Das Suffix* (су́ффикс) und *die grammatische Endung* (граммати́ческое оконча́ние) eines Worts ermöglichen dem Kundigen außerdem fast immer eine eindeutige Bestimmung der Wortart und der syntaktischen Funktion dieses Worts im Satz.

Studenten und Studentinnen (студе́нты и студе́нтки) des Fachs *Russische Sprache und Literatur* (Ру́сский язы́к и литерату́ра) erfahren noch mehr über das Wort нау́ка (*Wissenschaft; Wissen*). *Die Studenten der Slawistik* (студе́нты слави́стики) lernen zum Beispiel, dass es dieses Wort in anderen slawischen Sprachen mit gleicher oder ähnlicher Bedeutung nahezu unverändert ebenfalls gibt.

nauka	Белору́сский язы́к (*Weißrussisch*; ostslawisch)
наука	Украи́нский язы́к (*Ukrainisch*; ostslawisch)
nauka	По́льский язы́к (*Polnisch*; westslawisch)
nauka	Че́шский язы́к (*Tschechisch*; westslawisch)
nauka	Слова́цкий язы́к (*Slowakisch*; westslawisch)
наука	Болга́рский язы́к (*Bulgarisch*; südslawisch)
nauk (Lehre, Belehrung)	Слове́нский язы́к (*Slowenisch*; südslawisch)

Schließlich lernen sie auch solche *Wortverbindungen* (словосочета́ния) wie то́чные нау́ки (*die exakten Wissenschaften*) oder die Redewendung Э́то тебе́ нау́ка! (*Das soll dir eine Lehre sein!*) und natürlich das dazugehörige Adjektiv: нау́чный (*wissenschaftlich*). Mit diesem Adjektiv lassen sich viele Komposita bilden: нау́чный подхо́д (*das wissenschaftliche Herangehen*), нау́чно-популя́рный (*populärwissenschaftlich*) und viele andere.

Präfigierung und Suffigierung sind die beiden produktivsten Verfahren der Wortbildung in der russischen Sprache.

Ich erinnere mich noch sehr gut an ganze Seiten voller Vor- und Nachsilben, die ein wohlmeinender *Hochschuldozent* (преподава́тель ву́за) uns Studenten in die Hand drückte mit der Aufforderung: Вы́учите их! (*Lernen Sie die!*) Auch manches Lehr- oder Wörterbuch enthält ja derartige Listen. Zu Recht? Heute sage ich: Ja, aber …

Listen von Präfixen, Suffixen und ihren mannigfaltigen Bedeutungen können nicht als Lernmittel dienen. Sie sind und bleiben eine gute Quelle zum Nachschlagen. Verschaffen Sie sich vielmehr Ihre eigene Übersicht. Schritt für Schritt in dem Maße, wie Sie in der Beherrschung der Sprache voranschreiten. Sie stellen dann sehr schnell fest, welche Präfixe in Ihrem Sprachgebrauch häufig wiederkehren und welche Grundbedeutung sie haben.

Meine eigenen Erfahrungen aus den ersten beiden Lernjahren betreffs der Präfixe в- und вы- hätte ich – aus heutiger Sicht – wohl ungefähr so notiert:

в- + Verb bedeutet *hinein-*

Beispiel: входи́ть – *hineingehen*,

вы- + Verb bedeutet *heraus-*

Beispiel: выходи́ть – *herauskommen, hinausgehen.*

Erarbeiten Sie sich selbst die Bedeutungen solcher Vorsilben wie у- (*weg-*), при- (*her-*), пере- (*hinüber-*), про- (*durch-*) u. a.!

Etwas weiter unten möchte ich Ihnen einige Beispiele für präfigierte Verben geben. Ich wähle dafür eine kleine Gruppe von Verben aus, die spezifische Eigenschaften haben, die so genannten „Verben der Bewegung". Es gibt etwa ein Dutzend von ihnen. Ich möchte hier aber nur vier als Beispiele aufführen. Da diese Verben zu den häufigsten und wichtigsten Verben der russischen Sprache zählen, muss ich Ihnen ein bisschen ausführlicher über sie berichten.

Alle Verben dieser Gruppe bezeichnen eine Art der Fortbewegung. Jedes Wort existiert in zwei verschiedenen Formen. Alle gehören dem unvollendeten Aspekt an, was unter anderem bedeutet, dass beide Verbformen, im Gegensatz zum vollendeten Aspekt, eine Tätigkeit auch in der Gegenwart beschreiben können.

Verben der Bewegung – Глаголы движения

bestimmt	unbestimmt	
е́хать	е́здить	*fahren*
бежа́ть	бе́гать	*laufen*
идти́	ходи́ть	*gehen*
лете́ть	лета́ть	*fliegen*

1. Den „bestimmten" Verben der Bewegung ist gemeinsam, dass sie eine bestimmte Richtung der Bewegung angeben.

Мы е́дем в Москву́.	*Wir fahren nach Moskau.* (wir haben ein Ziel)
Зо́я бежи́т домо́й.	*Soja läuft nach Hause.* (die Richtung ist klar)
Они́ шли по у́лице.	*Sie gingen die Straße entlang.* (von A nach B)
Друзья́ лете́ли вме́сте.	*Die Freunde flogen gemeinsam.* (irgendwohin)

Im letzten Satz wird nicht ausgesprochen, aber vorausgesetzt, dass das Flugzeug in eine bestimmte Richtung fliegt.

2. Die „unbestimmten" Verben der Bewegung sind negativ markiert. Sie können n i c h t eine bestimmte Richtung ausdrücken. Deshalb sind sie in der Art und Weise, wie sie eine Tätigkeit beschreiben, sehr variabel.

Die unbestimmten Verben der Bewegung können ausdrücken,

- dass sich eine Handlung oft wiederholt: Ка́ждый день де́ти хо́дят в шко́лу. (*Die Kinder gehen jeden Tag zur Schule.*) Das drückt aus, dass sie die Schule regelmäßig besuchen, hin und her gehen. Im Vergleich mit dem bestimmten Verb wird die Bedeutung noch klarer: Сего́дня они́ вме́сте иду́т в шко́лу. (*Heute gehen sie gemeinsam in die Schule.*) In diesem zweiten Satz geht es lediglich um die eine Richtung, zur Schule.
- dass die Handlung sich in verschiedene Richtungen erstreckt, sozusagen kreuz und quer verläuft: Ма́льчики бе́гают по́ двору. (*Die Jungen rennen auf dem Hof herum.*), also mal hierhin, mal dahin.
- dass die Richtung überhaupt keine Rolle spielt, sondern z. B. die Fähigkeit, sich auf diese Weise fortzubewegen: Ребёнок уже хо́дит. (*Das Kind kann schon laufen.*)
- dass eine Handlung genau einmal hin und einmal her stattfindet. Diese Funktion haben aber nur die Vergangenheitsformen dieser Verben: Вчера мы ездили в кино. (*Gestern sind wir ins Kino gefahren.*); mit anderen Worten: *gestern waren wir im Kino*, und sind wieder nach Hause gefahren.

Das klingt alles recht kompliziert. Ich empfehle deshalb immer, sich nur auf die bestimmte Aktionsart zu konzentrieren. Also erst prüfen, ob die Bewegung in eine bestimmte Richtung gemeint ist. Wenn ja, dann ist das bestimmte Verb der Bewegung zu verwenden. Wenn nein, dann spielt es eigentlich keine Rolle, welche Art der Bewegung vorliegt, es muss das unbestimmte Verb sein, das ich hier zu verwenden habe.

Zur Abwechslung wieder einmal eine Quizfrage: Sie sehen Ihren Freund in einem neuen, tollen Auto die Straße entlang fahren und wollen sagen: *Sieh mal, auf der Straße fährt mein Freund im neuen Auto!* Wie beschreiben Sie das jemandem, der Ihren Freund nicht sehen kann?

Смотри́, по у́лице е́здит мой друг в но́вой маши́не!

oder

Смотри́, по у́лице е́дет мой друг в но́вой маши́не!

Nach einem Blick auf die Wortliste auf der vorigen Seite beantworten Sie die Frage vermutlich auf Anhieb richtig. Natürlich ist der erste Satz unangebracht. Ihr Freund wird doch hoffentlich nicht auf der Straße kreuz und quer fahren. Da ist er seinen Führerschein bald los. Vielmehr hält er sich auf der rechten Fahrbahn (auch in Russland ist Rechtsverkehr) und fährt in eine Richtung. Das bestimmte Verb der Bewegung ist deshalb hier angebracht.

Und nun zu den versprochenen präfigierten Verben.

Bestimmtes Verb der Bewegung		**Präfigiertes Verb der Bewegung**	
е́хать	*fahren*	уе́хать	*wegfahren*
бежа́ть	*laufen*	перебежа́ть	*hinüberlaufen*
идти́	*gehen*	вы́йти	*hinausgehen*
лете́ть	*fliegen*	прилете́ть	*herbeifliegen*

Die aufgeführten präfigierten Verben sind durchweg vollendet. Dies sind alle Verben der Bewegung, die von den bestimmten Verben der Bewegung abgeleitet wurden. Sie bilden deshalb nur Formen der Vergangenheit und der Zukunft. Ein Beispiel: Го́сти из Аме́рики уе́хали. (*Die Gäste aus Amerika sind weggefahren.*) За́втра прилетя́т росси́йские го́сти. (*Morgen kommen die Gäste aus Russland (mit dem Flugzeug).*) Diejenigen Verben, die von unbestimmten Verben der Bewegung mit Hilfe eines Präfixes gebildet werden, gehören dagegen der Gruppe der unvollendeten Verben an. Sie können damit auch das Präsens beschreiben: Го́сти из Росси́и всегда́ прилета́ют из Москвы́. (*Die Gäste aus Russland kommen immer mit dem Flugzeug aus Moskau.*)

Die Beispiele demonstrieren sehr deutlich, wie hilfreich die Kenntnis der „Grundform" von Verben und der Bedeutung einiger Vorsilben sein kann, sowohl für das Verstehen als auch für die Bildung von russischen Vokabeln. Versuchen Sie doch einmal, mit Hilfe der oben gegebenen Präfixe und des Verbs бежа́ть das vollendete Verb für „hinauslaufen" zu bilden! Es ist nicht schwer.[54]

Oft ist diese Art der Wortbildung wirklich einfach. Sie setzen vor das Verb der Bewegung ein Präfix, fertig ist das neue Verb. Nur manchmal gibt es kleine Hürden. Sie lassen sich aber mühelos überspringen. Ein Beispiel: Das unvollendete Verb zu прое́хать heißt z. B. проезжа́ть (*durchfahren*). Diese Form -езжа́ть erscheint in allen präfigierten Verben von е́здить (*fahren*).

Zu einer weiteren Form der Wortbildung. Nachsilben sind ebenfalls sehr hilfreich bei der Erschließung von Vokabeln. Wenn Sie z. B. ein Substantiv, das auf -ость endet, sehen, dann können Sie fast sicher sein, dass es ein Wort mit abstrakter Bedeutung ist. Sehen wir uns einige Beispiele an.

Ю́ный heißt *jung*. Das abstrakte Substantiv wird gebildet, indem ich die Endung -ый vom Wort ю́ный wegnehme und stattdessen das Suffix -ость anfüge: ю́ность (*Jugend*; im Gegensatz zum Alter). Го́рдый heißt *stolz*. Sie können nun ganz leicht das Substantiv dazu bilden … Ist es Ihnen gelungen? Richtig: го́рдость (*der Stolz*). Поздравля́ю! (*Ich gratuliere!*) Ein letztes Exempel: ста́рый (*alt*) und рад (*froh*). Die Kenntnis dieser beiden Worte lässt Sie sofort erkennen, welche *übertragene Bedeutung*

54 Der vollendete Aspekt lautet вы́бежать, der unvollendete выбега́ть.

(перенóсное значéние) die folgende *sprichwörtliche Redewendung* (поговóрка) hat: Стáрость – не рáдость.[55]

Bereits in den ersten Lernjahren begegnen den Lernern der russischen Sprache nicht wenige Wörter mit dem Suffix -тель, z. B. учи́тель, читáтель, преподавáтель, писáтель. Das diesen Substantiven gemeinsame Suffix -тель weist sehr oft darauf hin, dass es sich um eine Person handelt.

Das Verb писáть heißt *schreiben*, also bedeutet писáтель? Sie sagen es: *der Schreiber, der Schriftsteller* (im Deutschen steht zur Markierung solcher Substantive häufig das Suffix -er). Da читáть *lesen* heißt, ist ein читáтель mithin *der Leser*. Das Verb преподавáть bedeutet *unterrichten*. Das Verb учи́ть – *lehren* (allerdings kann es auch die Bedeutung *lernen* haben; die wollen wir hier vernachlässigen). Damit wissen Sie schnell, was die beiden suffigierten Substantive bedeuten: преподавáтель und учи́тель, nämlich *Lehrer* in beiden Fällen. Am Beispiel der Suffixe -тель und -ость nehme ich die Beantwortung einer häufig gestellten Frage gleich vorweg: Woran erkennt man, welches Geschlecht ein auf Weichheitszeichen -ь auslautendes Substantiv hat? Das ist nicht immer einfach. Aber auf eines können Sie sich verlassen: das Suffix -тель kennzeichnet stets männliche Substantive, und das Suffix -ость immer weibliche. Es müssen allerdings wirklich Suffixe sein und nicht der Stamm eines Worts wie bei гость (*der Gast*; männlich).

All diese Beispiele sind selbstverständlich nicht erschöpfend. Dies ist kein Lehrbuch. Ich will Ihnen lediglich Mut machen, über das einzelne Wort hinaus zu denken. Schauen Sie sich die Wörter genau an! Finden Sie die Wurzel heraus, erschließen Sie mit ihrer Hilfe andere Wörter, schauen Sie sich die Präfixe und Suffixe der Wörter an! Das wird Ihnen helfen, Wörter zu erkennen und Vokabeln zu lernen. Nicht zuletzt werden Sie Freude und weitere Anregung darin finden, mit dem bereits erworbenen Wissen lexikalisches Neuland zu betreten, beispielsweise einen Text im Internet zu lesen und dabei neue Wörter selbst zu erschließen.

Die PC-Sprache ist mit einigen Grundkenntnissen des Englischen meist problemlos zu verstehen: ноутбук (*Notebook*), CD

55 *Das Alter ist keine Freude.* So wahr oder unwahr diese Redewendung sein mag.

oder диск (*CD*), принтер (*Drucker*), ксерокс (*Kopierer*), дисплей (*Monitorbildschirm*), вебсайт (*Website*), домен (*Domain*), чат (*Chat*), пиксель (*Pixel*), отправить E-Mail (*eine E-Mail versenden*), страница не работает (*die Seite kann nicht geöffnet werden*; wörtlich: *„Die Seite arbeitet nicht*"). Diese und viele andere Wörter können Sie sich leicht aneignen. Unter www.google.de aber auch mit anderen Suchmaschinen finden Sie über Russland, seine Kultur und Sprache interessante *Websites* (was hieß dies doch gleich auf Russisch?), die Sie mit der Kenntnis dieser Lexik besser verstehen können.

„Wissen ist Macht" ist das Kapitel überschrieben. Aber wie „weiß" man etwas? Wie lerne ich? Im ersten Teil dieses Kapitels haben Sie gesehen, wie Sie mit der Kenntnis auch nur einiger Regeln der Wortbildung Wörter leichter erschließen und lernen können. Kommen wir nun zu einer weiteren Möglichkeit sich Vokabeln zu merken.

In einer meiner allerersten Russischstunden, in der 5. Klasse, wurde unsere Klasse eines Tages in die Aula beordert. Jedes Schülerlein in einer eigenen großen Bank. Alle waren aufgeregt. Ich glaube, die Lehrerin auch. Dann kam ein fremder Herr im Anzug und sprach ... nur Russisch mit uns. Das waren wir nicht gewöhnt. Und doch verstanden wir ihn. Er zeigte auf seine Nase und sagte: «Э́то нос.» („*Das ist die Nase.*") Wir zeigten auf unsere Nase und wiederholten: «Э́то нос.» Er zeigte auf die Wandtafel mit den Worten: «Э́то доска́.» („*Das ist die Tafel.*") Wir begriffen und sprachen nach. Alles war ganz einfach. Keine Übersetzung, keine Erklärungen, nur ein Gespräch über Dinge im Raum. An diese Stunde und die dabei gelernten Wörter erinnere ich mich gern. Aber erst viele Jahre später begriff ich, was damals vor sich gegangen war, und eignete mir diese und andere Methoden des Vokabellernens bewusst an. Wollen Sie es auch probieren?

Wie ich lerne – Nr. 1

Nehmen wir an, *Sie haben Gefallen gefunden an den Erzeugnissen aus Chochloma* (вам нра́вятся хохломски́е изде́лия). Sie wissen schon, das sind diese schönen, folkloristisch bemalten Haushalts-

und Küchengegenstände. *Sie haben davon gelesen* (вы чита́ли об э́том), *Sie haben Fotos gesehen* (вы ви́дели фотогра́фии), oder *Sie haben bereits einen Löffel aus Chochloma zu Hause* (у вас до́ма уже́ есть хохломска́я ло́жка).

Sagen wir (ска́жем), *Sie sind unterwegs mit einer Gruppe von Touristen* (вы в пути́ с гру́ппой тури́стов). *Zuerst* (снача́ла) *verbringen Sie drei Tage in Moskau* (вы пребыва́ете три дня́ в Москве́). *Danach unternehmen Sie eine Exkursion nach Chochloma.* (По́сле э́того вы соверша́ете экску́рсию в Хохлому́.) Dort wollen Sie *im Souvenirgeschäft* (в магази́не «Сувени́ры») einkaufen. Die Verkäuferin spricht aber nicht deutsch. Sie fragen: „*Do you speak English?*" («Вы говори́те по-англи́йски?») Sie enttäuscht Ihre Erwartungen: «Я то́лько говорю́ по-ру́сски.» („*Ich spreche nur russisch.*")

Что тогда́? (*Was dann?* Erinnern Sie sich an den Großvater in „Peter und der Wolf"?) Mit Händen und Füßen verständigen? Zeigen, zahlen, oder ist zufällig *ein Dolmetscher* (перево́дчик) oder *eine Dolmetscherin* (перево́дчица) in der Nähe? Ich mache Ihnen folgenden Vorschlag:

Bereiten Sie Ihren *Einkauf* (поку́пки; wörtlich: *Einkäufe*) doch zu Hause vor! Ein „Einkaufszettel" auf Russisch kann nicht schaden. Noch besser, Sie spielen die Szene vorher schon durch. Spielen Sie! Allein oder besser mit jemandem, der Russisch kann oder ebenfalls lernt.

Hier eine Anleitung. Sie tun so, als wären Sie in einem großen Geschäft. Dort gibt es vielerlei Andenken, Kleinigkeiten und Folkloreliteratur. Sie wollen ein paar hübsche Chochloma-Erzeugnisse kaufen.

1. Akt (Пе́рвый акт)

Handelnde Personen (де́йствующие ли́ца):

Тури́ст или тури́стка (вы!), покупа́тельница, продавщи́ца, касси́рша
(*ein Tourist oder eine Touristin* (*Sie!*), *eine Kundin, eine Verkäuferin, eine Kassiererin*)

Тури́ст: Извини́те, пожа́луйста, где здесь продаю́т хохломски́е изде́лия?
(*Entschuldigung, wo werden hier Erzeugnisse aus Chochloma verkauft?*)

Покупа́тельница: Иди́те в ту сто́рону! (*Gehen Sie da entlang!*) Чего́ вы хоти́те? (*Was möchten Sie?*)

Тури́ст: Посу́ду и прибо́ры. (*Geschirr und Besteck.*)
(Eigentlich heißt es auf Russisch: *Geschirr und Bestecke*, im Plural.)

Покупа́тельница: Да, э́то там. Иди́те пря́мо, пото́м нале́во. Там уви́дите э́тот отде́л.
(*Ja, das ist dort. Gehen Sie geradeaus, dann nach links. Dort sehen Sie schon diese Abteilung.*)

2. Akt (Второ́й акт) – *Variante 1* (вариа́нт 1)

Тури́ст: До́брый день. Я хоте́л бы (sagt ein Mann) / хоте́ла бы (eine Frau) купить хохломску́ю посу́ду.
(*Guten Tag. Ich möchte gern Geschirr aus Chochloma kaufen.*)

Продавщи́ца: Мину́точку, пожа́луйста. (*Einen Moment bitte!*) Что вам показа́ть? (*Was soll ich Ihnen zeigen?*)

Тури́ст: Таре́лки, ча́шки, блю́дца, стака́ны – вся́кую посу́ду.
(*Teller, Tassen, Untertassen, Becher – jegliches Geschirr.*)

2. Akt (Второ́й акт) – *Variante 2* (вариа́нт 2)

Тури́ст: Покажи́те мне, пожа́луйста, э́ту тарелку / э́ту чашку / э́то блю́дце / э́тот стака́н!
(*Zeigen Sie mir bitte diesen Teller / diese Tasse / diese Untertasse / diesen Becher!*)

Продавщи́ца: Пожа́луйста! Э́тот стака́н осо́бенно краси́вый. Он сто́ит немно́го.
(*Bitte! Dieser Becher ist besonders hübsch. Er kostet nicht viel.*)

Тури́ст: А ско́лько сто́ит … ? (*Und was kostet … ?*)

(Hier setzen Sie ein beliebiges Substantiv im Nominativ Singular ein und zeigen auf das Gewünschte.)

Продавщи́ца: Вы возьмёте стака́н / таре́лку?
(*Nehmen Sie den Becher / den Teller?*)

Тури́ст: Нет, спаси́бо. Покажи́те мне, пожалуйста, друго́й стака́н / другу́ю таре́лку!
(*Nein, danke! Zeigen Sie mir bitte einen anderen Becher / einen anderen Teller!*)

Wenn Sie sich entschieden haben:
Тури́ст: Я возьму́ две таре́лки / две ча́шки / два блю́дца / два стака́на / две ло́жки.
(*Ich nehme 2 Teller / 2 Tassen / 2 Untertassen / 2 Becher / 2 Löffel.*)

3. Akt (Третий акт)

Продавщи́ца: Вам заверну́ть? / Вы хоти́те су́мку?
(*Einpacken? Wollen Sie einen Beutel?*)
Заплати́те в ка́ссу! (*Bezahlen Sie an der Kasse!*)

Dann nennt die Verkäuferin Ihnen den Preis. Bei Problemen damit erbitten Sie ihn schriftlich: Сколько с меня? Напишите сумму, пожалуйста! (*Wie viel macht das? Schreiben Sie die Summe bitte auf!*) Im Gedränge sehen Sie nicht gleich, wo *die Kasse* ist, obwohl ein kleines Schild КАССА darüber hängt, und gehen noch einmal zurück.

Тури́ст: Де́вушка, а где здесь ка́сса?
(*Junge Frau, wo ist denn hier die Kasse?*)

Продавщи́ца: Вот, напра́во. (*Da, rechts.*)

Das Bezahlen geht schnell, fast ohne Worte. Sie nennen den Preis oder halten den Zettel mit der Summe bereit. Die in stark belebten Geschäften oft knisternde Situation entspannen Sie leicht mit: «Пожа́луйста!» („*Bitte!*“) und «Спаси́бо!» („*Danke!*“) Bei Vorhandensein mehrerer Abteilungen werden Sie an der Kasse höchstens gefragt:

Касси́рша: Како́й отде́л? (*Welche Abteilung?*)

Тури́ст: Отде́л «Хохломски́е изде́лия.» / «Хохлома́.» (*Abteilung „Erzeugnisse aus Chochloma*“.)

Касси́рша: Вот вам чек! (*Da haben Sie den Kassenbon!*)

Sie nehmen den Kassenbon, gehen mit ihm zurück zur Verkäuferin, reichen ihn ihr, notfalls über die Schultern der anderen Kunden, und erhalten Ihre *Einkäufe* (поку́пки).

Diese Art des Bezahlens ist in Russland seit vielen, vielen Jahren üblich. Natürlich werden Sie heute in modernen Geschäften ganz wie in Westeuropa bedient. Aber wundern Sie sich nicht, wenn Ihnen die eben beschriebene Prozedur begegnet. Das ist Russland wie es leibt und lebt, mit allem Neuen, aber auch dem Althergebrachten!

Höfliche, aber nicht wirklich ernst gemeinte Worte nach dem Einkauf wie: „Hatten Sie einen guten Einkauf? Waren Sie zufrieden? Ein schönes Wochenende!“ sind in russischen Geschäften noch kaum anzutreffen. Etwas anderes könnte Ihnen indes auffallen. Selbst in modernen Geschäften kann es vorkommen, dass die Verkäuferin das Berechnen des Preises nicht der elektronischen Kasse überlässt, sondern stattdessen *den Abakus* (счёты) nimmt, eines der ältesten Rechengeräte der Menschen. Mit verblüffender Geschwindigkeit schiebt sie die kleinen Kugeln hin und her und nennt Ihnen dann den Preis. Manchmal benutzt sie auch beide „Rechner“. Aber Sie können sich auf alle drei verlassen – auf die elektronische Kasse ebenso wie auf die Kassiererin und den Abakus. Der Preis stimmt gewiss!

Die oben beschriebene Einkaufsszene können Sie selbstverständlich kürzen, verlängern oder anderweitig ändern, ganz nach Ihrer Absicht und Ihren Möglichkeiten. Die Methode, sich Wendungen und Sätzen in einer mehr oder weniger authentischen, konkreten Lernsituation anzueignen („Learning by doing“), ist auf jeden Fall hilfreich.

Ebenso nützlich wie das Lernen von Vokabeln mit visueller Unterstützung. Das will ich nun beschreiben.

Wie ich lerne – Nr. 2

Reale Gegenstände, die Sie um sich haben, können Sie zur Wiederholung neuer Worte benutzen. Zuerst schreiben Sie sich die Vokabeln und Wendungen aus Ihrem Lehrbuch oder einem Wörterbuch heraus und erarbeiten sie sich (welche Bedeutung, welche grammatischen Eigenschaften, wie gebraucht?). Dann schauen Sie sich die betreffenden Dinge an oder stellen sie sich auch nur vor und tun Folgendes: Zur Festigung des Gelernten formulieren Sie in Gedanken oder besser halblaut kurze Aussagen oder Fragen und geben sich selbst die Antwort. Hier ein Beispiel.

Wie heißt das Ding, das ich gerade lese? Книга о русском языке. (*Ein Buch über die russische Sprache.*) Was tue ich im Moment? *Ich lese ein Buch.* (Я читаю книгу.) *Wo sitze ich?* (Где я сижу?) Я сижу в кресле. (*Ich sitze im Sessel.*) *Wo liegt das kleine Buch?* (Где лежит маленькая книга?) Она лежит на столе. (*Es liegt auf dem Tisch.*) *Wo stehen meine Bücher?* (Где стоят мои книги?) На полке. (*Auf dem Regal.*) *Neben ihnen steht eine grüne Vase.* (Рядом с ними стоит зелёная ваза.) и т. д. (*usw.*, auf Russisch: и так далее).

In jedem Moment sind Sie von Objekten und Subjekten umgeben, deren Bezeichnungen und Beziehungen zueinander Sie lernen können. *Dinge* (вещи), *Tiere* (животные), *Pflanzen* (растения), *Menschen* (люди) umgeben Sie allerorten: *zu Hause* (дома, auf der ersten Silbe betont), *in der Freizeit* (в свободное время), *auf der Arbeit* (на работе), *in der Stadt* (в городе), *in einem Dorf* (в деревне), *in einem Konzert* (на концерте), *im Stadion* (на стадионе), *am Meer* (на море), *im Wald* (в лесу; mit der Betonung auf der Endung), *überall* (повсюду).

Wenn Sie sich erst ein Wortfeld für solch einen „Ort Ihrer Wahl" zusammengestellt haben, dann können Sie sich darin wie in einem Bildwörterbuch bewegen. Learning by moving around! Sie bewegen sich im Raum, sehen etwas (die deutsche Bezeichnung ist dabei unerheblich, Sie sehen es ja) und verknüpfen es mit der fremdsprachigen Bezeichnung.

Sie lernen nach dieser Methode zunächst nur einzelne Wörter, später aber auch Wortverbindungen, Wendungen und Sätze. Diese

Aneignungsweise kann sehr effektiv und wesentlich spannender sein als das Lernen von Wörtern mit dem Vokabelheft: „links russisch – rechts deutsch“. Vielleicht gar noch als „Wortleichen“. So nenne ich jene „toten“ Grundformen wie das Verb im Infinitiv, das Substantiv im Nominativ usw. Diese „toten Wesen“ in der Sprache mit ihren verschiedenen Formen zum Leben zu erwecken, also während des Schreibens oder Sprechens mit Hilfe Ihrer Sprachkenntnisse zu richtigen Wendungen und Sätzen zusammenzusetzen, ist sehr aufwändig und oft mit Irrtümern verbunden. Warum sich nicht gleich „Halbfabrikate“ aneignen? Lernen Sie gleich „vorgefertigte“ Wendungen, in denen Substantive mit Verben, Substantive mit Adjektiven, Verben mit Personalpronomen oder Verben mit Objekten verbunden sind.

Was ich meine, ist das: Wenn Sie wissen, dass *die Krim* Крым heißt, so ist das gut. Ein Substantiv im Nominativ oder ein Verb im Infinitiv zu kennen, verhilft jedoch nur zur unbeholfenen Verständigung, wenn Sie es in der Eile des Gesprächs nicht in der richtigen Form anwenden können. Besser, weil fertig zum Gebrauch, sind ganze Wendungen und Wortverbindungen, zum Beispiel die präpositionale Fügung: в Крыму́ (*auf der Krim*). Hätten Sie auf Anhieb die Endung «-у» im Präpositiv (6. Fall) dieser geografischen Bezeichnung vermutet?

Die Endung «-у́» (immer betont) im Präpositiv männlicher Substantive ist relativ häufig anzutreffen: в шкафу (*im Schrank*), в носу (*in der Nase*), в бегу (*im Lauf*), на берегу (*am Ufer*) und viele andere. Warum also die entsprechende Wendung nicht gleich als Ganzes lernen?

Zum Abschluss noch einige Besonderheiten aus der Deklination der Substantive.

Die Endung «-у́» ist der Rest einer so genannten u-Deklination im Russischen, übrigens auch in anderen slawischen Sprachen, so der tschechischen, anzutreffen. Ihnen ist vielleicht schon die i-Deklination bekannt. Die Abstrakta mit dem Suffix -ость werden im Singular auf folgende Weise dekliniert:

Nominativ	новость	*Neuheit, Neuigkeit*
Genitiv	новости	
Dativ	новости	
Akkusativ	новость	
Instrumental	новостью	
Präpositiv	о новости	

Möglicherweise stört es Ihr Empfinden für Gleichmäßigkeit, dass im 6. Fall eine Präposition vor dem Wort steht? Kein anderer Fall steht im Paradigma mit einer der vielen Präpositionen im Russischen. Es geht aber nicht ohne. Nicht zufällig nennen die Linguisten diesen Kasus der slawischen Sprachen „Präpositiv". Nomen est omen! Er existiert im Russischen ausschließlich zusammen mit solchen Verhältniswörtern wie «о, в, на, при» („*über, in, auf, bei*"). Demgegenüber können der 2. bis 5. Fall sowohl mit als auch ohne Präpositionen gebraucht werden und haben dann natürlich unterschiedliche Funktionen.

Die i-Deklination ist eigentlich bequem. Drei der Endungen lauten aus auf «-и»: der Genitiv, der Dativ und der Präpositiv.

Die alte u-Deklination war ähnlich leicht zu erlernen. Leider hat sie sich nur noch in wenigen Resten erhalten. Aber immerhin in oft benutzten Wörtern, sodass es schon wichtig ist, diese Fälle zu kennen. Sie wissen es jetzt also besser, wenn Sie im Präpositiv statt der in männlichen Substantiven meistens erwarteten Endung «-е» ein «-ý» vorfinden.

Und lassen Sie sich auch kein „a" für ein „u" vormachen, wenn Ihnen eine Wendung wie много народу (*viele Leute*) oder чашка чаю (*eine Tasse Tee*) begegnet! Dass nach много und чашка der Genitiv folgen muss, wissen Sie schon. Warum aber die Endung «-у» im Genitiv? Sie haben doch gelernt, dass der Genitiv männlicher Substantive auf «-а» endet. Ganz richtig, aber ... in diesem Fall hat sich eine alte Genitivform erhalten. Und zwar immer dann, wenn es sich nur um einen Teil des Bezugsworts handelt. Die Lateiner prägten dafür den Begriff genitivus partitivus (*Genitiv des Teils*). Wenn *Sie um eine Tasse Tee bitten*: «Налейте мне, пожалуйста, чашку чаю!», dann wollen Sie ja in der Tat nur einen Teil des Tees, nicht die ganze Kanne. Die also nur „zum Teil gemeinten" männlichen Substantive haben (zumindest in einigen Wendungen) den alten Genitiv der u-Deklination beibehalten.

Das kommt Ihnen schon reichlich „Spanisch" vor? Sechs Fälle im Russischen, manche davon haben gleich mehrere verschiedene Endungen, je nach Geschlecht des Worts oder Geschichte der Sprache. Mein Gott, wie soll ich mir das bloß alles merken? Hier ein kleines Trostpflaster:

1. Unsere Nachbarsprachen Polnisch und Tschechisch haben sogar sieben Kasus, und im Russischen gab es einst noch mehr, nämlich 17 (siebzehn!) Fälle, sozusagen „für alle Fälle etwas".
2. Von diesen 17 Fällen existieren heute nur noch einige wohlbehütete Relikte. Man kann sie sich schnell einprägen. Und sollte das auch, denn sie werden häufig gebraucht.

Haben Sie schon einmal einen Russen sagen hören: «Боже мой!» („*Mein Gott!*")? Die Form боже ist der frühere Vokativ (der Ruffall; denn man ruft Gott an) von бог[56] (*Gott*), ein Fall, der heute im Russischen nicht mehr existiert. Und wie oft rutscht einem Russen das «Боже мой!» heraus.

Ein anderes Beispiel für eine Besonderheit im Gebrauch der Fälle. Das Russische unterscheidet, wie andere Sprachen auch, deutlich zwischen **zu** Hause und **nach** Hause. Im Deutschen machen die Präpositionen den Unterschied. In der russischen Sprache heißt es dafür: дóма (*zu Hause*) und домóй (*nach Hause*). Warum wird im ersten Wort anscheinend der Genitiv benutzt? Die sonst nur in der Deklination der weiblichen Substantive und Adjektive vorkommende Endung «-ой», woher kommt sie im Substantiv дом, das doch männlichen Geschlechts ist?

Beide sind nicht, was sie scheinen. Sie sind Zeugnisse älterer Sprachformen, nämlich der 17 Fälle. Die Endung in дома zeugt von einem ehemaligen Kasus, der der Angabe des Ortes diente, *wo*

56 Das Wort бог wird oft [bɔx] ausgesprochen, also so ähnlich wie „doch". Vergleiche auch die Aussprache des «г» in мягкий, siehe Seite 194!

(где) etwas ist. Das Wort домой belegt die vormalige Existenz eines speziellen Kasus zur Wiedergabe der Richtung, *wohin* (куда) sich etwas bewegt. Mit den Fragen где? und куда? können Sie oft die richtige Form des Substantivs erfragen.

Где? *Wo?* дома, в Крыму, на стадионе, в России
(*zu Hause, auf der Krim, im Stadion, in Russland*)
Куда? *Wohin?* домой, в Крым, на стадион, в Россию
(*nach Hause, auf die Krim, ins Stadion, nach Russland*)

Vielleicht fahren Sie selbst einmal nach Russland? Denn wir sind am Ende unserer Reise durch Sprache und Kultur Russlands angekommen. Ich wünsche mir, Sie fanden sie vergnüglich und haben etwas Neues über die russischen Metros, McDonald's in Russland und jene „Kuh im Propeller" erfahren, wie der Untertitel es versprach. Haben Sie bemerkt, dass auf den letzten Seiten gar keine Betonungszeichen mehr auf den russischen Wörtern gesetzt waren? Wenn nicht, dann sind Sie auf dem besten Wege in Ihrem Bestreben Russisch besser zu können!

Zum Nachtisch – На десерт (11)

Fassen wir zusammen, was wir bisher über die Präfixe beim russischen Verb gelernt haben. Die Funktion einiger Präfixe lässt sich recht anschaulich darstellen. Mit Hilfe der Beispiele wird Ihnen der Gebrauch der einzelnen Präfixe sicher schnell geläufig. Die hier aufgeführten Vorsilben werden häufig mit den Verben der Bewegung gebraucht. Aus diesem Grund beschränke ich mich hier auf Beispiele mit dem Verb „gehen“.

Präfixe des Ortes

при-

Beispiel:
К вечеру к нам пришли гости. (*Gegen Abend kamen Gäste zu uns.*)

в-

Beispiel:
Когда они вошли, мы сердечно поздоровались. (*Als sie hereingekommen waren, begrüßten wir uns herzlich.*)

у-

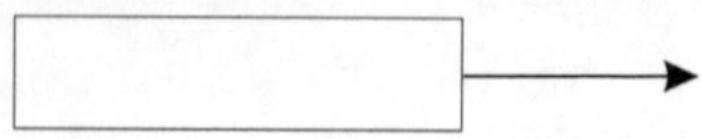

Beispiel:
Гости ушли только поздней ночью. (*Erst spät in der Nacht gingen die Gäste wieder weg.*)

вы-

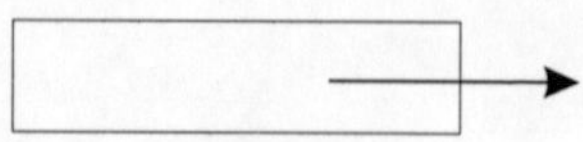

Beispiel:
Когда они вышли из дома, дождь начал идти. (*Als sie aus dem Haus heraustraten, fing es an zu regnen.*)

пере-

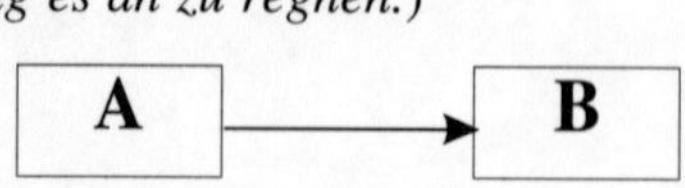

Beispiel:
Они быстро перешли на другую сторону улицы и сели в машину. (*Sie gingen schnell auf die andere Straßenseite hinüber und stiegen ins Auto.*)

про- 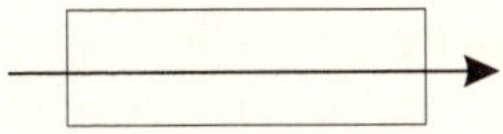 **oder** 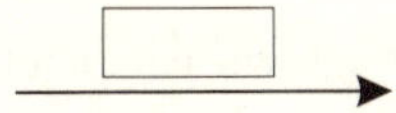

Beispiele:

Она прошла через парк. (*Sie lief durch den Park hindurch.*) oder Не глядя на нее, он прошёл мимо. (*Ohne sie anzusehen, ging er vorbei.*)

под- 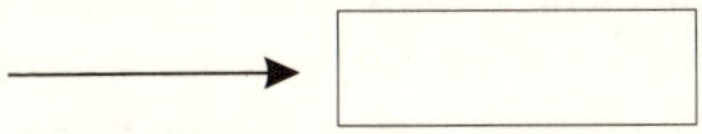

Beispiel:

Инженеры подошли к дому и начали работу. (*Die Ingenieure traten an das Haus heran und begannen mit der Arbeit.*)

за- 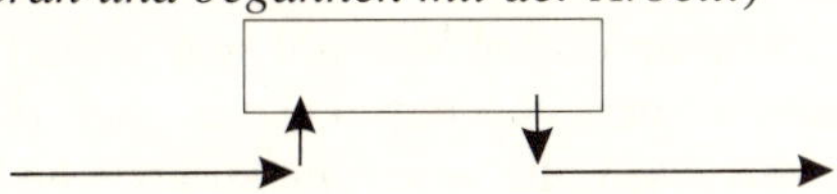

Beispiel:

По пути домой Илона зашла в аптеку за таблетками. (*Auf dem Weg nach Hause ging Ilona wegen der Tabletten kurz in der Apotheke vorbei.*)

от- 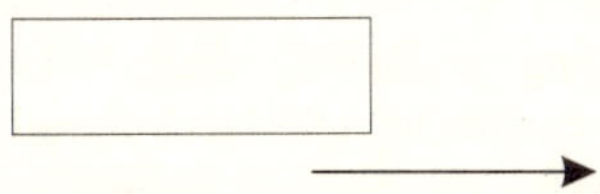

Beispiel:

Когда Александра решила задачу, она отошла от доски. (*Als Alexandra die Aufgabe gelöst hatte, trat sie von der Tafel weg.*)

об- 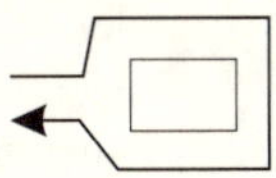

Beispiel:

Турист обошёл памятник, чтобы осмотреть его со всех сторон. (*Der Tourist ging um das Denkmal herum, um es von allen Seiten zu betrachten.*)

с- 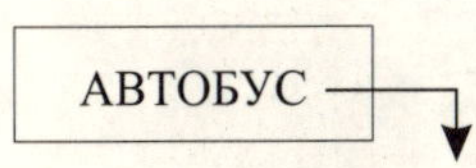

Beispiel:

Вы сходите? (*Steigen Sie aus?*) Oft sagt man hierfür auch: Вы выходите?

раз- 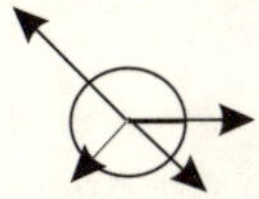

Beispiel:

Наконец, все разошлись. (*Zum Schluss gingen alle auseinander.*)

Auch wir gehen jetzt auseinander. Lesen Sie noch das Nachwort? Oder gehören Sie zu jenen, die ein Buch mit dem Nachwort beginnen?

Nachwort – Послесловие

Wenn Sie, wie manche Leser es tun, nicht nur das Vorwort, sondern auch das Nachwort als Erstes lesen, dann gehören Sie zu jenen, die von Anfang an *alles besser wussten* (всё знали лучше).

Sie haben vielleicht ab und an einen Satz noch ein zweites Mal gelesen, weil mehrere Übersetzungen das Lesen erschwerten. Oder auch ein drittes Mal, um sich Wörter oder Wendungen herauszuschreiben. Sie haben dabei auch *die Fußnoten* (сноски) nicht vergessen, die wertvolle zusätzliche Informationen enthalten. Dann haben Sie das Buch optimal genutzt.

Falls Sie Russisch im Selbststudium lernen sollten, dann sind die vielen Aussprachehilfen in diesem Buch sehr hilfreich. Sie ersetzen allerdings nicht das gründliche Üben der Aussprache. Tonträger, die es im Handel in vielerlei Umfang und Güte gibt, sprechen Ihnen zwar russische Wörter und Sätze ausgezeichnet vor, kontrollieren aber nicht Ihre Aussprache. Üben Sie deshalb möglichst mit einer Lehrerin oder einem Lehrer. Diese müssen nicht unbedingt Muttersprachler sein; auch wenn der berühmte Heinrich Schliemann, der Troja ausgrub und dem man die Beherrschung von mindestens zwölf Sprachen nachsagt, stets einen anderen Muttersprachler zur Seite hatte, mit dem er intensiv das Sprechen übte.

Ich wünsche Ihnen viel Spaß und Erfolg bei Ihrer Beschäftigung mit der russischen Sprache!

*Der Autor mit der traditionellen Kopfbedeckung der Usbeken, der Tjubitjejka (*тюбитéйка*).*

Danksagung – **Слово благодарности**

Ich danke allen, die mir beim Verfassen dieses Buches geholfen haben. Insbesondere danke ich meiner Frau, Gundela Berthelmann, für ihre unendliche Geduld bei der Recherche, beim Schreiben und bei der Überarbeitung des Buches sowie unserem Sohn, Felix Berthelmann, und Frau Theresa Wermann (Halle) für die computertechnische Beratung und die überaus gründliche Durchsicht des Manuskripts.

Darüber hinaus geht mein herzlicher Dank an die Muttersprachlerinnen Frau Jekaterina W. Kilbai (Saratow), Frau Aleksandra S. Perschikowa (Sankt Petersburg) und Frau Ilona Svetschkina (Halle) für das sorgfältige Lesen der russischsprachlichen Teile sowie Herrn Prof. Dr. Hermann Goltz (Halle), Herrn Schulrat Dietmar Leischulte (Berlin) und Frau Studienrätin Heike Piornak (Dessau) für eine Vielzahl wertvoller Hinweise.

Nicht zuletzt danke ich dem redaktionellen Team des Schmetterling Verlags für das außerordentlich schwierige, aber glänzend gemeisterte Setzen des Textes und für die sehr gute Zusammenarbeit während des gesamten Entstehungsprozesses dieses Büchleins.

Literaturverzeichnis – Список литературы

Aktuell 2000-2004. Hardenberg. Dortmund 1999-2003.

Amerikanisch im Alltag. VMA-Verlag. Wiesbaden 1989.

Bely, A. Petersburg: Aufbau Verlag. Berlin und Weimar 1982.

Bielfeldt, H. H.: Wörterbuch der russischen Sprache der Gegenwart. Akademie-Verlag. Berlin 1958.

Crystal, D.: The Cambridge Encyclopedia of Language. Cambridge University Press. Cambridge 1987.

Das Buch vom Monat April. Harenberg Verlag. Dortmund 1995.

Deutsch-russischer Austausch e.V. (Hrsg.). Deutsche in Sankt Petersburg. Berlin und Sankt Petersburg 2004.

Die russische Sprache der Gegenwart. Bd. 2. Morphologie. VEB Verlag Enzyklopädie Leipzig 1983.

DIE ZEIT. Nr. 33. 2000.

Donnert, E.: Iwan Grosny „der Schreckliche". Union Verlag. Berlin 1980.

Dumas, A.: Reise durch Rußland. Rütten und Loening. Berlin 1978.

Eckert, H.: Russisch im Wandel (unter besonderer Berücksichtigung der Jugendsprache). (unveröffentlicht)

Engberding, H. und B. Thöns: Transsib-Handbuch. Trescher Verlag.
Berlin 2001.

Englisch im Alltag. VMA-Verlag. Wiesbaden. 1988.

Etymologisches Wörterbuch des Deutschen. Akademie-Verlag Berlin. Berlin1989.

Etymologisches Wörterbuch des Deutschen. Deutscher Taschenbuchverlag. München 2003.

Freude am Reisen. Moskau – St. Petersburg. Nelles Verlag GmbH. München 2002.

Geflügelte Worte. VEB Bibliographisches Institut. Leipzig 1981.

Gerber, M., J. Schmidt. und H. Walther: Modernes Russisch. Grundgrammatik. Ernst Klett Verlag. Stuttgart, München, Düsseldorf, Leipzig 1996.

Gerberding, E.: Moskau. DUMONT Reiseverlag. Köln 2002.

Glunk, F. R.: Der gemittelte Deutsche. Deutscher Taschenbuch Verlag. München 1996.

Grauls, M.: Lord Sandwich und Nellie Melba. Wie berühmte Persönlichkeiten auf der Speisekarte landeten. München 1999.

Grimm, J.: Über den Ursprung der Sprache. In: Kleinere Schriften
(Akademiereden). Verlag Otto Hendel. Halle 1904.

Haarmann, H.: Geschichte der Schrift. C. H. Beck. München 2002.

Hamel, C.: St. Petersburg. Edition Gallas. München 1998.

Hirsch, E.: C. Deutsch für Besserwisser. Hoffmann und Campe. Hamburg1979.

Hoad, T. F.: English Etymology. Oxford University Press. Oxford 1986.

Hofmann, T. und A. Wolfensberger: Armenien und Berg-Karabach. Ed. Temmen. Bremen 2001.

Hosking, G.: Russland. Nation und Imperium. Siedler Verlag. Berlin 2000.

Kaufmann, R.: Kaukasus. Prestl. London, München, New York 2000.

Knaurs Kulturführer in Farbe. Der Goldene Ring. Droemer und Knaur. München 1991.

Langenscheidts Taschen-Wörterbuch. Russisch – Deutsch. Berlin und München 1991.

Maier-Lutz, E.: Flußkreuzfahrten in Rußland. Trescher Verlag. Berlin 1996.

Makine, A.: Die Liebe am Fluß Amur. btb Taschenbücher. Hamburg 2000.

Naumann, H. (Hrsg.): Familiennamenbuch. VEB Bibliographisches Institut. Leipzig 1987.

O Bojan, du Nachtigall der alten Zeit. Rütten & Loening. Berlin 1965.

Olgert, M. und O. Kritisch: Moskau sehen …. Ein Reisebuch. Rowohlt. Berlin 1994.

Pleitgen, F. F.: Durch den wilden Kaukasus. Kiepenheuer und Witsch. Köln 2000.

Russland. Marco Polo. Mairs Geographischer Verlag. Ostfildern 1999.

Salkova, V. E.: Wortschatz der kulinarischen Kunst in der Sprache der Wolgadeutschen. (unveröffentlicht)

Schneider, W.: Deutsch für Profis. Goldmann Verlag. Hamburg 1984.

Service, R.: Lenin – A Biography. MacMillan Publisher. London 2000.

Solshenizyn, A.: Archipel GULAG. Rowohlt. Hamburg 2003.

Störig, H.-J.: Abenteuer Sprache. Langenscheidt. Berlin, München 1987

Strantz, F. v.: Opernführer. A. Weichert Verlag. Berlin 1942.

Stricker, G. (Hrsg.): Deutsche Geschichte im Osten Europas. Russland. Berlin 1997.

Suhle, A.: Die Münze. Koehler & Amelang. Leipzig 1971.

Thöns, B.: Sibirien entdecken. Trescher Verlag. Berlin 1999.

Wenzel, W.: Lausitzer Familiennamen slawischen Ursprungs. Domowina-Verlag. Bautzen 1999.

Werte unserer Heimat. Autorenkollektiv unter Leitung von Joachim Herrmann. Akademie-Verlag. Berlin 1987.

Winter, E.: Halle als Ausgangspunkt der deutschen Russlandkunde im 18. Jahrhundert. Akademieverlag. Berlin 1953.

Wörterbuch der deutschen Gegenwartssprache. Akademie-Verlag Berlin. Berlin 1980.

1000 кулинарных рецептов. Минск 1985.

Ахмадулина, Б.: Избранное. Стихи. Советский Писатель. Москва 1988.

Дашкова, П.: Золотой песок. ЭКСМО-ПРЕСС. Москва 1999.

Дашкова, П.: Место под солнцем. Русский бестселлер. ЭКСМО-ПРЕСС. Москва 2001.

Евтушенко, Е.: Нет лет. Любовная лирика. Художественная литература. Санкт-Петербург 1993.

Есенин, С.: Собрание сочинений в двух томах. Том 1. Советская Россия. Москва 1990.

Захарова, Л. Ф., Е. И. Тольчинская: Путешествие в страну кулинарию. Кишинев 1987.

Петровский, Н. А.: Словарь русских личных имен. Москва 1980.

Похлебкин, В.: Тайны хорошей кухни. Москва 1985.

Поэзия Европы в трех томах. Прогресс. Москва 1977.

Пушкин, А. С.: Сказка о царе салтане. Детгиз. 1950.

Пушкин, А. С.: Избранное. Селена. Москва 1993.

Русский язык. Russisches Lehrbuch für die fünfte Klasse. Volk und Wissen. Berlin 1954.

Русский язык. Советская Энциклопедия. Москва 1979.

Словарь Иностранных Слов. Русский язык. Москва 1980.

Унбегаун, Б. О.: Русские фамилии. (zitiert nach www.imena.org)

Фолсом, Ф.: Книга о языке. Прогресс. Москва 1974.

Цыганенко, Г. П.: Этимологический словарь русского языка. Киев 1989.

Abkürzungen – Сокращения

ca. – zirka
dt. – deutsch
engl. – englisch
ital. – italienisch
poln. – polnisch
russ. – russisch
slaw. – slawisch
u. a. (m.) – und andere (mehr)
vgl. – Vergleiche

А

Б

В

Г

Д

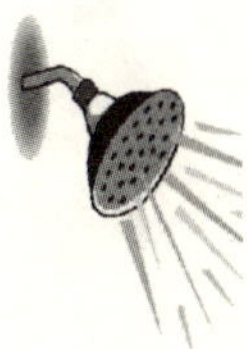

Е

Ё

Ж

Лавка
языков

З

И

Й

К

Л

М

Н

О

П

Р

С

Т

У

Ф

Х

Ц

я

Ч

Ш

Щ

Ь
Weichheits-
zeichen

Härte-
zeichen
Ъ

Ы
Steht wie das Weichheitszeichen und das Härtezeichen nie am Wortanfang.

Э

Ю

Я

Raum für Notizen

Raum für Notizen

Raum für Notizen

Berthelmann, Rainer H.:

Russisch für Besserwisser, Band 2

In «Russisch für Besserwisser, Band 2: Krimis, Kalender und ein Krokodil – Eine Lesereise durch Russland» nimmt Sie Autor Rainer H. Berthelmann auf eine unterhaltsame Sprachreise durch das alte und das moderne Russland mit. Eine nützliche Lektüre für alle, die Russisch können, lernen oder lernen wollen. «Russisch für Besserwisser, Band 2» bietet Tipps und Lesevergnügen mit Spaß an Sprachgrübeleien und Sprachspielereien. Ebenso Übungen mit Lösungsvorschlägen, grammatische Elemente sowie witzige etymologische Begriffserklärungen sind darin enthalten.

248 Seiten, broschiert, 14,80 EUR, ISBN 3-89657-369-1

Jolanta Rudolph

Żadnych granic! *Polnisch von A bis Z*

Als erstes Polnisch-Lehrwerk deckt der einbändige Intensivkurs «Żadnych granic! Polnisch von A bis Z» die Stufen A1 bis B2 des Gemeinsamen Europäischen Referenzrahmens für Sprachen ab. In nur vier Semestern können mit «Polnisch von A bis Z» ein umfangreicher Grundwortschatz und alle grammatischen Erscheinungen, die zur Erschließung von Texten und zur Textproduktion notwendig sind, angeeignet werden.

Lehrbuch. 432 Seiten, br., 24,80 EUR, ISBN 3-89657-880-4

2 Audio-CDs. 24,80 EUR, ISBN 3-89657-881-2

Zusatzband. 232 Seiten, broschiert, 15,80 EUR, ISBN 3-89657-882-0

Maidlová, Jana / Nekula, Marek:

Tschechisch kommunikativ

Das zweibändige Lehrbuch vermittelt alle grundlegenden Verbal- und Nominalformen, Konjugations- und Deklinationsmuster und die wichtigsten Satzgefüge, die für ein richtiges und erfolgreiches Kommunizieren im Alltag relevant sind. Das Programm richtet sich auch an Nicht-SlawistInnen. Ziel ist es, möglichst schnell und sicher zu kommunizieren und Alltagssituationen in Tschechien zu meistern.

Tschechisch kommunikativ 1 ***(ink. 2 Audio-Cds)***

174 Seiten, broschiert, 29,80 EUR, 4-farbig, A4, ISBN 3-89657-860-X

Tschechisch kommunikativ 2 ***(ink. 2 Audio-Cds)***

224 Seiten, broschiert, 36,80 EUR, 4-farbig, A4, ISBN 3-89657-861-8